Knud Kohr · Martin Krauß

Kampftage

Die Geschichte des deutschen Berufsboxens

Für Susann Sitzler, mit der ich
über die Runden gehen möchte.
Knud Kohr

Für Cornelia. Wegen sehr vielem.
Martin Krauß

Knud Kohr • Martin Krauß

Kampftage

Die Geschichte des deutschen Berufsboxens

VERLAG DIE WERKSTATT

Die Deutsche Bibliothek - CIP Einheitsaufnahme

Ein Titeldatensatz für diese Publikation ist bei
Der Deutschen Bibliothek erhältlich.

2000 2001 2002 3 2 1

Satz und Gestaltung: Verlag Die Werkstatt
Druck und Bindung: Westermann Druck, Zwickau

ISBN 3-89533-309-3

Inhalt

Vorwort

»Nun geht in eure Ecken und kommt kämpfend zurück«

Es ist eine Weile her, dass sich jemand bemüht hat, ein gründliches und umfassendes Buch über das deutsche Berufsboxen vorzulegen. 1923 brachte Max Breslauer seine „Geschichte des Faustkampfs“ heraus, die auch die Vorgeschichte des Boxens und die internationale Szene thematisierte. Eine Betrachtung des deutschen Berufsboxens hätte damals schwerlich ein ganzes Buch gefüllt – die erste deutsche Meisterschaft im Schwergewicht lag gerade mal zwölf Jahre zurück.

Seither sind in Deutschland viele Bücher über das Boxen erschienen: gut bebilderte Biografien großer Kämpfer, Lehrbücher, Ratgeber zum Fitnessboxen, literarische Anthologien, essayistische Abhandlungen über Boxen und Zivilisation. Viele dieser Werke sind gut, einige exzellent, ein paar schlechte findet man auch darunter. Aber keines hatte bislang den Anspruch, das deutsche Profiboxen als ein großes Phänomen des 20. Jahrhunderts darzustellen. Dabei hat Boxen mit Max Schmeling den bekanntesten deutschen Sportler aller Zeiten – mit Ausnahme von Franz Beckenbauer vielleicht – hervorgebracht, zehntausende Menschen in Hallen und Stadien gezogen und Millionen vor Radios und Fernseher.

Wir machen den Versuch, diese Lücke zu schließen und legen eine Geschichte des deutschen Berufsboxens vor. Die Faszination dieser Sportart thematisieren wir im ersten Kapitel, doch spürbar soll sie auch in jenen Kampfberichten werden, die wir den folgenden, chronologisch angeordneten Kapiteln vorangestellt haben. Beginnend mit den Ursprüngen des deutschen Profiboxens um die Jahrhundertwende teilen wir die Geschichte dieses Sports in sieben Epochen, für die wir jeweils einen typischen und prägenden »Kampftag« ausgewählt und geschildert haben, einen »Kampf der Epoche«.

Nach dem Kampfbericht folgt die historische Darstellung. Sie beansprucht keine Vollständigkeit, will aber aus der großen Menge an Informationen über Boxer, Kämpfe und die Boxindustrie die wichtigsten herausheben; sie will Entwicklungslinien aufzeigen.

Dem Frauenboxen, das vielen als ein Phänomen der eben zu Ende gegangenen Neunziger erscheint, widmen wir ein eigenes Kapitel. Seine Geschichte verlief parallel zu der des Männerboxens. Weil die Szene bis heute klein ist, muss man stärker als bei den Männern die Bereiche Amateur- und internationales Boxen betonen, und man ist mehr als bei den Männern auf fragmentarische Informationen angewiesen, die wir zu einem hoffentlich historisch richtigen Bild zusammengesetzt haben.

Am Ende des Buches findet sich ein Kurzlexikon, in dem wichtige Personen, Begriffe und Abkürzungen erläutert werden. Außerdem haben wir eine Aufzählung aller WM- und EM-Kämpfe mit deutscher Beteiligung sowie die Liste aller deutschen Meister angehängt. Es handelt sich dabei nicht um die offiziellen Verbandslisten, die wir zuweilen unvollständig fanden. Ein Beispiel: Anders als andere Tabellen führen wir Johann Wilhelm Trollmann – einen Sinto aus Hannover – als deutschen Halbschwergewichtsmeister 1933, denn er hat sich den Titel am 9. Juni dieses Jahres in Berlin gegen Adolf Witt erkämpft. Wenige Tage später erkannte der Verband den Titel wieder ab. „Man stellt sich einen deutschen Meister anders vor", schrieb der „Berliner Lokal-Anzeiger" über den „Zigeuner", der 1943 im KZ Neuengamme ermordet wurde. Bis heute wird Trollmann offiziell nicht als Meister geführt.

Viele haben auf sehr unterschiedliche Weise zum Gelingen dieses Buches beigetragen. Wir bedanken uns bei: Johnny Biewer, Michael Casper, Bertram Job, Rudi Kohr, Dr. Hans-Joachim Krauß, Gabriele Kunze, Jürgen Lutz, Sven Poser, Uli Potofski, Gerhard Reimann, Susann Sitzler, Jack A. Tree, Silke Weickenmeier, Jeanette Witte, Axel Zielke, bei den freundlichen Mitarbeiterinnen der Bibliothek in der Deutschen Sporthochschule Köln und bei vielen anderen.

Ein besonderer Dank geht an Klaus Gaisenkersting, der mit unerschöpflichem Wissen und großer Geduld Informationen beschafft, Fehler aufgespürt, Listen, Schreibweisen und Daten überprüft hat.

Ohne die, denen wir gedankt haben – und die, denen wir zu danken vergessen haben – würden viele der Informationen fehlen, die das Buch hoffentlich gut machen. Für die Fehler hingegen sind allein die Autoren verantwortlich.

Und jetzt gilt, was der Ringrichter als letztes vor dem ersten Gong sagt: „Geht in eure Ecken und kommt kämpfend zurück."

Knud Kohr und Martin Krauß, Sommer 2000

Joe Louis gegen Jersey Joe Walcott, Madison Square Garden, New York 1947.

»Jutet Jefühl«

Von der Faszination des Boxens

Lucky Punch und Todesnähe

Es gibt unzählige Möglichkeiten, wie und wann jemand zum Boxfan wird. Wenn man wie die Autoren Mitte der sechziger Jahre geboren wurde, begann die Faszination vielleicht in ein paar Nächten der frühen Siebziger, als Väter ihre Kinder weckten, um mit ihnen im Fernsehen die Kämpfe von Muhammad Ali gegen Joe Frazier oder George Foreman zu sehen.

Jüngere werden dieses Gefühl vielleicht zuerst bei der ersten, erbitterten Ringschlacht zwischen Henry Maske und Graciano Rocchigiani gespürt haben oder bei den erfolglosen Titelfights von Axel Schulz. Für die Älteren könnten es die Kämpfe von Karl Mildenberger oder Bubi Scholz gewesen sein.

Sicherlich gibt es auch noch einige, die sich daran erinnern können, wie sie als Kind mitten in der Nacht aus dem Bett vor ein knisterndes Radiogerät geholt wurden, weil Max Schmeling im fernen Amerika gegen Jack Sharkey oder Joe Louis nach dem Titel des Weltmeisters im Schwergewicht griff. Und noch vor ihnen gab es Boxfreunde, deren Helden Gene Tunney und Jack Dempsey hießen, Hans Breitensträter, Paul Samson-Körner und Otto Flint.

Es müssen aber nicht die großen Kämpfe um wichtige Titel sein, die diese Faszination begründen. Jemand, der halb gegen seinen Willen von einem Freund mit einer Freikarte an einen Kleinring in der Bronx oder in Berlin-Lichtenberg gelockt wird und dort sieht, wie mäßig begabte Kämpfer aufeinander eindreschen, kann von ihr ebenso ergriffen werden wie jemand, der eine Ringplatzkarte für zweitausend Dollar in Las Vegas absitzt.

Nur eines scheint sicher: Wer einmal von dieser Faszination angesteckt ist, der wird sie nicht mehr los. Sein Interesse kann schwanken. Vielleicht wird er eine Weile keine Kämpfe mehr anschauen und die Berichterstattung in den Tageszeitungen überblättern. Doch wenn er zufällig wieder zwei Kämpfer in einem Ring sieht, wird er jedesmal erneut gebannt zuschauen.

Boxen ist nicht deshalb faszinierend, weil es edle Gefühle anspricht. Ginge es uns nur darum, zwei Menschen zuzuschauen, die in einem Duell auf hohem zivilisatorischen Niveau den Besseren ermitteln, wären wir Fans des Florettfechtens. Boxen hingegen ist archaisch. Es bedient in etwa den gleichen Voyeurismus, der Menschen erfasst, die bei einer Kneipenschlägerei stehen bleiben. Beim Boxen tun zwei Leute das, was sich die Mehrheit ihrer Mitmenschen im Alltag nicht zu tun traut, obwohl so mancher es tun möchte: Sie schlagen dem, der ihnen im Weg steht, einfach ins Gesicht. Und da sie das auch noch auf einem Kampfplatz vollführen, der durch dicke Seile von den Zuschauerplätzen abgetrennt ist, fühlt man sich sicherer als bei der Schlägerei vor der Kneipe, in die man unter Umständen selbst verwickelt werden könnte.

Boxen ist faszinierend, weil die Entscheidung über Sieg und Niederlage bis zum letzten Gong offen bleibt. Ein Zehnkämpfer, der nach neun Disziplinen mit zweihundert Punkten in Führung liegt, trabt beim abschließenden 1500-Meter-Lauf locker dem Sieg entgegen. Ein Boxer hingegen, der seinen Gegner zwölf Runden lang in die Ecken treibt und nach Punkten haushoch führt, kann noch in der letzten Minute von einem Lucky Punch getroffen werden und im Ringstaub landen.

Boxen ist faszinierend, weil der Einsatz der Kämpfer höher ist als bei anderen Sportarten. Wenn ein Tennisspieler ein Finale verliert, rutscht er in der Weltrangliste vielleicht ein paar Plätze nach unten. Wenn ein Sprinter besiegt wird, läuft er seinen Rekord eben auf dem nächsten Meeting. Bei einem Boxer, der einen Titelfight bekommt, entscheidet sich nicht selten der weitere Verlauf seines Lebens. 1966 etwa bekam das Kaiserslauterer Schwergewicht Karl Mildenberger den Weltmeister Muhammad Ali vor die Fäuste. Hätte er gesiegt, wäre er heute eine Legende wie Max Schmeling, reich und gesellschaftlich geachtet. Doch Mildenberger verlor. Und ist heute als Schwimmmeister bei der Stadt Kaiserslautern angestellt. So viel steht für einen Leichtathleten nie auf dem Spiel. Selbst heute, in einer Zeit mit unzähligen Box-Weltverbänden und -Meistergürteln, braucht es nach einer Niederlage in einem entscheidenden Kampf meistens mehrere Jahre, bis ein Fighter eine zweite Titelchance erhält.

Boxen ist faszinierend, weil sich im Ring niemand verstellen kann. Ein Poser bekommt früh seine Grenzen aufgezeigt. Auch ein genialer Selbstdarsteller wie der Ex-Weltmeister Muhammad Ali konnte seine Einlagen nicht während der Schlagwechsel zeigen. Und vor allem hatte Alis theatralischer Stil seine einzigartige boxerische Klasse zur Voraussetzung.

Und Boxen ist auch faszinierend, weil das Aufeinandertreffen durchtrainierter, halbnackter Körper eine große erotische Dimension hat.

Für die meisten Fans ist ihre Liebe zum Boxen eine Hassliebe. Das liegt vor allem an der Organisation des Sports: Die Weltverbände sind korrupt, die Ranglisten selbst für Fachleute nicht zu durchschauen, die Punktrichter fällen nicht selten Entscheidungen, die mehr mit den Interessen von Fernsehanstalten, Großpromotern und Managern zu tun haben als mit dem sportlichen Geschehen im Ring.

»Zwei Männer kämpfen um ihr Leben«

Aber es bleibt die Sehnsucht nach dem idealen Kampf – die sich freilich so gut wie nie erfüllt. Wenn unser Liebling sich endlich durch die Rangliste gekämpft hat, wenn er endlich nach dem Titel greift, scheint er plötzlich im Ring alles falsch zu machen: Wir schreien ihm zu, was er tun soll, es hält uns kaum auf unseren Sitzen, oft genug beschimpfen wir ihn sogar. Und sind bereit, all das sofort zu vergessen, wenn er trotzdem irgendwie siegt – und sei es durch eine Fehlentscheidung.

Boxfans müssen sich für ihre Vorliebe ständig rechtfertigen. Die Argumente gegen das Boxen sind zahlreich und nicht zu entkräften: Boxen ist blutig und erzeugt trotz aller Schutzmaßnahmen oft Folgeschäden. Jedes Jahr sterben weltweit etliche Kämpfer. Sie werden im Ring erschlagen, brechen in der Kabine mit Hirnblutungen zusammen oder kommen auf andere Art zu Tode.

Aber genau diese Todesnähe gehört zur Faszination des Boxsports dazu. Boxen, so schreibt Michael Kohtes in einem Essay, „belehrt die moderne Zivilisation über sich selbst. Jeder Faustkampf, den das Scheinwerferlicht aus dem Dunkel einer tobenden Arena schneidet, markiert eine Grenzerfahrung, die das zivilisierte Bewusstsein zutiefst erschüttert: Zwei Männer kämpfen um ihr Leben." Und der Journalist Birk Meinhardt glaubt, dass das Boxen die leidlich zivilisierte Menschheit in ihre mörderische Geschichte zurückführt. „Kein Schmeling und kein Maske, kein Hedonistenkult in den Zwanzigern und keine Fernsehinszenierung in den Neunzigern hätte die Menschen zum Faustkampf gebracht, wenn da nicht ihr alter Hang zur Aggression gewesen wäre, der primitive Trieb, der die Jahrtausende überdauert hat. Beim Boxen wird er aktiviert."

Schriftsteller und Boxfaszination

Es gibt nicht nur unzählige Möglichkeiten, zum Fan zu werden. Es gibt auch unzählige Versuche, diese Faszination zu beschreiben. Journalisten, Dichter, Soziologen, alle haben schon versucht, ihrer habhaft zu werden und sie in den Mittelpunkt ihrer Werke zu stellen.

Ein Romancier von Weltruhm wie Jack London schreibt unverhohlen rassistische Kommentare, als mit Jack Johnson 1908 der erste Schwarze Weltmeister im Schwergewicht wird. Der US-Amerikaner Leonard Gardner schildert in „Fat City", dem vielleicht bekanntesten Boxer-Roman, die Einsamkeit der Kämpfer und ihr Ausgeliefertsein an gewinnsüchtige Manager. Der Krimi-Schriftsteller James Ellroy lässt in „Die schwarze Dahlie" in einem grausam realistischen Kampfbericht das Blut spritzen. In „Hunde des Herrn", einem Werk seines Kollegen Pinckney Benedict, zerschlagen sich die Kämpfer ihre Hände an den Gesichtern der Gegner, weil sie als einzigen Schutz Arbeitshandschuhe tragen.

In ihrem Essay „Meine Schwestern und ich bei einem Preisboxkampf“ schildert die US-Autorin Djuna Barnes das Faszinierende des Boxens für weibliche Zuschauer. Joyce Carol Oates versucht sich mit dem Werk „Über Boxen“, der Deutsche Jan Philipp Reemtsma mit „Mehr als ein Champion“ der Ästhetik des Kampfes zu nähern. Norbert Elias erläutert in der Studie „Die Genese des Sports als soziologisches Problem“ seine Kulturgeschichte.

Allein die Liste deutschsprachiger Autoren, die über Boxen schrieben, ließe sich endlos erweitern: um Bert Brecht und Heinrich von Kleist, um Joseph Roth und Kurt Tucholsky, Thomas Mann, Joachim Ringelnatz (der unter seinem bürgerlichen Namen Hans Bötticher etliche Boxfachbücher verfasste) und Egon Erwin Kisch, um nur einige der Bekanntesten zu nennen.

Der österreichische Schriftsteller Robert Musil formuliert in seinem Roman „Der Mann ohne Eigenschaften“ das Besondere des Sports so: „Wunderlicherweise nennt man das, was man beim Boxen als überlegene Geisteskraft empfin-

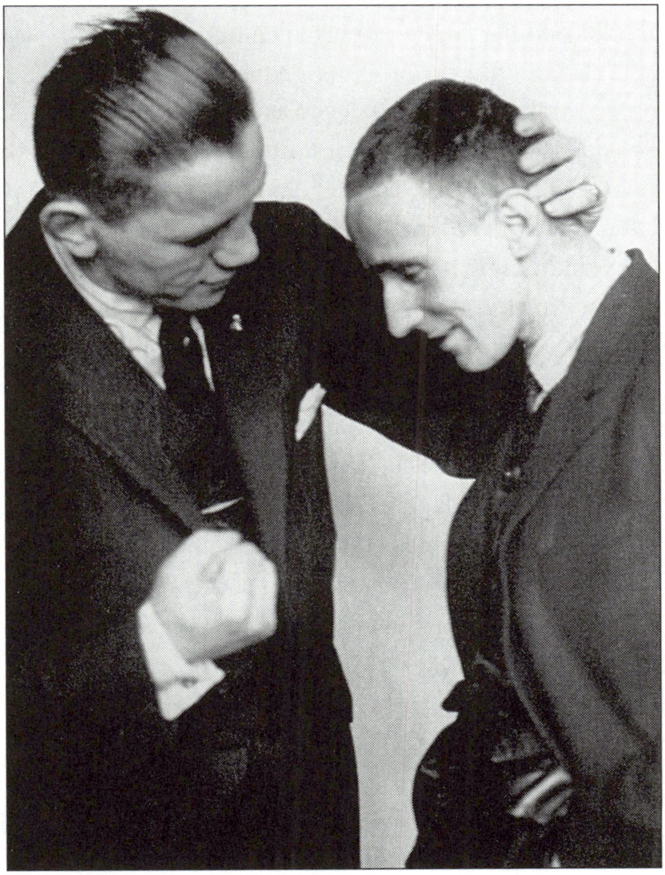

Lässt sich über die Rechte belehren: Bert Brecht mit Paul Samson-Körner, 1928.

det, nur kalt und gefühllos, sobald es bei Menschen, die nicht boxen können, aus Neigung zu einer geistigen Lebenshaltung entsteht."

Graciano Rocchigiani, Herausgeber einer Anthologie amerikanischer Box-Pulp-Geschichten, drückt diese Besonderheit präziser aus: „Mann am Boden, jutet Jefühl."

Den vielleicht eindringlichsten Kampfbericht eines zeitgenössischen deutschen Autors verfasste Bernd Eilert in seiner 1991 erschienenen Erzählung „Die Boxkampf-Beichte", in der ein junger Priester in Frankreich einen Weltmeisterschaftskampf zwischen dem Herausforderer Davíd Hierrò und dem Titelträger Malcolm G. Gath erlebt: „Ich stand auf, sah, wie Hierrò Gath mit seinen Schlägen durch den Ring trieb, versuchte selbst in Richtung Ring vorwärts zu stürmen, verhedderte mich jedoch in den herumhängenden Kabeln, sah, wie Gath hinter seinen Ellenbogen Schutz suchte und gegen die Seile taumelte, strampelte selbst, um meine Beine frei zu bekommen, sah, wie Hierrò sich wieder auf seinen Gegner warf, den Kopf voran wie ein wilder Stier, dann fühlte ich plötzlich einen blitzenden Schmerz in den Kniekehlen und brach wohl zusammen.

Ich kann nur für Bruchteile einer Sekunde bewusstlos gewesen sein, denn als ich zu mir kam, hörte ich den rasenden Jubel des Publikums, sah in meinen Händen das Tuch und roch Verbranntes: Und an der Stelle, wo das Blut des Weltmeisters getrocknet war, war jetzt ein Loch mit verkohlten Rändern, ein Brandloch. Ich riss eines der losen Kabel von meinen Knien, zog mich an dem Kameragerüst hoch und rannte nach vorn.

Im Ring hüpfte David Hierrò über den am Boden liegenden Gath. Der Ringrichter stieß ihn weg und fing langsam zu zählen an: 'One, two, three…'

Wir zählten alle mit: 'acht, neun, zehn, aus!'

Wir brüllten besinnungslos, sprangen am Ring empor, Hierrò kletterte ungelenk auf das untere Seil, beugte sich über das obere, gab den Rhythmus vor mit einer Faust: 'Davíd! Davíd!'

Sein Trainer, seine Sekundanten, seine Familie, alle streckten ihm die Hände entgegen wie einem Erlöser."

Gutes Boxen, schlechte Zeiten?

Fast alle diese Texte sind lesens- und bedenkenswert, weil sie ein Schlaglicht auf das Phänomen des Boxsports werfen. Doch die Faszination, die jeder und jede anders empfindet, ist nicht zeit- und geschichtslos zu beschreiben: Der Boxsport ist in bestimmten historischen Phasen populärer – und wohl auch faszinierender – als in anderen.

Drei Boomphasen im deutschen Boxsport

Drei Boomphasen hat es in der knapp einhundertjährigen Geschichte des deutschen Profiboxens gegeben. Zunächst war es die der zwanziger und dreißiger Jahre, als Boxen zum Massensport wurde und Max Schmeling in die Weltklasse aufstieg. Dann kam die in den Jahren unmittelbar nach dem Zweiten Weltkrieg, als Männer wie Gustav „Bubi" Scholz und Peter „De Aap" Müller die Szene dominierten. Und – als bislang letzte Boomphase – es kamen die frühen Neunziger mit dem Helden Henry Maske.

Warum wird dieser Sport in manchen Phasen seiner Geschichte zum gesellschaftlichen Ereignis, das die Massen mobilisiert und große Hallen ebenso füllt wie die Wohnzimmer, in denen ein Weltempfänger oder ein Fernseher steht? Und in anderen Phasen in Kleinringe abgedrängt, wo er nur von Experten und Menschen aus dem Rotlicht-Milieu wahrgenommen wird?

Die gängige Erklärung, dass das Fernsehen an allem schuld sei, reicht nicht aus. Insbesondere ältere Kollegen erklären den Niedergang des deutschen Profiboxens in den sechziger und siebziger Jahren damit, dass die großen Kämpfe im Fernsehen übertragen wurden. Im gleichen Atemzug aber lautet ihre Erklärung für den Boom der frühen Neunziger: „Weil RTL sich so engagiert hat." Beides gleichzeitig kann offensichtlich nicht stimmen.

Ein weiteres gängiges Argument, Boomphasen im Boxen zu erklären, lautet sinngemäß: „Wenn die Leute wenig Geld haben, hauen sie sich auch dafür." Das ist zwar nicht ganz falsch, doch auch hierfür gibt es leicht zu benennende Gegenargumente. So stieg beispielsweise Ende der siebziger bis Mitte der achtziger Jahre trotz hoher Arbeitslosigkeit die Zahl von Kämpfern und Veranstaltungen nicht an.

Eine Theorie des Boxbooms lässt sich vielleicht entwickeln, wenn man das Boxen mit dem Fußball vergleicht: In den zwanziger Jahren wuchsen beide Sportarten (wie auch das Radfahren) zu Massensportarten an. Der Fußball allerdings in geringerem Ausmaß, denn er wurde in Deutschland bis Anfang der sechziger Jahre bestenfalls semiprofessionell betrieben.

Nach dem Zweiten Weltkrieg waren eher die Boxer als die Fußballer – mit Ausnahme der 1954er WM-Elf um Fritz Walter – ideale Sporthelden für die Mehrzahl der Fans. Diese Verehrung hatte solange Bestand, wie nach der Kriegsniederlage im alltäglichen Leben gekämpft werden musste, um die Existenz zu sichern und um sich einen gesellschaftlichen Status zu schaffen. Boxer sind Sportler, die in überschaubaren Regeln kämpfen. Bis auf wenige Ausnahmen kennt ihr Kampf nur Sieg oder Niederlage, und diese Ergebnisse sind physisch und kaum anzuzweifeln.

Je mehr Existenz und Status großer gesellschaftlicher Kreise gesichert waren und je länger die Phase dieser Saturiertheit dauerte, je weniger der Alltag durch existenzielle Kämpfe geprägt wurde, desto geringer wurde die Begeisterung fürs Boxen. Als ab Beginn der sechziger Jahre Wertediskussionen aus den USA und Großbritannien übernommen wurden und kulturelle Opposition – wie die Hippie-, Beatnik- und Studentenbewegungen – sich Gehör verschaffte, als die Gesellschaft also komplexer wurde, wandten sich viele Sportfans dem Fußball zu.

Fußball ist nun seinerseits komplexer als Boxen: Eine Mannschaftssportart mit komplizierteren Regeln und höherer Aufgabenteilung, in der das Kollektiv Schwächen des Einzelnen ausgleichen kann. Und in der eine einzelne geniale Leistung – vergleichbar dem Lucky Punch beim Boxen – seltener ausreichend ist, den Vergleich zu gewinnen. Darüber hinaus gibt es beim Fußball Unentschieden, Verlängerungen und die Ermittlung des Meisters über eine ganze Saison. Das unbedingte hier und jetzt Siegenmüssen ist seltener. Der Fußball entspricht also eher einer sehr ausdifferenzierten, arbeitsteiligen Gesellschaftsstruktur, in der Grundbedürfnisse erfüllt sind und mehr über Verteilungsfragen diskutiert wird.

Welches sind die gesellschaftlichen Faktoren, die in jeder der drei bisherigen Boomphasen zusammentrafen?

Erstens: Die wirtschaftliche Lage muss schlecht oder zumindest unsicher sein.

Ende der zwanziger Jahre – während des ersten Boxbooms – herrschte eine schwere Wirtschaftskrise mit Rekordzahlen an Arbeitslosen. Genau in diese Phase fällt Max Schmelings WM-Erfolg 1930. In dieser Zeit wurden viele junge Männer Berufsboxer. Das Dritte Reich brachte durch die nationalsozialistische Wirtschaftspolitik eine Scheinblüte: Der Staat trieb mit terroristischen Mitteln die Konjunktur an.

In den Nachkriegsjahren des Zweiten Weltkriegs – dem zweiten Boom – stieg die Anzahl der Aktiven und der Kampftage in eine Höhe, die seitdem nie wieder erreicht wurde.

In den frühen neunziger Jahren – der dritten Boomphase – sprechen Wirtschaftswissenschaftler auch von einer Scheinblüte. Durch den ansteigenden Bedarf an Konsumgütern in den neuen Bundesländern machte die Industrie kurzfristig hohe Gewinne. Gleichzeitig jedoch schnellten die Arbeitslosenzahlen dort nach oben, und ganze Landstriche verloren ihre industrielle Infrastruktur. Das sind gute Zeiten für das Boxen, vor allem, wenn zur wirtschaftlich schlechten Lage hinzukommt, dass kaum Aufstiegsmöglichkeiten für junge Leute angeboten werden. In Zeiten sozialdemokratischer Bildungsreform etwa, wie sie in den Siebzigern trotz beginnender Weltwirtschaftskrise herrschte, wäre ein cleverer, gewandter Schwarzhändler wie Gustav Scholz nicht unbedingt zu den Boxern gegangen. Vielleicht hätte er stattdessen das Gymnasium besucht und wäre Aktienhändler geworden.

Zweitens: In allen Fällen eines Boxbooms liegt ein gravierender politischer Einschnitt bzw. Systemwechsel vor.

Im ersten Boom war das Kaiserreich zusammengebrochen, und in der späteren Zeit dieser Hochphase vollzog sich der Wechsel zum Nationalsozialismus.

Der zweite Boom setzte nach dem Ende des Zweiten Weltkrieges in der neuen westdeutschen Republik ein.

Und gleich nach der staatlichen Wiedervereinigung Deutschlands begann der dritte Boom.

Drittens: Ein jeder Boxboom hat ein Potenzial von Boxern zur Voraussetzung, die begeisternde Kämpfe liefern können.

Auch das ist in allen Fällen gegeben. Nach Ende des Ersten Weltkriegs waren es deutsche Soldaten, die in den Kriegsgefangenenlagern auf der britischen Isle of Man Boxen gelernt hatten.

Nach dem Zweiten Weltkrieg stiegen alte Meister wie Max Schmeling noch einmal in den Ring, um sich einen wirtschaftlichen Neubeginn zu erkämpfen. Hinzu kamen gute Amateure, die in den letzten Kriegsjahren nicht ins Profigeschäft hatten einsteigen können. Das sorgte zusätzlich für einen interessanten Generationenkonflikt.

Nach der Wiedervereinigung drängten die gut ausgebildeten Amateure aus der DDR zu den Profis. Statt des Generationenkonflikts speiste sich die Faszination diesmal aus dem Ost-West-Konflikt, der in den Kämpfen zwischen Henry Maske und Graciano Rocchigiani am deutlichsten wurde.

Viertens: Die Symbolfiguren der Boomphasen schafften es jedes Mal, einen eigenen, „deutschen" Stil ins internationale Boxen einzubringen.

Im ersten Boom gelang dies Max Schmeling, der sein Training an neuesten sportwissenschaftlichen Erkenntnissen ausrichtete und dessen Stil von Nazi-Theoretikern wie Ludwig Haymann auch als „eine in Temperament und Volkstum wurzelnde Kampfform und mithin der erste gelungene Schritt zum deutschen Boxen" gefeiert wurde.

Im Boom der neunziger Jahre hieß die Symbolfigur Henry Maske. Er schaffte es, seine Amateurtaktik auf die Länge eines Profikampfs auszuweiten und damit die Gegner zu dominieren. Außerdem machte Maske das Boxen wieder hoffähig, weil er ihm durch diesen Stil scheinbar die Nähe zu Blut und Tod nahm.

Schwieriger zu bewerten sind die frühen fünfziger Jahre. Das Symbol hieß Bubi Scholz, doch sein Kampfstil war nicht originär. Dafür gelang es ihm, den US-Stil in deutsche Ringe zu holen. Überdies adaptierte er den American Way of Life für Nachkriegsdeutschland. Scholz spielte in Filmen mit, nahm Schallplatten auf und zeigte sich mit der Prominenz. Er wurde für das Boxen, was Ted Herold für den Rock'n'Roll wurde: Die deutsche, nicht ganz so „wilde" Übersetzung.

Schlechte wirtschaftliche Lage, ein gravierender politischer Einschnitt, ein großes Potenzial fähiger Boxer, aus dem eine Symbolfigur erwächst, und die Anlage zu einem eigenständigen Boxstil – so wird Boxen in Deutschland ein Massenphänomen.

1907 bis 1918

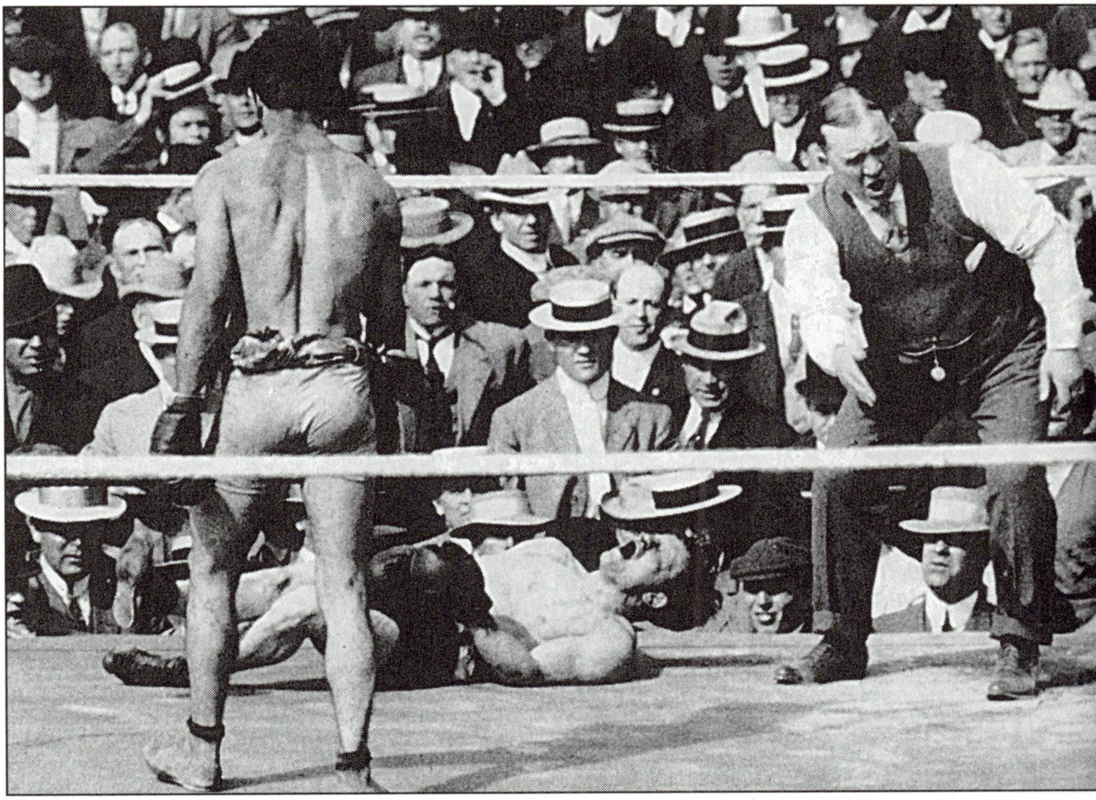

Boxkampf in England, 1911.

»Ein Fechten mit Naturwaffen«

1. Februar 1907

Joe Edwards gegen Edmond Vary. Schaukampf Boxen gegen Jiu-Jitsu in Berlin, Circus Busch

Tout Berlin ist an diesem Abend in den Circus Busch gekommen. Die Herren in den ersten Reihen haben sich in Uniform oder Frack und Zylinder gezwängt, die Damen präsentieren raschelnde Kleider. Auf den billigeren Plätzen lärmt das Volk. Alle zusammen verspüren den Kitzel, gleich etwas ungeheuer Exotisches zu erleben: Sie würden einem leibhaftigen Boxer beim Kampf zusehen!

Es ist nicht der erste Kampftag an diesem Veranstaltungsort. Von der Obrigkeit – insbesondere in Gestalt des Berliner Polizeipräsidenten Borries – argwöhnisch beobachtet, präsentiert der Circus Busch seit kurzer Zeit Kämpfe zumeist französischer und englischer Preisboxer. Diese Duelle, die in der Regel nur drei oder vier Runden dauern, sind Bestandteil des Varieté-Programms. Die Fäuste fliegen zwischen den Darbietungen von Jongleuren und Feuerschluckern.

Aber heute soll es zu einem Ereignis kommen, das seit Tagen Stadtgespräch ist und die Lokalseiten der Zeitungen füllt: Der Boxer Joe Edwards und der Jiu-Jitsu-Meister Edmond Vary wollen in einem vierrundigen Vergleich ermitteln, welche Kampftechnik die bessere ist. Am Ring sitzt eine Jury aus Journalisten, die den Ausgang des Kampfes bewerten soll, falls es keinem der beiden gelingt, ein vorzeitiges Ende herbeizuführen.

In einer der Ringecken tänzelt Joe Edwards. Wie für Preisboxer üblich, ist der kleine, 61 Kilogramm schwere Mann nur mit Shorts, Socken und Stiefeln bekleidet. Allerdings trägt er statt der damals in England und Frankreich üblichen Sechs-Unzen-Handschuhe stärker gepolsterte Trainingsfäustlinge. Diese Regeländerung ist vor dem Kampf vereinbart worden.

In der gegenüberliegenden Ecke sitzt Edmond Vary. Der Mann mit dem Schnurrbart und den pomadisierten Haaren trägt über seiner Hose eine weiße Jacke, die durch einen schwarzen Gürtel zusammengehalten wird.

Als die Glocke schlägt, beginnt ein absurdes Kampfgeschehen. Vary stürzt aus seiner Ecke und versucht, einen Arm von Edwards zu packen, um den Boxer zu Boden zu zerren. Doch Edwards weicht vor dem Jiu-Jitsu-Meister zurück und feuert eine trockene Rechte ins Gesicht seines Gegners, dessen Nase heftig zu bluten beginnt. Sichtlich beeindruckt lässt sich Vary nach einigen weiteren Treffern auf den Hosenboden fallen. Von nun an jagt er Edwards im Krebsgang nach und

Kräftemessen zwischen Boxern und Vertretern asiatischen Kampfsports gab es immer wieder. 1908 schlug Sam Mac Vea in Paris Tano Matsuda in acht Sekunden k.o.

stochert mit den Füßen in der Luft herum, um den Boxer in eine Beinschere zu bekommen. Da Edwards flink auf den Füßen ist, entwickelt sich während der gesamten Runde keine einzige nennenswerte Aktion mehr.

In der zweiten Runde – nachdem er wieder einige Treffer kassiert hat – ändert Vary die Taktik. Wieder lässt er sich auf den Boden fallen, doch statt im Krebsgang versucht er Edwards nun mit einer schnellen Folge von Purzelbäumen zu erreichen. Aber wieder ist der Boxer schneller. Wann immer der Jiu-Jitsu-Artist zum Griff ausholen will, schmettert Edwards ihm eine Faust ins Gesicht. Spätestens nach dieser Runde weiß das johlende Publikum, dass sich das Boxen dem Jiu-Jitsu überlegen erweist.

Joe Edwards kann sicherlich als das erste Marketing-Genie des deutschen Boxens bezeichnet werden. Ursprünglich stammt er aus Berlin-Neukölln und heißt Paul Maschke. Bereits vor der Jahrhundertwende ist er – noch in jugendlichem Alter – nach England gegangen, weil in Deutschland mit Boxen nichts zu verdienen war. Nur wenige Liebhaber übten damals den Faustkampf aus. In England verpasst Maschke sich den Kampfnamen Joe Edwards und wird der erste Deutsche, der vom Boxen leben kann.

1906 kehrt er nach Berlin zurück. Weil dort aber angesetzte Boxabende immer wieder in letzter Minute von der Polizei verboten werden, lässt sich Edwards einen Kniff einfallen: Am 13. Januar 1907 stänkert er in einer Anzeige in der „Berliner Morgenpost" gegen die örtlichen Jiu-Jitsu-Meister. Er behauptet, jeden dieser Kampfkünstler binnen weniger Runden besiegen zu können, wenn dieser nur annähernd dasselbe Gewicht hätte wie er selbst. Das ist ein Eklat, denn Jiu-Jitsu ist damals groß in Mode. Seine Meister gelten als die besten Kämpfer der Welt.

Nach einer weiteren Anzeige am 17. Januar hat Edmond Vary die Herausforderung angenommen. Der ist zwar keiner der japanischen Könner des ehrwürdigen Nippon Clubs Berlin, sondern eine zwielichtige Gestalt, der sich der besseren Publicity wegen als Franzose ausgibt, während er in Wirklichkeit aus Rumänien stammt. Aber immerhin: Der Kampf kommt zustande. Edwards hat die gewünschte Werbung für seinen Sport, und an diesem 1. Februar 1907 vermöbelt er Vary vor dem staunenden Publikum auch noch nach Strich und Faden.

In der dritten Runde weiß Vary nicht mehr, was er tun soll. Wieder krebst und kugelt er wild durch den Ring, doch wieder bringt ihm das nichts als Schläge ein. Selbst als er Edwards endlich einmal mit der Beinschere erwischt, federt dieser sofort wieder auf die Füße und in eine andere Ringecke. Außerdem zeigen selbst die dicken Trainingshandschuhe Wirkung: Als der Gong schlägt, ist Varys Gesicht gezeichnet.

In dieser Pause springt der Jiu-Jitsu-Kämpfer plötzlich von seinem Hocker auf und rast, vor Wut brüllend, durch den Ring. Mit beiden Händen geht er dem verdutzten Edwards an die Kehle. Der feste Griff mehrerer Sekundanten ist nötig, die beiden Männer zu trennen. Immer noch tobend, wird Vary aus dem Ring geführt. Die Jury erklärt Edwards nach dem bisherigen Kampfverlauf zum Sieger. Das Publikum ist begeistert, und in den Zeitungen des nächsten Tages schafft es der Kampfbericht auf die ersten Seiten der Sportteile. Mit einem Schlag ist Edwards ein bekannter Mann.

Der geschlagene Vary will sich mit dieser Niederlage nicht abfinden und fordert eine Revanche, die für den 11. August 1907 im Wannseebahnhof in Friedenau vereinbart wird. Diesmal beharrt der Jiu-Jitsu-Meister darauf, dass beide Kämpfer in Straßenanzügen antreten sollen. Als Vary in den Ring steigt, fällt der Jury auf, welch enorme Schultern der vor einem halben Jahr noch so schmale Mann plötzlich hat. Unter dem Gelächter der Anwesenden zieht der Ringrichter dem falschen Franzosen mehrere Pfund Watte und zusammengeknüllte Zeitungen aus der Jacke, die dieser als Polsterung vorher hineingestopft hatte. Völlig verunsichert und seines Schutzschildes beraubt, lässt Vary sich diesmal in nur zwei Minuten k.o. schlagen.

Pugilisten, Zirkusboxer und die Isle of Man: Die Anfänge des deutschen Berufsboxens

Ursprünge des modernen Faustkampfs

Das professionelle Boxen um Meistergürtel begann in Deutschland kurz vor dem Ersten Weltkrieg. Einen zunächst inoffiziellen deutschen Meister im Schwergewicht gab es seit 1911. Am 7. November dieses Jahres schlug Otto Flint – ein kahlköpfiger Recke, der aus der Hamburger Amateurschule hervorgegangen war und später Kneipier in Berlin wurde – im Berliner Circus Busch seinen Gegner Paul Mond und eröffnete die Reihe nationaler Titelträger. Seine Börse betrug 40 Mark. Es gibt allerdings Hinweise, dass weder Mond noch Flint jemals das Schwergewichtslimit erreichten. Nach heutiger Einteilung waren sie zum Zeitpunkt ihres Kampfes beide Mittelgewichtler, aber an genaue Gewichtsklassen war im kaum entwickelten deutschen Berufsboxen noch nicht zu denken.

Erst nach dem Ersten Weltkrieg gab es dann offizielle Meister, wobei neben dem Schwergewicht auch bald die Titel im Halbschwergewicht, Mittelgewicht, Weltergewicht, Leichtgewicht, Federgewicht, Bantamgewicht und Fliegengewicht geführt wurden.

Im Vergleich zu anderen Ländern war das ziemlich spät. Wann genau auf internationaler Bühne zum ersten Mal ein Boxer einen Titel erkämpfte, der ihn aus heutiger Sicht zum Weltmeister aller Klassen machte, darüber gehen die Meinungen auseinander. Oft genannt wird der US-Amerikaner James J. Corbett, „Gentleman Jim", der den Titel 1892 gewann und der erste Boxer war, der seinen Titel nicht mehr mit bloßer Faust verteidigte. Fast genauso oft wird sein Vorgänger und Landsmann John L. Sullivan genannt, der ab 1882 als Weltmeister geführt wird. Nat Fleischer, bis zu seinem Tod 1972 Herausgeber der einflussreichen Fachzeitung „The Ring", macht den ersten Kampf um die Weltmeisterschaft aller Klassen sogar noch früher aus: Am 17. April 1860 kam der US-Meister John C. Heenan ins britische Farnborough, um gegen Tom Sayers, den Champion von England, zu kämpfen. Nach 42 Runden stürmten die Zuschauer den Ring. Der

Kampf wurde abgebrochen und Sayers zum Sieger und Weltmeister erklärt. Egal, welches Datum man für das Richtige hält: Jedes beweist, dass Deutschland bei der Entwicklung des Boxens hintan war.

Die Wurzeln dessen, was später zu dem uns heute bekannten Boxsport wurde, reichen sogar noch viel weiter zurück, nämlich in die Mitte des 18. Jahrhunderts nach England. Im Jahre 1743 hatte der Brite John Broughton ein Regelwerk für eine damals auf der Insel übliche, rohe Vorform des heutigen Boxens aufgestellt, die „Pugilismus" genannt wurde. Die Pugilisten waren kaum mehr als bessere Kneipenschläger – Handwerksburschen meist, ruppige Kerle aus der Unterschicht oder ehemalige Seeleute, die auf Jahrmärkten und bei anderen Volksbelustigungen gegeneinander antraten. Die Kämpfe wurden mit bloßer Faust ausgetragen und dauerten so lange, bis einer der Kontrahenten kampfunfähig war. Kampfzeiten von einer Stunde und mehr waren keine Seltenheit; der Kampfplatz wurde noch nicht durch Seile begrenzt, sondern durch den Ring der Umherstehenden, die einen strauchelnden Kämpfer zurück zu seinem Gegner stießen. Die Schaulustigen wetteten auf ihren Favoriten. Da es bei jedem Fight um eine Prämie für den Sieger ging, kann man die Pugilisten aus heutiger Sicht als „Profis" bezeichnen, auch wenn nur wenige von ihnen von den Kämpfen leben konnten.

Ruppige Kerle mit bloßer Faust

Die damalige Unterscheidung zwischen „professionellem" und Amateursportler war mit dem heutigen Sprachgebrauch ohnehin kaum zu vergleichen. Im stark ständisch geprägten England galt jeder als „Professional", der Geld mit seiner Hände Arbeit verdiente. Nach dieser Definition war jeder sporttreibende Arbeiter, Handwerker oder Soldat selbst dann ein „Professional", wenn er für seine Siege keine Prämie bekam. Ein Amateur – und damit ein gesellschaftlich wesentlich höher geachteter Sportsmann – war nur derjenige, der es sich leisten konnte, seinen Sport zum reinen Zeitvertreib auszuüben. Diese Definition galt bis in die ersten Jahrzehnte unseres Jahrhunderts, nicht nur in England. Da kein britischer Bürger oder Gentleman des 18. Jahrhunderts sich öffentlich für Geld geprügelt hätte, galt Pugilismus kaum als Sport. Wenn die Oberschicht sich messen wollte, dann rang oder focht sie eher, übte sich also lieber in jenen Sportarten, die sie an ihren Universitäten gelernt hatte.

Boxen fungierte beim Adel zunächst als Duellersatz, wie der Historiker Henning Eichberg meint. „Für 1694 ist erstmals belegt, dass der Streit zwischen Angehörigen verschiedener sozialer Schichten auf gleicher Ebene ohne Waffe im Boxkampf ausgetragen wurde. Doch dauerte es noch zirka ein Jahrhundert, bis das Boxen auch zum Sport des Adels wurde."

Mit bloßen Fäusten und von Schaulustigen umringt wurde im 19. Jahrhundert in England geboxt. Die Zeichnung zeigt den entscheidenden Punch des späteren Weltmeisters Tom Sayers gegen Tom Paddock (1858).

Eher als bei den Adligen entwickelte sich das Boxen der Pugilisten, das schon früh britische Meisterschaften vergab. Wie der frühe deutsche Box-Historiker Josef L. Machalewski in seinem Buch „Boxen – Der Weltsport“ schreibt, gab es in der ersten Hälfte des 18. Jahrhunderts einen einzigen Faustkampf-Meister, der alle Herausforderungen annehmen musste. Im Jahr 1746 kam als erste weitere Klasse das Leichtgewicht dazu, 1786 das Mittelgewicht. Um die Wende zum 19. Jahrhundert wurden außerdem das Federgewicht und das Weltergewicht eingeführt.

Erstmals organisierte sich der Faustkampf im Jahr 1812, und zwar im „Pugilistic Club London“. Von London aus erfolgten auch die Reformen, die aus dem Pugilismus das uns vertraute Boxen machten. Das erste Regelwerk dieser Art waren die „Londoner Regeln“, die 1838 erschienen. Sie wurden bereits 1867 von den Regeln des Marquess von Queensberry abgelöst. Ihnen folgt das Boxen im Prinzip bis heute: Es finden sich u.a. die Vorschrift, Handschuhe zu tragen, die Einführung von dreiminütigen Runden bei einer Minute Pause, die Festlegung der Gewichtsklassen und die Einführung der Punktwertung.

In dem Maße, wie der Pugilismus sich Mitte des 19. Jahrhunderts zum Boxen wandelte, begann die Unterscheidung zwischen Amateur- und Profiboxern. Während die Arbeiter sich weiter öffentlich maßen, wurde der domestizierte Faustkampf auch als erzieherischer Sport für die Oberschicht interessant. Ab Mitte des Jahrhunderts nahmen die Universitäten ihn in ihr Sportprogramm auf, so dass eine Amateurbewegung entstand. Bis in die ersten Jahre des 20. Jahrhunderts traten Amateure und Profis zu gemeinsamen Meisterschaften an, um etwa den Champion des Heeres oder der Marine zu ermitteln. Allerdings wurde hierbei streng nach Offizieren und Mannschafts-Dienstgraden getrennt.

Die jährlichen englischen Meisterschaften waren den Amateuren vorbehalten. Allerdings waren sie international angesetzt und standen deshalb Kämpfern aus aller Welt offen. Auch weltweit setzte sich die Trennung von Amateuren und Profis durch. Spätestens vollzogen war die Unterscheidung, als Boxen bei den Spielen von 1904 olympisch wurde.

Ab der zweiten Hälfte des 19. Jahrhunderts gab es die ersten Weltmeisterschafts-Kämpfe. Der Gürtel im Mittelgewicht wurde schon 1867 vergeben. Wie erwähnt, ist die Wertigkeit dieser frühen Titel allerdings umstritten. Nach dem Titelgewinn von Tom Sayers dauerte es bis ins Jahr 1897, dass mit dem Briten Bob Fitzsimmons wieder ein Nicht-Amerikaner Weltmeister im Schwergewicht wurde. Alle Meister dazwischen kamen aus den USA. Im Grunde waren sie US-Meister, die sich selbst als „Weltmeister“ bezeichneten. Da der Verkehr zwischen den Kontinenten mit wochenlangen Schiffsreisen verbunden war, traten die englischen Champions so gut wie nie gegen sie an. Wenige Ausnahmen – wie der von 1828 bis 1843 aktive James „Deaf“ Burke, ein Engländer, der sich als Ire verstand, oder Jem „The Gypsie“ Mace, englischer Champion von 1866 bis 1871, die beide zu Nicht-Titelkämpfen in die USA fuhren – bestätigen diese Regel eher, als dass sie sie widerlegen.

Das Boxen griff von Großbritannien aus auch auf das europäische Festland über. Ab den sechziger Jahren des 19. Jahrhunderts wurden in Frankreich Meisterschaften ausgetragen. Für wenige Jahrzehnte prägte man sogar einen eigenen Kampfstil, das sogenannte „französische Boxen“, bei dem Fußtechniken und Tritte erlaubt waren. Einige Jahre später entstand auch in Belgien eine kleine Box-Szene, die nach kurzer Zeit dem englischen Vorbild folgte.

In Deutschland hingegen brauchte das Boxen erstaunlich lange, um sich durchzusetzen. Hierzulande war die sportliche Betätigung im 19. Jahrhundert vor allem auf die von Friedrich Ludwig Jahn ins Leben gerufene Turner-Bewegung begrenzt. Da das Turnen in Deutschland erfunden worden war, hatte es nicht nur eine große Basis an Aktiven; es wurde auch von der Politik als Bewegung gegen alle „undeutsche“, also vor allem englische und französische, sportliche Betätigung unterstützt. In diesem Umfeld entwickelten sich importierte Sportarten nur sehr schwer.

Über boxerische Aktivitäten in Deutschland vor dem Ersten Weltkrieg sind nur wenige Quellen zu ermitteln. Insbesondere die Daten einzelner Ereignisse sind oft nur aufs Jahr genau bestimmbar. Hier und da finden sich Zeitungsmeldungen und Polizeiberichte, wenige Selbstzeugnisse von Aktiven und eine geringe Zahl an Lehrbüchern. Zusammengefasst ergeben sie ein fragmentarisches Bild davon, wie sich das Boxen in Deutschland gegen alle Widerstände langsam durchsetzte.

Spion und Ölmagnat: Der erste deutsche Profi

Nat Fleischer nennt als ersten deutschen Profikämpfer Ben Hogan, der 1844 als „Benediel Hagen“ – vermutlich Benedikt – in „Wurtemburg“ – vermutlich in Württemberg – geboren wurde. Fleischer schreibt über den Mann, der nie einen Titel erkämpfte: „Sein Ruhm rührt aus dem Meisterschaftskampf mit Tom Allen 1872, ein Kampf, der unbefriedigend endete, als Hogan trotz schwerer Verletzung den Kampf in der dritten Runde fortsetzen wollte. Er war einer der pittoreskesten Charaktere der amerikanischen Boxgeschichte: ein Spion der Unionisten und der Konföderierten im Bürgerkrieg, ein Spielsalonbetreiber, Ölmagnat, Theaterbesitzer und alles zusammen ein professioneller Pugilist.“

Wie groß zunächst das Unverständnis war, das man in Deutschland dem sportlichen Treiben in England entgegenbrachte, dokumentiert eine Notiz aus der „Haude-Spenerschen Zeitung“ des Jahres 1789:

„Zur Schande der Policei haben zu Banbury zwei Kerls, Johnson und Perry, eine öffentliche Faustschlägerei gehalten. Die Menge der Zuschauer vom vornehmen und geringen Pöbel war unglaublich, und über 30.000 Pfund Sterling sind dabei verwettet worden. Wollte man auch diese Narrheit verzeihen, so wird doch Niemand das Betragen des dasigen Stadtmajors, eines Holzhändlers, billigen, der, an Statt die beiden Faustschläger in Verhaft zu nehmen, die Unverschämtheit gehabt hat, ihnen eine große Bühne dazu aufzubauen, und sich dafür eine ansehnliche Summe bezahlen zu lassen.“

Aus dem Jahr 1833 stammt eine frühe deutsche Boxreportage – aufgefunden von dem Literaturwissenschaftler Herbert Heckmann. Anlässlich eines der ersten Boxkämpfe auf dem europäischen Kontinent – zwischen zwei britischen Kämpfern namens Adam und Swift – berichtete die Zeitschrift „Bibliothek der neuen

Weltkunde“ auf eine Weise, die das Geschehen im Ring mit dem Schluss einer Tragödie vergleicht:

„Kenner bemerkten mit Bewunderung, dass in dem Augenblicke, wo die beiden Boxer sich genähert hatten, es Swift bei einem Haar gelungen wäre, Adam in Chancery zu stellen. Man bezeichnet mit diesem Worte das Verfahren, wodurch es einem Boxer gelingt, den Hals seines Gegners mit seinem linken Arm zu umspannen, den Kopf solchergestalt festzuhalten und denselben durch wiederholte Schläge so zuzurichten, dass jener alle Besinnung verliert. (...) Der Schlag war entscheidend. Einem Hiob oder Lazarus nicht unähnlich, mit blutenden, zerrissenen Wunden auf allen Seiten, mit fast erloschenen Blicken, konnte Adam, als er wieder aufgerichtet wurde, sich kaum auf den Beinen halten. Ein letzter Schlag zwischen die Augen traf ihn nur noch wie armes Schlachtvieh, das jedes Widerstandes unfähig, zu Boden stürzte. Er behielt kaum Kraft genug zu murmeln, dass er sich ergebe. Dann sank er ohnmächtig seinem Sekundanten in die Arme.“

Deutsche Pioniere

Einige Jahrzehnte später begann man den Boxsport auch in Deutschland nicht nur als blutiges Spektakel zu verstehen, sondern als erlernbare Sportart. 1863 erschien in der Leipziger Verlagsbuchhandlung J.J. Weber das Buch „Die Boxkunst. Anleitung zur selbständigen Erlernung des Hand- und Fußboxens“ von Jacob Happel, einem Turn- und Fechtlehrer aus Antwerpen. Bisher hatte sich in Europa noch kein einheitlicher Stil durchgesetzt. Bereits 20 Jahre später waren die Vorzeichen anders: Carl Kapell, Autor des Buches „Das Boxen“, das 1881 im Haessel-Verlag Leipzig erschien, arbeitete in Berlin auch als Turn- und Fechtlehrer, aber seine Übungen umfassten nur noch das Boxen „nach englischem Vorbilde“.

Diese Bücher erreichten zunächst nur ein sehr kleines Fachpublikum. Dennoch kam die neue Sportart langsam ins Gespräch. So berichtet Machalewski: „Bereits Ende der 80er Jahre erschienen in Deutschland an verschiedenen Orten Pressenotizen und andere Schriften, in denen sich einige Turnlehrer und Sportschriftsteller für den Boxsport einsetzten.“ In seiner Frühzeit wurde das Boxen in Deutschland durch staatliche Verbote behindert. Bis 1908 blieb seine Ausübung in der Öffentlichkeit verboten. Allerdings erging nie ein kaiserliches Gesetz; die Entscheidung über Erlaubnis oder Verbot der Veranstaltungen fällte jeweils der örtliche Polizeipräsident. Wie die Entscheidungsfindung vor sich ging, schildert Alfred Ostermoor in seinem Artikel „Joe Edwards boxt mit der Polizei“. Der Text erschien 1926 in der Zeitschrift „Arena“ und erinnerte an den ersten Profi-Kampfabend im Circus Busch: „Im Anfang war der preußische Ordnungssinn des Berliner Polizeipräsidenten von Borries. Der wallte auf in Empörung als 1907, gelegentlich der ersten deutschen Boxveranstaltung im Zirkus Busch, Berlin, der Franzose Lerda durch einen harmlosen Herzhaken – nach dem Polizeibericht: durch rücksichtslose Stöße in die Weichteile – knockout zu Boden geworfen wurde. Einen Tag nach der ersten Boxkampfveranstaltung trat das geharnischte Verbot des Polizeipräsidenten ein.“

Polizei verbietet Kampfabende

Die eingeschränkte Öffentlichkeit der Vereine war allerdings von diesen Auflagen nicht betroffen. Und genau dort, in den Vereinen für Ringen, Athletik und Gewichtheben, begann man auch in Deutschland zu boxen. Für den 9. Juli 1899 schrieb der Hamburger Athletenclub „Löwe“ – neben Vergleichen im Ringen und Gewichtheben – auch die ersten deutschen Wettkämpfe im Faustkampf aus, an denen sich vier Paare beteiligten. Gleich nach der Jahrhundertwende etablierte sich das Boxen in verschiedenen deutschen Städten. Laut Machalewski gab es in folgenden Vereinen ab Beginn des 20. Jahrhunderts Boxabteilungen: in Berlin im „Amateur-Box-Club“, bei „SC Heros 1903“, „Astoria“, „Berliner Box-Club“, „Deutscher Box-Club“, „Berliner Sport-Club“ und im „Sport-Club Alt-Wedding“. In Stettin beim „Stettiner Sport-Club“, in Chemnitz bei „Arminia“ und „Olympia“, in Dresden bei „Turnlust“, in Köln bei „Colonia“ und im „Turnverein 1843“, in Düsseldorf beim „Athletik-Club 86“. In Hamburg, der ersten Hochburg des Amateursports, boxte man im „Hamburger Boxing Club“, „Eimsbütteler Turn-Verband“ und „Hohenfelder Sportklub“.

Im Jahr 1908 – als das Boxen bereits zum zweiten Mal olympisch war – erreichten die Athleten die offizielle Legalisierung ihres Sports. Nach einer Vorführung im Berliner Sport-Club vor dem Polizeipräsidenten wurde das Verbot öffentlicher Wettkämpfe aufgehoben.

1912 – also genau einhundert Jahre nach Gründung des „Pugilistic Club London“ – organisierte sich auch der deutsche Boxsport. Unter der Führung des späteren Vorsitzenden Gustav H. Heß, einem Boxer aus Hamburg, gründete sich ein „Deutscher Box-Verband“, der bereits für dasselbe Jahr deutsche Meisterschaften ausschrieb.

Diese fanden im Hamburger Curio-Haus unter Beteiligung von 29 Athleten statt. Die damaligen Gewichtseinteilungen in Deutschland unterschieden sich allerdings deutlich von denen, die in den Queensberry-Regeln festgehalten waren: Sie glichen stattdessen den internationalen Limits im freien Ringkampf. Erster

Joe Edwards, mit bürgerlichem Namen Paul Maschke, boxte ab 1900 erfolgreich in England.

Meister im Gewicht bis 72,5 Kilogramm wurde übrigens der Verbandsvorsitzende Heß höchstpersönlich.

Erstmals wurde in dieser Zeit auch versucht, den deutschen Boxsport an das internationale Niveau heranzuführen. Bereits 1909 verpflichteten einige Berliner Vereine gemeinsam den dänischen Spitzenboxer Edmund Hansen als Boxlehrer, und ab 1913 nahmen deutsche Sportler an internationalen Meisterschaften teil. Doch dann bedeutete der Erste Weltkrieg für den kleinen deutschen Amateurbox-Boom zunächst das Ende.

Wesentlich langsamer setzte sich in Deutschland das Berufsboxen durch. Da es erst ab 1907 überhaupt Profiveranstaltungen gab, mussten die wenigen Pioniere, die für Geld kämpften, ihre Karrieren allesamt im Ausland beginnen. Der bedeutendste unter ihnen war Joe Edwards, der als Paul Maschke in Berlin-Neukölln geboren worden war. Schon kurz vor der Jahrhundertwende ging das Leichtgewicht nach England und erkämpfte sich dort den ersten nennenswerten Rekord eines deutschen Boxers. 1900 hat er nach eigenen Angaben sogar in Leeds die britische Leichtgewichts-Meisterschaft gegen Harry Morgan gewonnen, eine Behauptung, die allerdings durch keine Rekord- oder Meisterliste bestätigt wird. In seinem 1911 erschienenen Buch „Boxen. Ein Fechten mit Naturwaffen“ behauptet er, zwischen 1900 und 1906 insgesamt 25 Kämpfe in England ausgetragen und dabei nur viermal verloren zu haben. 1906 kehrte er nach Berlin zurück, um eine Boxschule zu eröffnen: Den „Anglo-American Boxing-Club“ (AABC) in der Englischen Straße im Bezirk Charlottenburg, der allerdings, ähnlich wie die Amateurvereine, oft von polizeilichen Verboten bedroht war. Mit dem AABC wurde Edwards zur zentralen Figur der frühen deutschen Profiszene. Zu seiner Hauptattraktion wurde der schwarze Amerikaner Bobby Dobbs. Der war zwar schon weit über 50, begeisterte aber dennoch mit seinen Vorführungen das Publikum. Edwards holte zu seinen Veranstaltungen weitere ausländische Boxer in seine Schule. Da die Börsen gering waren und niemand vorhersagen konnte, ob die Kämpfe nicht kurzfristig abgesagt werden mussten, waren es aber allesamt nur drittklassige Boxer.

Trotz aller Verbote reichten die Räume des AABC schon bald nicht mehr für die Kampfabende aus. Welcher Tricks es bedurfte, trotzdem zu veranstalten, schildert Eugen Wagner im „Box-Brevier“: „So war es keine Seltenheit, dass eine im großen Saal des Tiergartenhof angesetzte Boxveranstaltung eine Stunde vor Beginn von der anrückenden Hermandad gestoppt wurde. Aber sie fiel dennoch nicht aus. 'Auf nach dem Marinehaus an der Jannowitz-Brücke', hieß es dann. Dort stand immer schon ein gleich großer Saal in 'Reserve' zur Verfügung. So zog denn alles, Boxer, Funktionäre und Besucher gen Osten, wo die Boxkämpfe, zwar mit entsprechender Verspätung, aber doch zu aller Zufriedenheit abrollten.“

Edwards größte Leistung bestand aber zweifellos in den beiden – eingangs geschilderten – Kämpfen gegen den Jiu-Jitsu-Meister Edmond Vary am 1. Februar 1907. Um die Jahrhundertwende war die Kunde vom Jiu-Jitsu um die Welt gegangen, das schon bald nicht nur in Deutschland als effektivste waffenlose Kampfkunst der Welt galt. Dass es Edwards gelang, einen Jiu-Jitsu-Meister gleich zweimal zu besiegen, brachte dem Boxen in Deutschland einen entscheidenden Popularitätsschub.

Rudi Unholz, vergessener WM-Kämpfer

Ein anderer Pionier ist heute fast völlig vergessen, und nur wenige seiner Lebensdaten lassen sich überhaupt ermitteln: Rudi Unholz, ein Leichtgewicht aus Mannheim. Vermutlich um die Jahrhundertwende ging er in die USA und nahm dort die amerikanische Staatsbürgerschaft an. Er wurde der erste in Deutschland geborene Boxer, der um einen WM-Titel kämpfte: Am 14. Mai 1908 – also 22 Jahre, bevor Schmeling gegen Sharkey den Titel gewann – stand Rudi Unholz mit dem schwarzen Leichtgewichts-Champion Joe Gans im Ring von San Francisco. Er verlor durch technischen K.o. in der elften Runde. Zwischen 1908 und 1914 kämpfte Unholz außerdem gegen Weltklasse-Boxer wie die späteren Champions Oscar „Battling“ Nelson, Billy Papke und Adolph „The Michigan Wildcat“ Wolgast. Da er keinen dieser Fights gewinnen konnte, geriet Unholz allerdings in Vergessenheit.

Nicht unähnlich war der Lebenslauf von Frank Mantell, der als Frank Otto Mintell am 25. Juni 1886 in Brandenburg geboren wurde. Schon früh, wann genau ist unbekannt, übersiedelte er nach Rhode Island/ USA, von wo aus er sich ei-

Frank Mantell, in Brandenburg geborener Weltklasse-Mittelgewichtler.

nen Kampfrekord von 101 Kämpfen (38 Siege, 19 Niederlagen, 18 Unentschieden und 25 Kämpfe ohne Entscheidung) erarbeitete. Als es zwischen 1911 und 1913 einen Streit darüber gab, wer als Mittelgewichts-Weltmeister gelten dürfe, beanspruchte auch Mantell diesen Titel. Er hatte am 22. Februar 1912 in Sacramento/Kalifornien Billy Papke, der den Titel auch für sich proklamierte, nach Punkten besiegt. Da noch andere Mittelgewichtler dieser Zeit sich Weltmeister nannten, kann Mantell allerdings nicht als Titelträger gelten. Mantell starb 1951 in Phoenix/Arizona.

Weltenbummler aus Zwickau

Der Mann mit der spannendsten Biografie der Pioniergeneration hieß Paul Samson-Körner. 1888 als Paul Körner in Zwickau geboren, verdingte er sich in seiner Jugend als Schiffsjunge, vorrangig auf Segler-Passagen zum und um den amerikanischen Kontinent. 1907 kam er auf einer Überfahrt von Kapstadt in die USA erstmals mit dem Boxen in Berührung. Der Schriftsteller Bertolt Brecht lässt Samson-Körner in dem Romanfragment „Der Lebenslauf des Boxers Samson-Körner" schildern:

„Außerdem hatten wir allerdings noch einen Ballast. Das war der Neger Kongo. Dieser Schwarze war ein richtiger Boxer, ziemlich der erste, mit dem ich näher zusammenkam. Er war sogar ein ganz guter Mann, er hatte viel in Afrika geboxt, aber sein ganzes Geld durchgebracht, deshalb arbeitete er sich nach Amerika zurück. Er hatte die Gewohnheit, immer mal wieder vier volle Wochen nichts zu tun als zu trinken. (…) Aber es

Zwickaus härteste Linke: Paul Samson-Körner, Champion von Panama, Peru und Chile.

war etwas Großartiges an ihm, wie er zum Beispiel jetzt auf dem Segelschiff herumarbeitete, auf dem er sich nicht auskannte und eine Arbeit tat, die ihn so anstrengte, dass er fortgesetzt hustete und auf eine neue Trinkzeit in Amerika wartete. Er zeigte mir zum ersten Mal das Boxen."

Als der Erste Weltkrieg ausbrach, eilte Körner nicht wie viele seiner Kollegen nach Europa. Er entschied sich, in Amerika zu bleiben und eine Profi-Karriere zu beginnen. Da Deutschland Kriegsgegner war, nahm er den Kampfnamen Samson an und gab sich oft als Däne aus. Im Gegensatz zu dem glücklosen Unholz, der sich gegen die Weltspitze aufrieb, begann Körner einen Siegeszug durch unterklassige mittel- und südamerikanische Ringe. 1916 wurde er Champion von Panama, später erkämpfte er noch die Titel von Chile und Peru. Auf dem Höhepunkt seiner Karriere ging er mit dem ersten schwarzen Schwergewichts-Weltmeister Jack Johnson (1908 bis 1915) und mit dem späteren Mittelgewichts-Weltmeister Harry Greb über die Runden. Außerdem erreichte er gegen den jungen Gene Tunney, auch er später Weltmeister im Schwergewicht, ein Unentschieden und wurde zwischenzeitlich auf Platz sechs der Weltrangliste geführt – als bester Europäer.

Nach dem Krieg kehrte er nach Deutschland zurück, um gemeinsam mit dem Magdeburger Hans Breitensträter das Schwergewicht der frühen zwanziger Jahre zu dominieren.

Nach der Aufhebung des Boxverbots 1908 formierte sich in Deutschland langsam eine eigenständige Profi-Szene. Der Circus Busch in Berlin blieb zunächst ein wichtiger Kristallisationspunkt. 1911 veranstaltete Direktor Paul Busch die erste deutsche Meisterschaft im Schwergewicht. Da der Sieger Otto Flint keine gleichwertigen Gegner fand, veröffentlichte er am 24. Februar 1913 sogar einen Aufruf in verschiedenen Berliner Zeitungen, „wonach er bereit sei, seinen Meistertitel gegen irgendeinen Boxer deutscher Nationalität zu verteidigen". Flint hielt den Titel bis 1920.

Auf Dauer verlor der Circus Busch allerdings seine Vormachtstellung, da seine Veranstaltungen mehr auf ein amüsierwilliges Publikum zugeschnitten waren. Denn neben ernsthaften Kämpfen kam es immer wieder zu Vorstellungen, die eher an Varieté erinnerten. Im Programm von Paul Busch trat zum Beispiel der Autodidakt Sabri Mahir auf, türkischer Emigrant und späterer Trainer des Schwergewichtsmeisters Franz Diener, der als „der schreckliche Türke" in abgesprochenen Kämpfen auf bis zu vier Gegner gleichzeitig losging.

Für die fachlich interessierten Fans gab es ab 1910 regelmäßige Kampfabende an anderen Berliner Sportstätten. Die „Boxsport" berichtet von einer Veranstaltung am 1. September 1910 im Bäcker-Sport-Club „Felsenfest", bei der Helmuth Kapitzke gegen Otto Ferchow im Leichtgewicht siegte. Im November desselben Jahres gewann Ferchow den Kampf um die „Meisterschaft von Deutschland" gegen einen Rumänen im „Lehrervereinshaus".

Auch in München entstand eine Box-Szene. In den frühen Jahren kämpften hier Hugo Podzuhn alias Dick Armstrong, Ludwig Anthuber, Karl Fürst, Franz Korn sowie die Brüder Harry und Willy Götz.

Von Stuttgart aus begann der Federgewichtler Toni Abele seine Karriere. In England und in Wales – zunächst unter dem Namen „Kid Aby" – kämpfte er ab 1909 für nur zehn Schillinge Börse bei kurzrundigen Veranstaltungen in privaten Londoner Ringen. 1913 besiegte er den südenglischen Champion Roberts, stand als Hauptkämpfer gegen Liberty James im Ring und kämpfte sogar gegen den späteren Schwergewichtsmeister Joe Beckett. Später, im Jahr 1935, rühmte die „Boxsport" Abele als den ersten, der im Ausland bewusst seine deutsche Nationalität zeigte. Abele legte noch in den fünfziger Jahren als rüstiger Rentner in

Stuttgart Wert darauf, dass er die Lizenz Nr. 3 des Verbandes Deutscher Faustkämpfer (VDF) besaß.

Max Breslauer erwähnt in seiner „Geschichte des Faustkampfes" weitere Namen längst vergessener Profiboxer der Frühzeit: „Im Auslande war für Deutschlands Farben Ernst Koch, der heutige Weltergewichtler in England tätig, und in Amerika bzw. Australien wurden wir durch W. Weiß (Crefeld) und Emil Volkmer (Bremen) vertreten. Metz (Berlin), Joe Hammer (Pfalz), Harry Deiters (Hannover), die bekannten Berufskämpfer, sollen ihre Laufbahn in Paris bzw. Australien begonnen haben". Auch Altmeister Flint hatte, so erwähnt es die „Boxsport" Jahrzehnte später, 1913 Kämpfe in Paris und London.

1912 bekam der junge Sport einen Popularitätsschub von unerwarteter Seite: Kaiser Wilhelm II. lud den in Köln lebenden britischen Profi Jack Slim nach Frankfurt/Main ein, um sich einige Demonstrationsrunden vorführen zu lassen.

Otto Flint, der erste deutsche Schwergewichtsmeister.

Auch Slim war ein Boxpionier, der unter anderem damit angab, Weltmeister gewesen zu sein, was er aber nie war. Vor dem Ersten Weltkrieg arbeitete er als Trainer in Berlin, später siedelte er nach Köln um. Von dort aus handelte er mit Box-Lehrbriefen zum Selbststudium, die er landesweit verschickte.

Offenbar machte Slim seine Sache gut. Wilhelm II. war angetan, und Friedrich Karl, einer der Prinzen, ließ sich in der Folgezeit sogar Boxunterricht erteilen. Der Boxsport hatte kaiserliche und damit staatliche Anerkennung gefunden. Dieses Beispiel für Boxbegeisterung war übrigens nicht das erste in der Geschichte des deutschen Herrscherhauses. Bereits in den Hohenzollernbriefen 1813 bis 1815 findet sich eine Nachricht von Prinz Wilhelm, dem späteren Kaiser Wilhelm I., an seine Schwester. Nachdem er in London einen Boxkampf gesehen hatte, schrieb er begeistert: „Bochsen ist einzig!"

Lehrstunden im Internierungslager

Zwei Jahre nach Slims Boxstunde in Frankfurt brach der Erste Weltkrieg aus. Für den aufstrebenden Profi-Boxsport erwies sich diese Katastrophe als Glück. Denn den Anschluss an internationales Niveau schaffte das deutsche Boxen in einem Kriegsgefangenenlager auf der britischen Isle of Man.

In seiner „Geschichte des Faustkampfs" schreibt Max Breslauer bereits 1923: „Flint, Schlüter, R. Naujocks, Mond spielten in den ersten Berliner Kämpfen die Hauptrolle. Das Interesse wurde aber bedeutend größer, als Wiegert, Miers, Spörl, Dubois, Kudernatsch (Oesterreich), Prenzel, Gebr. Götz, Breitensträter und andere aus den englischen Interniertenlagern nach Deutschland zurückkehrten und die meistens in England erlernte Kunst bei uns verbreiteten. Man trug Meisterschaftskämpfe aus. Bald stellte sich heraus, dass die ehemaligen Gefangenen der alten deutschen Boxgarde überlegen waren. Im Auslande wurde man auf uns aufmerksam".

Die genaueste Beschreibung der Zustände auf der Isle of Man zwischen 1914 und 1918 liefert rückblickend der spätere Schwergewichtschampion Hans Breitensträter in seiner Autobiografie „Meine Kämpfe", die 1923, auf dem Höhepunkt seiner Karriere, erschien.

Der am 9. Februar 1897 in Hecklingen bei Magdeburg geborene Breitensträter arbeitete in seiner Jugend – ähnlich wie Paul Samson-Körner, der in den frühen zwanziger Jahren sein größter Kontrahent werden sollte – als Schiffsjunge. Die ersten Trainingseinheiten bekam er – und auch hier ähnelt seine Biografie der seines späteren Gegners – bei einer Passage von Australien nach San Francisco, als er sich zum Zeitvertreib mit seinem Kapitän maß. Bei Kriegsausbruch – die dritte Übereinstimmung mit Samson-Körner – befand er sich in den USA. Doch im Gegensatz zu dem Zwickauer heuerte Breitensträter bei nächster Gelegenheit in Richtung Deutschland an, um zu den Waffen zu eilen. Dort kam er allerdings nie an. Im Ärmelkanal wurde das Schiff von der britischen Marine aufgebracht. Alle Deutschen an Bord kamen in das Internierungslager 3 in Knockaloe auf der Isle of Man.

Der Fachjournalist Joe Biewer erinnert sich, dass die Initiative auf Knockaloe, die Gefangenen boxen zu lassen, von Toni Abele ausging.

Schenkt man den Ausführungen Breitensträters Glauben, war der Alltag auf der Insel geradezu idyllisch: „Überall deutsche Seeleute im Lager, welche der Engländer auf See von neutralen Schiffen holte – Seeleute, Lagerhallen und Stacheldraht und sehr viel frische Luft. Und eines Tages sehe ich, ich bin hier auf der schönsten Boxerinsel. Junge Kerle mit Muskeln und Knochen, herunter von der See und in die weiche Inselluft auf viele Jahre vielleicht hinter Stacheldraht – da geht der Sport auf. Das ist ganz klar. Überall in allen Lagern auf Man ist tägliches Brot der Sport: Baseball, Tennis, Fußball und allem voran: der Boxsport. Die Tommies und ihre Offiziere täten am liebsten mit, wenn das ginge. Es boxen da 'Lagernummern', von denen 1915 noch kein Mensch auf dem Festland etwas weiß: Hirschberger, Koch, Wiegert, Spörl."

»Auf der schönsten Boxerinsel«

Neben dem Übermaß an Zeit, das die zur Untätigkeit gezwungenen Gefangenen füllen mussten, kamen noch andere Faktoren, die ähnliche Bedingungen

Hans Breitensträter erwartet seinen Gegner.

wie in einem Trainingscamp ermöglichten. Denn laut Breitensträter befanden sich unter dem Lagerpersonal der Leichtgewichtsmeister der englischen Armee, Major Fitzpatrick, und der damalige Champion der amerikanischen Marine, Charley Browning, der Breitensträter 1915 zu einem seiner ersten Kämpfe herausforderte. Überdies kann man aus Breitensträters Erinnerungen schließen, dass es auf der Insel zumindest einen Ring und genügend Boxhandschuhe gegeben haben muss, vermutlich sogar weiteres Trainingsgerät.

Auf den Kampf gegen Browning, der auf 20 Runden angesetzt wurde, bereitete sich der Deutsche unter Profibedingungen vor: „Drei Wochen habe ich schwer trainiert – mit meinem Freunde Fred Partier. Ganz früh um sieben begann ich schon zu laufen. Um Mittag dann zu boxen. Ich trainierte wie verrückt. Denn ich wollte es unter allen Umständen schaffen. Ich legte mein ganzes amerikanisches Geld für gute Trainingspflege an."

Breitensträter schaffte es tatsächlich, und besiegte den amerikanischen Champion in der vierten Runde durch K.o. Für diesen Sieg wurde der Deutsche nicht unerheblich belohnt: „Ich kriege vom Lagerkommandanten einen Schein. Mit dem kann ich durch das ganze Lager laufen. Der Kampfpreis beträgt 7 Pfund 10 Schilling gleich 150 Goldmark – auf der Isle of Man 1915 schrecklich viel Geld."

Zumindest einen weiteren öffentlichen Kampf trug Breitensträter auf der Isle of Man noch aus – gegen seinen Trainingspartner Fred Partier. Wieviele Kämpfe von anderen Boxern in dieser Zeit bestritten wurden, lässt sich heute nicht mehr ermitteln – es müssen eine Menge gewesen sein. Sicher lässt sich sagen, dass 1916 die Leichtgewichtler Toni Abele und Ernst Koch um die Lagermeisterschaft kämpften. Koch verlor alle seine Zähne und ging in der achten Runde k.o.

Aus den Schilderungen Breitensträters wird erahnbar, was den Schub für das deutsche Boxen bewirkte: reichlich Trainingszeit, erfahrene Vorbilder und Trainer, eine den Boxschulen ähnelnde Infrastruktur und das Bewusstsein, durch Siege zu Geld und Vergünstigungen zu kommen. Kein Wunder, dass viele der Männer, die nach der Rückkehr in die Heimat häufig arbeitslos waren, auf die Idee kamen, ihre neuen Fähigkeiten zu Geld zu machen.

Breitensträter – auch er musste sich zunächst als Gehilfe im Geschäft seines Vaters durchschlagen – ging 1919 nach Berlin, kaum, dass er von den Kampfabenden im Circus Busch gehört hatte: „Im Zirkus Busch treffe ich sofort einige Kampffreunde aus Knockaloe – mehrere boxen sogar schon öffentlich mit."

Bald boxte auch Breitensträter mit – die erste moderne, gutausgebildete Generation deutscher Boxer griff nach den Titeln.

1919 bis 1929

Hans Breitensträter boxt in Bad Harzburg, 1921.

»Zu viel literarische Schmonzes«

11. September 1925

Hans Breitensträter gegen Paul Samson-Körner. Deutsche Meisterschaft im Schwergewicht in Berlin, Messehalle am Kaiserdamm

Berlins größte Arena ist für dieses Ereignis viel zu klein. Sechzehntausend Menschen drängeln am 11. September 1925 bereits Stunden vor dem ersten Gongschlag in die Automobilhalle am Kaiserdamm. Vor allem junge Leute lärmen hinein: Schüler, Lehrlinge, Arbeitsburschen, Kontoristen. Viele Kleinbürger, denen die Eintrittspreise zu happig sind, flanieren mit ihren Frauen vor der Halle auf und ab. An den Litfasssäulen hängen Werbeplakate: „Der eine schwört auf Breitensträter / Dem andern ist Paul Samson Trumpf / Doch bis zum Knock out schwört ein jeder / Auf den begehrten Grumach-Strumpf.“

Zwei Boxer haben die Massen derart in Bewegung gesetzt: Paul Samson-Körner, der amtierende Meister, und sein Herausforderer Hans Breitensträter, die an diesem Tag über fünfzehn Runden um die deutsche Meisterschaft im Schwergewicht kämpfen werden.

Der Aufmarsch der Zuschauer sprengt alles bisher Dagewesene: Acht Sonderbuslinien sind unablässig im Einsatz, und trotzdem hat es schon am Nachmittag im Stadtteil Charlottenburg Verkehrsstaus gegeben.

Die Zuschauer hocken in den Gängen und auf den Treppen, schlagen sich gegenseitig die Hüte vom Kopf, um bessere Sicht zu haben, ziehen sich an den Stützpfeilern bis unters Hallendach. Nach mehreren Aufforderungen des Hallensprechers greift die Polizei ein. Und gibt nach einer halben Stunde auf. Die Uniformierten sichern nur noch den Innenraum, in dem sich neben Ehrengästen und Pressevertretern auch die unglaubliche Zahl von sechs Filmkameras befindet. Dass in dieser Nacht niemand totgetreten wird, grenzt an ein Wunder.

Gegen halb elf brandet der Toreromarsch aus „Carmen“ durch die Halle. Auf in den Kampf! Unter tosendem Beifall kommt Hans Breitensträter als Erster in den Ring. 28 Jahre alt ist er, 84,5 Kilogramm schwer, und er ist der Liebling der Massen.

Dann kommt der Titelverteidiger aus den Katakomben. Paul Samson-Körner, 37 Jahre alt, 84 Kilogramm schwer. Er hat, nachdem er aus den USA zurückgekehrt war, Hans Breitensträter bereits zweimal besiegt. In beiden Fällen meinten viele Beobachter, dass der Ringrichter zu früh abgebrochen habe.

Der jetzt unmittelbar bevorstehende Fight ist auch der Kampf zwischen zwei unterschiedlichen Stilen. Breitensträter kämpft typisch deutsch: flachfüßig, frontal zum Gegner stehend, jederzeit bereit, mit seiner gewaltigen Rechten den Kampf zu beenden. Samson-Körner ist durch die amerikanische Schule gegangen, die als die beste der Welt gilt: Er tanzt auf den Fußballen, scheint oft die Deckung zu vernachlässigen, um seine Gegner mit schnellen Meid- und Pendelbewegungen des Oberkörpers zu demoralisieren.

Kaum ist er durch die Seile gestiegen, versucht Samson-Körner auch an diesem Abend, seinen Gegner schon vor dem Kampf aus der Ruhe zu bringen: Statt, wie üblich, in die gegenüberliegende Ecke zu gehen, stellt er sich in die Ecke neben Breitensträter. Seelenruhig macht er geltend, dass er als Meister die freie Wahl über

Breitensträter (links) und Samson-Körner vor ihrem Kampf im November 1922.

die Ecken habe. Sein Trick zeigt Wirkung: Nervös tänzelt Breitensträter von einem Fuß auf den anderen, während Ringrichter Kurt Doerry die letzten Instruktionen gibt. Samson-Körner hingegen steht mit hängenden Armen und würdigt den Gegner kaum eines Blickes. Dann schlägt zum ersten Mal der Gong.

Drei Runden lang verläuft das Gefecht ausgeglichen. Samson-Körner tanzt, Breitensträter hält die Ringmitte, beide fintieren und versuchen, mit linken Jabs die Deckung des Gegners durcheinander zu bringen. Zu Beginn der vierten Runde kommt Breitensträter zum ersten Mal mit einem schweren rechten Haken durch. Samson-Körner schwimmt und muss auf den Boden: zum ersten Mal in einem deutschen Ring. Bevor Ringrichter Doerry dazwischengehen kann, setzt Breitensträter nach und schlägt auf den Knienden ein. Ein klares Foul. Ließe Samson-Körner sich einfach auf den Bauch fallen, der Kampf wäre durch Disqualifikation zu Ende.

Doch so will der Meister keinen Sieg zugesprochen bekommen. Er steht wieder auf. Doerry belässt es bei einer Verwarnung. In der fünften Runde trifft Samson-Körner Breitensträter über dem linken Auge. Eine alte Narbe platzt auf. Von jetzt an kämpft der Herausforderer nach spätestens der Hälfte jeder Runde halbblind.

Die siebte Runde: Samson-Körner federt durch eine Ringecke und achtet für Sekundenbruchteile nicht auf seine Deckung. Breitensträters Rechte trifft ihn hinten am Hals. Ein schwerer, unsauberer Genickschlag, der Samson-Körner zusammenbrechen lässt. Bei acht steht er wieder bereit, doch Breitensträter schlägt ihm die Deckung weg und schmettert ihn erneut zu Boden. Bis zum Ende dieser fürchterlichen Runde kommt Samson-Körner nicht mehr aus der Ecke heraus. Sieben Mal muss er in den Staub, beim letzten Mal kann er sich nur noch mit glasigen Augen an den Seilen wieder auf die Füße ziehen. Der Gong rettet ihn.

In Runde acht wird er noch einmal auf die Bretter gezwungen, doch wieder kann Breitensträter keinen Kernschuss anbringen. Langsam beginnen die Zuschauer zu ahnen, mit welcher Härte und welchem Durchhaltevermögen der Zwickauer in den USA Gene Tunney und Jack Johnson Widerstand leistete. Zu Beginn der neunten Runde geht ein Raunen durch die Sechzehntausend: Samson-Körner kommt aus der Ecke und beginnt zu tanzen wie zu Beginn des Kampfes. Zwar hat er nicht mehr viel Kraft in den Fäusten, doch Breitensträter sieht sich plötzlich einem nicht mehr erwarteten Trommelfeuer von Links-Rechts-Kombinationen ausgesetzt. Blutend weicht er zurück. In der zehnten Runde bekommt er eine zweite Verwarnung, diesmal wegen Haltens, und in der zwölften muss er bis neun auf die Bretter.

Samson-Körner ahnt, dass er gegen den Publikumsliebling nicht nach Punkten gewinnen kann und setzt zum Endspurt an. In der fünfzehnten und letzten Runde reißt ihn die Wucht eines eigenen Schwingers, der sein Ziel verfehlt, fast selbst von den wackligen Beinen. Von einer müden Rechten Breitensträters getroffen, stürzt er durch die Ringseile in die erste Sitzreihe. Die Zuschauer helfen ihm auf und drücken ihn bis neun wieder in den Ring. Auch das ist ein klarer Regelverstoß, doch wer will einen solchen Kampf vor einem solchen Publikum in der letzten Runde wegen eines Formfehlers abbrechen? In einen beiderseitigen Angriff hinein tönt der Schlussgong. Durch das Toben der Zuschauer ist er kaum zu hören.

Die Kämpfer gehen grußlos auseinander. Das Publikum steht auf und applaudiert mehrere Minuten lang, bis der Ringsprecher um Ruhe bittet und das Urteil verliest. Ein Punktrichter wertet unentschieden, einer hat Breitensträter vorn. Der nun entscheidende Ringrichter Doerry hebt Breitensträters Arm. In den Jubel für den neuen Meister mischen sich Pfiffe. Viele der Anwesenden haben den Fight unentschieden gesehen.

Blonder Hans und junger Max: Wie Boxen in Deutschland Massensport wurde

Die Erfolgsgeschichte beginnt

Die Novemberrevolution 1918 verschaffte dem Boxsport in Deutschland endlich eine dauerhafte Legalisierung. Und für den Aufschwung sorgte die Niederlage im Ersten Weltkrieg: In Koblenz richteten die amerikanischen Besatzungssoldaten einen ständigen Ring ein, in den sie auch Deutsche als Zuschauer und Boxanfänger ließen. Hier trugen sie Armeemeisterschaften aus, bei denen ein damals noch völlig unbekannter Halbschwergewichtsboxer auffiel. Er hieß Gene Tunney und wurde später Profi-Weltmeister im Schwergewicht.

Nach Deutschland kamen junge Kriegsgefangene zurück, die sich eine Existenz unter Bedingungen aufbauen mussten, die nichts mehr mit dem Leben zu tun hatten, auf das sie im kaiserlichen Deutschland vorbereitet worden waren.

Viele, die auf der Isle of Man kämpfen gelernt hatten, wurden Berufsboxer. Sie trafen auf diejenigen, die in Deutschland geblieben waren, auf Boxer wie Otto Flint. Zunächst hatte Hans Breitensträter den alten Deutschen Meister Flint am 13. Juni 1919 (eine andere Quelle nennt den 4. Oktober) im Berliner Admiralspalast herausgefordert, doch da konnte Flint noch nach 15 Runden einen Punktsieg erkämpfen.

Am 23. April 1920 forderte der 23jährige Breitensträter erneut den 27-jährigen Flint, der das Boxen vor dem Krieg gelernt hatte, diesmal im Berliner Busch-Ring, und in diesem zweiten Kampf gelang es Breitensträter schließlich, Otto Flint in der fünften Runde auszuknocken. Mit Breitensträters Sieg begann die Erfolgsgeschichte des deutschen Berufsboxens: Der blonde Boxer repräsentierte wie kaum ein anderer die neue Profigeneration.

Auch neue Veranstalter, die Boxabende durchführten, drängten ins Geschäft. Zur Boxhochburg wurde schnell Berlin. Im Jahr 1919 lassen sich hier 78 Kampftage nachweisen, vier Jahre später, 1923, sind es schon 233. Einflussreichster Promoter wurde André Picard.

Box-Hochburgen in Berlin, Köln und Hamburg

Eine weitere boxerische Hochburg war in Köln entstanden, unter anderem, weil dort Besatzungssoldaten zum Publikum zählten. Zu den Boxern der Kölner Schule gehörte anfangs auch Max Schmeling, der dort 1924 Profi wurde. Einer der ersten Kölner Promoter war Jack Slim, der ehemalige kaiserliche Boxlehrer. Slim holte unter anderem Mike Honeyman nach Köln, der von sich behauptete, Federgewichts-Europameister zu sein. Zu Slims Ring und Gym gehörten unter anderem Hein Müller und Adolf Heuser, zwei talentierte Halbschwer- und Schwergewichtler, Hein Domgörgen, einer der besten deutschen Mittelgewichtler, und Jupp Besselmann, ein Welter- und späterer Mittelgewichtler. Zu den Trainern zählte, so schreibt Hein Domgörgen in einem Aufsatz, den er 1932 unter

Der Mittelgewichtler Hein Domgörgen kam aus der Boxhochburg Köln.

dem Titel „Die Kölnische Schule oder Von Meister Wilhelm bis Meister Hein" veröffentlichte, „der kanadische Boxkünstler Larry Gayns, den später in den Staaten der Dichter Hemingway managte". Die Kölner Boxer, so heißt es nicht ohne Stolz bei Domgörgen, zeichneten sich allesamt durch „zweckmäßigen Boxstil, Wertlegen auf technische Vollkommenheit und Herausarbeiten boxerischer Feinheit" aus.

In Hamburg hieß der Pionier der Boxveranstalter Walter Rothenburg; er war im Hauptberuf zunächst Journalist und Kabarettist und textete unter anderem die Schlager „So ein Tag, so wunderschön wie heute" und „Junge, komm bald wieder". Seine Promotertätigkeit begann 1918, als er im Circus Busch bei Hamburgs erstem Boxkampftag conferieren sollte. An jenem Abend boxte auch Otto Flint. Im Gegensatz zu den anderen jungen Männern, die meist im Tierpark Hagenbeck kämpften, einige täglich, hatte Flint schon einen großen Namen.

Zum Boxboom gehörte auch, dass Arthur Bülow 1920 in Berlin die bis heute existierende Fachzeitung „Boxsport" gründete. Ihr Vorläufer war die Zeitschrift „Der Faustkämpfer", die Bülow zusammen mit Otto Mindt erstellte. Auch Blätter wie „Athletik-Sport" und „Sport im Bild", dessen Chefredakteur Kurt Doerry 1925 im Samson-Breitensträter-Kampf Ringrichter war, berichteten ausführlich über den Boxsport.

Neben den um Seriosität bemühten Berufsboxern existierten etliche wandernde Boxertruppen, die über die Dörfer tingelten und bei deren Auftritten der Sieger bereits vor dem Kampf feststand. „Bis ins Jahr 1920 existierte die Boxerschmiere", erinnerte sich 1926 Alfred Ostermoor in der „Arena" an eine solche Truppe. „Dann wurden andere Anforderungen an die Akteure gestellt. Die Engagements wurden häufiger, eine strenge Aufsicht verhinderte selbst auf den Dörfern den ehemaligen Rummel."

Es kamen auch vermehrt ernstzunehmende ausländische Boxer nach Deutschland, vor allem nach Berlin. Zum Beispiel Battling Siki aus dem Senegal, der erste afrikanische Weltmeister – er holte sich 1922 den Halbschwergewichtstitel von dem Franzosen George Carpentier, verlor ihn 1923 aber wieder. Oder der englische Schwergewichtler Tom Cowler, der in den zehner Jahren in den USA als „great white hope" galt; man hatte ihm zugetraut, den ersten schwarzen Schwergewichtsweltmeister Jack Johnson zu schlagen, was ihm freilich nie gelang.

1924 trat mit Richard Naujocks erstmals ein Boxer, der auf der Isle of Man seinen Sport gelernt hatte und das neue deutsche Boxsystem repräsentierte, im Ausland an: in Paris. Über einen ähnlichen Abend berichtete Kurt Tucholsky unter dem Pseudonym Peter Panter in der „Weltbühne": „Breitensträter war angekündigt, aber kam nicht. Statt seiner: Ernst Grimm, 'champion d'Allemagne'. Na, champion. Er stand einem Belgier, Schackels, gegenüber, und er schnitt nicht sehr gut ab." Tucholsky analysierte weiter: „Man konnte wieder einmal sehen, wie den deutschen Boxern, die einen nur sechs Jahre alten Sport vertreten, die internationale Ringerfahrung fehlt. Der Belgier war Grimm im Stil, im Schlag, in der Beinarbeit, in Allem überlegen, und Herrn Grimm gingen bald die Augen über."

Plakat von Alexander M. Cay, 1919.

Außer dem Weltergewichtler Ernst Grimm ist noch ein Boxer zu nennen, der sich – freilich ohne Erfolg – den international Stärksten seiner Zeit stellte: Kurt Prenzel, deutscher Meister im Mittelgewicht 1919 und 1921-24.

Die nationale und internationale Aufmerksamkeit, die dem deutschen Boxen mittlerweile zuteil wurde, sorgte auch dafür, dass Hans Breitensträter nicht nur dem jungen Boxsport, sondern der gesamten deutschen Öffentlichkeit als der erste Star galt. Lange bevor der Filmschauspieler Hans Albers diesen Beinamen erhielt, war Breitensträter „der blonde Hans". Der Achtstundentag wurde durchgesetzt, die Kaufkraft stieg, und die Auflagen der Zeitungen gingen in die Höhe: Bevor eine eigenständige und große Unterhaltungsindustrie mit Musik und Film entstand, war der Sport schon da.

Nicht nur Breitensträters Art zu boxen, alles an ihm war für die deutsche Gesellschaft neu. Er war charismatisch, schön und kräftig. Mit freiem Oberkörper schmückte er die Titelseiten auflagenstarker Blätter. Das war neu und provozierte. Breitensträter verkörperte den neuen Typus des Berufssportlers, der zum Star wurde.

Intellektuelle entdecken den Boxsport

„In Deutschland denkt man zudem noch immer bei Boxern oder andern Leibesübern: Was sind Sie im Nebenberuf?" hieß es 1921 in einem Artikel in der „Weltbühne", der sich mit dem „blonden Hans" beschäftigte. Mit Hans Breitensträter gewöhnte sich die Öffentlichkeit an diesen neuen Typus, die Frage nach dem Nebenberuf eines Boxers wurde nicht mehr gestellt. „Hans ist ein Boxermärchen", schrieb der Autor H. von Wedderkop weiter.

Sportlich repräsentierte Breitensträter eine eigene deutsche Schule. Er war „mehr Kämpfer als Boxer", wie Walter Kaul im „Berliner Börsen-Courier" meinte. Die Provokation des selbstbewussten Kämpfers gefiel vor allem Intellektuellen. Der Verleger und Galerist Alfred Flechtheim aus Berlin, der schon 1920 Breitensträter zu einem Empfang eingeladen hatte, gab ab 1921 die Zeitschrift „Der Querschnitt" heraus, die im Untertitel „Magazin für Kunst, Literatur und Boxsport" hieß. In einer der ersten Ausgaben stand: „'Der Querschnitt' hält es für seine Pflicht, den Boxsport auch in den deutschen Künstlerkreisen populär zu machen. In Paris sind Braque, Derain, Dufy, Matisse, Picasso, de Vlaminck begeisterte Anhänger, und Rodin fehlt bei kaum einem Kampf."

George Grosz stand selbst im Ring

Etliche Künstler boxten selbst, wie etwa der Maler George Grosz oder der Schauspieler und Regisseur Fritz Kortner. Einer der beliebtesten Treffpunkte der Künstlerszene wurde das „Studio für Boxen und Leibeszucht", das Sabri Mahir, als „schrecklicher Türke" Showboxer von einst, in Berlin-Charlottenburg unterhielt. Hier lernte übrigens auch Leni Riefenstahl das Boxen, später die Regisseurin der umstrittenen Filme über die NSDAP-Reichsparteitage und die Olympischen Spiele von 1936.

Der „schreckliche Türke", der „blonde Hans", und die anderen in Deutschland ansässigen Berufsboxer faszinierten nicht nur die Intellektuellen. Boxen boomte in allen Gesellschaftsschichten: Gyms und Studios wurden eröffnet, Boxaccesoires verkauft, Boxbilder tauchten in der Werbung und Boxbegriffe in der Alltagssprache auf.

Einer der fleißigsten Förderer des Boxsports war der Schriftsteller Hans Bötticher, der unter dem Pseudonym Joachim Ringelnatz bekannter wurde. „Wie nicht mehr bestritten werden kann, ist es dem Boxsport in den letzten Jahren gelungen, sich zu einem Volkssport zu entwickeln", jubelte 1925 die „Boxsport".

So erfolgreich war das Boxen in Deutschland freilich nie – trotz der vielfältigen Bemühungen sowohl im professionellen Boxen als auch im 1920 gegründeten Amateurboxverband. Immerhin, neben dem Sechstagerennen war Boxen eine der populärsten Publikumssportarten. Zu 80 Prozent, schätzte die „Boxsport", waren es die gleichen, nämlich proletarischen Zuschauerschichten, die zu beiden Sportereignissen hingingen. Der inzwischen allgemein durchgesetzte Achtstundentag ermöglichte es größeren Menschenmengen, an der Vergnügungsindustrie – wozu auch der Berufssport gehörte – teilzuhaben.

Trotz der erstaunlichen Anfangserfolge verlief der Aufschwung nicht problemlos. Für talentierte Nachwuchssportler war es schwierig, in das kaum überschaubare System des Berufsboxens einzutreten. Inserate wie dieses fand man in der „Boxsport" häufig: „Polens bester Weltergewichtler fährt im Herbst nach Amerika um sich dort weiter auszubilden; da er in Polen alles geschlagen hat und für Mai, Juni, Juli noch frei ist, möchte er gern in Deutschland gegen mäßige Börsen boxen." Oder: „Junger starker Mittelgewichtler (Kaufmann) sucht edlen Herren, der ihn zum Berufsboxer ausbilden läßt." Boxen bot jungen Männern einen Weg aus der ökonomisch und politisch prekären Situation der Weimarer Republik. Bis 1923 waren Inflation und Arbeitslosigkeit geklettert, und nach dem Kapp-Putsch 1920 versuchte die politische Rechte 1923 mit dem Hitler-Putsch einen zweiten Umsturzversuch. 1925 gründete Hitler die NSDAP neu, die SS entstand, und 1926 wurde die Hitlerjugend gegründet. In diesen Zeiten großer Verunsicherung und sozialer Notlagen erschienen das Geld und der Ruhm, die im Berufsboxen zu erlangen waren, als seriöse Alternative zu anderen Lebenswegen.

Die Profis organisieren sich

Die Dachorganisation, der die Kontrolle allen deutschen Boxgeschehens oblag, war der 1919 gegründete Verband Deutscher Faustkämpfer (VDF). Er vergab die Lizenzen, entwickelte das Regelwerk und wachte über die Meisterschaften.

Von Beginn an war der VDF zerstritten. Die aktiven Boxer einerseits und die Boxunternehmer andererseits konnten ihre unterschiedlichen Interessen nicht in einem gemeinsamen Verband artikulieren. Faktisch existierten schon bald zwei Verbände: einer für die Unternehmer und einer für die Aktiven. 1923 kam es zur offiziellen Spaltung, und es gründete sich der „Verband der Boxunternehmer" (VDB), der aber bereits 1924 wieder zum VDF zurückkehrte. In der Zwischenzeit versuchte eine „Deutsche Sportbehörde für Boxen" nach US-Vorbild als quasistaatliche Einrichtung die wichtigsten Kontrollfunktionen zu erfüllen, was ihr aber nie gelang. Auch die 1925 eingerichtete „Oberste Behörde im Boxsport" (OSB) schaffte dies nicht – der VDF, von einigen Autoren nicht ganz richtig als „Boxergewerkschaft" bezeichnet, war einfach zu mächtig.

Die vielen Gründungen, Abspaltungen und Fusionen wurden in der „Boxsport“ mit Resignation kommentiert: „In dieser Zeit der politischen Wirrnisse scheint auch die kleinste Organisation Abbild des ganzen politischen Geschehens zu geben“. Die Verbandsstreitigkeiten waren Vorboten einer ersten Krise. Der Sportjournalist Rolf Nürnberg charakterisierte sie so: „Das Publikum war kopfscheu geworden, man glaubte nicht mehr an die Ehrlichkeit der Boxkämpfe. Die Kassen füllten sich nicht mehr, die Zuschauer verlangten nicht mehr Sensationen, sondern Ehrlichkeit.“

Am 8. Mai 1925 boxte beispielsweise Breitensträter in Berlin gegen Piet Vanderveer aus Belgien. Das Urteil hieß zunächst unentschieden, später wurde es zu No Contest umgewandelt, denn der VDF vermutete eine Verabredung der Boxer. Beide wurden zu 5.000 Mark Geldstrafe verurteilt, Vanderweer erhielt drei Monate Sperre für deutsche Ringe, Breitensträter drei Monate für alle europäischen Ringe.

Auch ökonomisch machte sich die Glaubwürdigkeitskrise bemerkbar. 1925 hatte die „Boxsport“ vermerkt: „Der Sportpalast ist wohl das einzig rentable und solide Unternehmen“, aber in den anderen Städten, in denen noch zu Beginn der zwanziger Jahre fast jede Woche Boxkämpfe stattfanden, waren Box-Veranstaltungen beinahe garantiert finanzielle Flops.

Es fehlte auch eine zweite Boxergeneration, die nach Breitensträter und Samson-Körner den Sport in Deutschland weiter führen konnte. So blieb der Fight der beiden am Kaiserdamm im Jahr 1925, den Breitensträter umstritten nach Punkten gewann, der krönende Abschluss einer zunächst erfolgreichen Entwicklung: ein legendärer Kampf, der schon im Vorfeld die Szene beschäftigt hatte.

Ursprünglich war unter Umgehung von Breitensträters Sperre die Begegnung für den 14. Juni 1925 in Hamburg vorgesehen gewesen, doch eine Verletzung Samsons hatte den Promoter Walter Rothenburg mit viel Schulden, die ihm durch das von ihm extra hergerichtete HSV-Stadion am Rothenbaum entstanden waren, zurückgelassen. Er konnte zwar den amtierenden Schwergewichtsweltmeister Jack Dempsey aus den USA als Ersatzgegner für einen Schaukampf gegen Breitensträter verpflichten, aber diese Paarung „zog nicht die Massen, die zur Deckung der Unkosten notwendig waren. Die Eintrittspreise mussten herabgesetzt werden“, schreibt Rothenburg in seinen Erinnerungen. „Dempsey zeigte, wie ein Weltmeister boxt: Groß war der Eindruck, den er hinterließ. Aber das ersetzte nicht den Verlust.“

Der sportlichen Entwicklung in Deutschland konnte Dempseys Demonstration nicht helfen. Junge Talente waren noch nicht weit genug, um die Nachfolge von Breitensträter und Samson anzutreten.

Der erste Filmbeweis der Boxgeschichte

Deren Schwergewichtskampf am 11. September 1925 – „die furchtbarste Titelschlacht, die Deutschlands Berufsboxsport" erlebte („Vossische Zeitung") – hatte übrigens noch ein boxhistorisches Nachspiel: Samsons Manager Hermann Seelenfreund legte Protest ein und bemühte erstmals in der deutschen Boxgeschichte den Filmbeweis – sogar mit in Zeitlupe kopierten Passagen –, um einen Genickschlag Breitensträters zu beweisen. Der Einspruch wurde aber abgelehnt.

Der Generationswechsel im deutschen Berufsboxen erfolgte im Laufe des Jahres 1926. Im Januar verlor Hans Breitensträter im Berliner Sportpalast gegen den Spanier Paolino Uzcudun, genannt „der baskische Holzfäller". Im März unterlag Hein Domgörgen in Berlin im Mittelgewichts-EM-Kampf dem Belgier Rienus „Rene" DeVos, und der junge, kaum bekannte Franz Diener aus Bad Bibra in Thüringen erkämpfte sich vor leeren Stuhlreihen ein Unentschieden gegen den Spanier.

Es war „der Grundstein zu einer erfolgreichen Laufbahn", wie sich Promoter Walter Rothenburg erinnert. Paolino war verpflichtet worden, weil der Kampftermin, der 12. Februar, für den der Meisterschaftskampf zwischen Diener und Breitensträter anberaumt worden war, gehalten werden sollte. Breitensträter hatte aus gesundheitlichen Gründen abgesagt; er war noch von dem Paolino-Kampf im Vormonat zu sehr mitgenommen.

Dem Unentschieden, das Diener gegen Paolino erkämpfte und das ihm in der deutschen Öffentlichkeit großen Respekt einbrachte, war allerdings drei Tage zuvor ein Kampf des Spaniers in Paris vorausgegangen. Da hatte Paolino Soldier Jones k.o. geschlagen.

Trotz dieser erkennbaren Schwächung Paolinos hatte die „Boxsport" das Unentschieden lobend kommentiert: „Diener stellte sich als ein würdiger Titelanwärter vor". Ein Revanchekampf, der in Paris stattfinden sollte, kam nicht zustande, weil kein Veranstalter Dieners Gagenforderungen erfüllen konnte: Er verlangte ebensoviel, wie Paolino in Berlin erhalten hatte. Der aber war ja als Ersatzmann kurzfristig verpflichtet worden – da sind höhere Börsen üblich. „Unverantwortliche Gagenreißerei", empörte sich die „Boxsport", schrieb aber nur sehr unkonkret von den Summen „5.000, 10.000, 15.000 Mark", die genannt worden seien.

Gleichwohl galt Franz Diener im deutschen Schwergewicht als der kommende Mann. Nachdem der Meisterschaftskampf gegen Breitensträter nicht zustande gekommen war, boxte er am 18. Juni 1926 gegen den anderen großen Vertreter der alten Boxergeneration um den Titel – Paul Samson-Körner.

In der Radrennbahn von Berlin-Treptow kämpften die beiden vor 15.000 Zuschauern. Der Punktsieg von Diener nach 15 Runden war keineswegs unumstritten. Zwar attestierte die „Boxsport" dem jungen Thüringer, dass er „den alten so schwer in Gang kommenden Samson mit seiner hier auffallend überlegenen Physis buchstäblich wild entschlossen niederfightete", aber etliche Experten sahen das anders: Hans Breitensträter und Ludwig Haymann gingen noch im Ring zu Samson, um ihm zu seiner Leistung zu gratulieren. Am folgenden Tag erhielt der Geschlagene einen Offenen Brief, in dem stand, dass der Kampf „trotz des gegenteiligen Schiedsspruchs unserer Meinung nach von Ihnen gewonnen wurde". Unterzeichner waren unter anderem die Profiboxer Ludwig Haymann, Kurt Sasse, Ernst Grimm, Paul Czichon und Max Schmeling.

Samsons Freundschaft mit Bert Brecht

Paul Samson-Körner, der später noch einen letzten Kampf bestreiten sollte, blieb in Berlin, wo er mit dem Schriftsteller Bertolt Brecht eine Freundschaft pflegte. Mit Brecht zusammen hatte er das Romanfragment „Der Lebenslauf des Boxers Samson-Körner" ausgearbeitet. Erste Folgen davon erschienen in „Die Arena. Das Sportmagazin", die nur vier Ausgaben erlebte. Die Schriftleitung hatte Franz Höllering, zu den Mitarbeitern zählten Egon Erwin Kisch, Richard Hülsenbeck, Wieland Herzfelde, John Heartfield, Käthe Haar, Richard Dehmel, Hans Böt-

Paul Samson-Körner (am Klavier) mit Freunden aus der Künstler-Szene (v.l.): Bert Brecht, Seelenfreund, Hans Borchardt, Hannes Küpper und Elisabeth Hauptmann (1927).

ticher alias Joachim Ringelnatz, aber auch der Funktionär Carl Diem, der 1936 für die Nazis die Olympischen Sommerspiele organisieren sollte. Auch Samson-Körner wurde als Redaktionsmitarbeiter geführt. Zu dem Romanfragment notieren die Herausgeber der Brecht-Gesamtausgabe: „Als Theaterprojekte ihn in Anspruch nahmen, wurde die Arbeit zurückgestellt und nicht wieder aufgenommen."

Als Autor ist Samson-Körner, anders als übrigens Franz Diener, in der „Arena" nicht aufgetreten, aber er saß zusammen mit Brecht, Höllering und Heartfield in der Jury eines Leserwettbewerbs. Brecht äußerte einmal in einem Interview: „Samson-Körner ist ein großartiger Boxer und bedeutsamer Typus." Und: „Was mir bei Samson-Körner zuerst auffiel, war, dass er nach einem ganz nichtdeutschen sportlichen Prinzip zu boxen schien. Er boxte sachlich. Das hat einen großen plastischen Charme."

Franz Diener, Samsons Konkurrent aus dem Jahr 1926, ging nach dem erfolgreichen Titelkampf in die USA, worüber er auch exklusiv in der „Arena" berichtete.

Ökonomische Probleme und Verbändestreit

Sportlich verfügte der deutsche Berufsboxsport 1926 wieder über große Talente, ökonomisch hingegen kriselte er weiterhin. Die „Boxsport" hatte im Zusammenhang mit Dieners Gagenforderungen geschrieben: „Unsere Unternehmer zeigen sich hier, wie auch in anderen Fällen, buchstäblich als Sklaven der großen Boxer". Viel Schuld trage aber auch „die falsche Steuerpolitik von Staat und Gemeinden". Und ein Jahr vorher hatte es in dem Fachblatt geheißen, gebraucht würde ein „Tex Rickards in Deutschland", also eine Persönlichkeit vom Range des legendären New Yorker Chefs des Madison Square Garden, oder wenigstens einige „André Picards im Westentaschenformat".

1926 unternahm der Boxpromoter und Kleiderfabrikant Josef Burda einen neuen Anlauf, um das Berufsboxen wieder zu einem rentablen Geschäft zu machen. Er gründete zusammen mit anderen Promotern die „Boxsportbehörde Deutschlands" (BBD). Diese existierte neben dem VDF, der zwar weiterhin verantwortlich für die Meisterschaftskämpfe war, aber die Lizenzerteilung an die BBD abtreten musste, wodurch sich die finanzielle Lage des VDF noch prekärer gestaltete als vorher.

Um zwischen BBD und VDF zu vermitteln, wurde ein „Oberstes Schiedsgericht für den Faustkampfsport" (OSF) ins Leben gerufen. Seine Funktion blieb unklar, verstand sich doch schon die BBD als Aufsichtsbehörde. Ihr gehörten vier

Franz Diener galt Mitte der zwanziger Jahre als der kommende Mann. Das untere Foto zeigt ihn am 18. Juni 1926 vor dem Kampf gegen Paul Samson-Körner (rechts). In der Mitte Ringrichter Hönscherle, ganz links Dieners Trainer Sabri Mahir, der „schreckliche Türke".

VDF-Vertreter, ein Vertreter der Sportpresse sowie vier „einwandfreie Sportsleute, die nur ein ideelles Interesse am Faustkampfsport haben", an. Der VDF wurde von der BBD als „einseitig gerichtete Interessengruppe" abqualifiziert und nur noch als Berufsverband der Profiboxer anerkannt. Schon kurz nach seiner Gründung veränderte sich die BBD-Zusammensetzung in fünf VDF-Vertreter plus sieben ideelle Faustkampffreunde, womit faktisch die Promoter-Mehrheit sichergestellt war.

Der Versuch der Boxer, sich gegen ihre Entmachtung zu wehren, war gescheitert. Unter anderem hatten sie sich bemüht, ihren VDF als deutsches Mitglied beim 1911 gegründeten europäischen Dachverband International Boxing Union (IBU) eintragen zu lassen. Alleiniger deutscher IBU-Vertreter blieb jedoch die BBD. Auch die Initiative scheiterte, das „Schmerzenskind" des Boxens, wie Hans Bötticher/Joachim Ringelnatz die BBD genannt hatte, unabhängig von Promotern zu führen. Und der Beschluss, dass Manager und technische Leiter, also Promoter, nicht mehr in einer Person vereinigt sein dürfen, blieb genau so folgenlos wie die 1926 erstmals aufgekommene Forderung, der VDF müsse als Veranstalter auftreten, weil die Boxunternehmer sich „an die Kleinkampftage nicht recht heran" trauten, wie es in der „Boxsport" hieß.

Einzig mit einem Vorstoß war der VDF erfolgreich: Er beschloss 1927, dass unter seiner Obhut Ausscheidungen für die Deutschen Meisterschaften ausgetragen wurden. Das sei, heißt es in dem Beschluss, „die einzige Möglichkeit für den sogenannten kleinen Mann, sich von der Pike auf emporzuarbeiten und bekannt zu werden".

Eine Ausscheidung war nötig geworden, weil 1926 Franz Diener der Schwergewichtstitel aberkannt worden war, „nur weil er nicht gleich auf das Weckerklingeln über das große Wasser zurückkam", wie Alfred Ostermoor in der „Arena" schimpfte. Aus den USA war er nicht zu einer Pflichtverteidigung zurückgereist und angetreten, denn er ging davon aus, dass sich ihm in den USA bessere Perspektiven eröffneten. Am 8. Oktober 1926 hatte er im New Yorker Madison Square Garden über den Dänen Knute Hansen gesiegt, der bis zu dieser Niederlage als WM-Herausforderer von Gene Tunney gegolten hatte. In der „Arena" schimpfte Diener über seine Titelaberkennung: „Trotzdem man mir in Berlin meine Meisterwürde absprach, habe ich hier als 'Exmeister' meine deutschen Farben ehrenvoll vertreten. (...) Werden jetzt die Stimmen gegen mich verstummen oder wird man auch jetzt wieder ein Härchen in der Suppe finden?"

In Dieners 1928 erschienenen Erinnerungen heißt es aber: „Der Sieg über Knute Hansen hat mir äußerlich und innerlich viel genutzt, und dennoch sollte nur zu bald ein Abstieg beginnen". Am 1. Dezember 1926 verlor er gegen Jim Maloney, weil er, wie er selbst schrieb, „in schlechter Verfassung" angetreten war. Hätte er gegen Maloney gewonnen, wäre ihm ein Ausscheidungskampf gegen den Ex-Weltmeister Jack Dempsey so gut wie sicher gewesen.

In Deutschland veranstaltete 1927 der VDF die fällig gewordene Ausscheidung um die Schwergewichtsmeisterschaft, deren Ausrichtung André Picard nach einem neuen Modus übernahm. Der Promoter war mittlerweile von Berlin nach Dortmund übergesiedelt, wo er zusammen mit seinem Veranstalterkollegen Martin Koslowski Kämpfe ausrichtete.

Sechs Schwergewichtler kämpften in einer Ausscheidung um den vakanten Titel des Deutschen Meisters. Die Liste der Boxer spiegelt den Generationenwechsel im deutschen Berufsboxen wider: Erst boxten die Jungen gegeneinander, Holtkamp gegen Ernst Rösemann sowie Rudi Wagener gegen Ludwig Haymann; später mussten die alten in den Ring steigen – Hans Breitensträter und Paul Samson-Körner. Das neuartige Modell der Ausscheidung kam beim Publikum an. 10.000 Zuschauer am 9. Januar 1927 in der Dortmunder Westfalenhalle „belohnten André Picards Wagemut" („Boxsport"), Rösemann schlug Holtkamp in der zweiten Runde k.o., und Wagener aus Ruhrort schlug den Münchener Haymann in acht Runden nach Punkten. In der Zwischenrunde, 14 Tage später, kamen dann die verdienten alten Kämpfer zum Einsatz: Noch einmal trat Samson-Körner, mittlerweile schon 39 Jahre alt, in den Ring, aber er verlor vor 11.000 Zuschauern gegen Wagener; Breitensträter und Rösemann trennten sich unentschieden. Beim nun anberaumten Extrakampf zwischen Breitensträter und dem Hannoveraner Rösemann, der den Ruf des „K.o.-Königs" besaß und dem Paul Samson-Körner als Sekundant zur Seite stand, konnte sich Breitensträter noch einmal durchsetzen. Gekommen waren nur 4.000 Zuschauer, was aber vor allem daran lag, dass gleichzeitig ein Sechstagerennen stattfand.

Der Kampf der Generationen

Am 1. Mai 1927 kam es dann zum Kampf der Generationen: Hans Breitensträter, der die Isle-of-Man-Boxer repräsentierte, trat vor 10.000 Zuschauern in der fast ausverkauften Dortmunder Westfalenhalle gegen den Ruhrgebietsboxer Rudi Wagener an. Und Wagener schlug den „blonden Hans" in der zweiten Runde k.o. Dafür wurde er „vom Publikum gefeiert wie kaum ein anderer Boxer zuvor im Ring der Dortmunder Westfalenhalle", notierte die „Boxsport".

Vom ökonomischen Erfolg des Dortmund-Kampfes profitierten alle. Die Gagen gingen nach oben, der Berliner Sportpalast war wieder regelmäßig ausverkauft, André Picard kehrte als Veranstalter nach Berlin zurück und baute zusam-

Schmerzhafter Generationswechsel: Breitensträter unterliegt Diener 1927 in Leipzig durch K.o. in Runde fünf.

men mit Paul Schwarz in der „Arena" am Kaiserdamm wieder einen regelmäßigen Boxring auf. Zeitgleich titelte die „Boxsport" am 6. Januar 1927 „Berliner Wiederbeginn" und „Hamburger Wiedergeburt" und am 15. März „Münchens erfolgreicher Wiederbeginn". Die zwischenzeitliche Krise war damit beendet, Boxen boomte wieder.

Im Jahr 1928 stieg die Zahl der Arbeitslosen in Deutschland erstmals über zwei Millionen, und wieder verschaffte die prekäre ökonomische Situation dem Boxen viele talentierte junge Boxer, die sich lieber auf das Wagnis Berufssport einließen als von der Arbeitslosenkasse oder der Fürsorge leben zu müssen.

Der endlich erfolgreich vollzogene Generationenwechsel zeigte sich bei einem Breitensträter-Diener-Kampf am 11. Dezember 1927 in Leipzig, den der vier Jahre jüngere Diener, der das Boxen nach der Isle-of-Man-Generation gelernt hatte, nach fünf Runden durch K.o. gewann. Die „Boxsport" schrieb: „Breitensträter erliegt nach heroischem Kampf der Jugend eines stärkeren Gegners." Dieser Kampf war auch der erste vom Rundfunk übertragene Boxkampf in Deutschland.

Nach Karriere-Ende tauchten die frühen Box-Stars zuweilen noch in der Öffentlichkeit auf. Das obere Foto zeigt Franz Diener (links) und Hans Breitensträter bei einem Kochwettbewerb mit den Filmschauspielerinnen Brigitte Mira und Erika Brüning (1958). Das untere Foto wurde 1963 bei Otto Flints 70. Geburtstag aufgenommen.

Max Schmeling – Beginn einer Karriere

Während sich die alten Kämpen wie Hans Breitensträter und Paul Samson-Körner langsam aus den Ringen zurückzogen, begann auch der Aufstieg jenes Boxers, der bis heute den größten Erfolg des deutschen Boxens schaffte: Max Schmeling.

1927 notierte Hans Bötticher/Joachim Ringelnatz in der „Boxsport“: „Nur zwei Namen sportlich vorbildlicher Lebensführung sollen zur Nacheiferung genannt sein: Paul Samson-Körner und Max Schmeling, Samson-Körners Nachfolger.“

Schmeling war 1905 im uckermärkischen Klein Luckow als Sohn eines Steuermanns bei der HAPAG geboren worden. Die Familie zog bald um, und seine Jugend verbrachte Schmeling in Hamburg. Als junger Mann ging er zunächst nach Düsseldorf, dann nach Köln, lernte dort Boxen und wurde 1924 Profi. Aber Schmeling fühlte sich im Training von Coach und Manager Willy Fuchs vernachlässigt und ging im Frühjahr 1926 nach Berlin. Er meldete sich kurz nach seiner Ankunft im Redaktionsbüro der „Boxsport“ am Schiffbauerdamm. Dort traf er den Herausgeber und Chefredakteur Arthur Bülow, der ihn sofort managte und bald auch seine Tätigkeit bei der „Boxsport“ aufgab. Schon am 24. August 1926 vermittelte Bülow dem jungen Schmeling die Chance, um die deutsche Meisterschaft im Halbschwergewicht zu kämpfen. Gegner im Berliner Lunapark, am Ende des Kurfürstendamms gelegen, war der Berliner Max Diekmann, gegen den Schmeling im Oktober 1924 seine erste Profiniederlage eingesteckt hatte und gegen den er erst im Februar 1926 noch ein Unentschieden hatte hinnehmen müssen. Vor 4.000 Zuschauern schlug Schmeling Diekmann nach dreißig Sekunden k.o.

Wenig Interesse am jungen Schmeling

Trotz seiner schon früh einsetzenden Erfolge war Schmeling kein Publikumsmagnet. Schmelings Kämpfe waren, berichtet Rolf Nürnberg in seinem Buch „Max Schmeling. Die Geschichte einer Karriere“ aus dem Jahr 1932, „Niederlagen für die Unternehmer. In Hamburg und in Essen riesige Lücken im Zuschauerraum.“

Dass Nürnberg dies aussprach, schmerzte den Boxer sehr. In seinem 1956 erschienenen Buch „…8-9-aus!“ schreibt er über den damaligen Sportchef der Berliner Boulevardzeitung „12-Uhr-Blatt“: „Nürnberg warf seine gehässigen, glänzend geschriebenen Produkte zu Schleuderpreisen auf den Markt; bei seinem Buch musste er aus eigener Tasche draufzahlen.“ Und: „Nürnbergs Hass galt nicht nur mir. Er saß tiefer. Nürnberg geißelte die ganze damalige Gesellschaftsordnung, den Kapitalismus und natürlich auch das Boxgeschäft.“ In ähnlichem Tonfall wie Schmeling hatte sich bereits 1937 der Nazi-Journalist Alfred Eggert echauffiert: Nürnberg sei „eine Orchidee der Systemzeit. Wie sich Boxhandschuhe auf Knöcheln fühlen, das hat er nie gespürt. Aber kritisieren konnte er fast sadistisch hemmungslos, bar jeder Verantwortung."

Als Rolf Nürnberg aber 1933 in die USA emigrierte, unterstützte Schmeling ihn dort, und Nürnberg schickte Schmeling nach dessen Sieg über Joe Louis 1936 ein Glückwunschtelegramm: „Ich nehme zurück, was ich jemals gegen Sie gesagt habe und mein Buch ziehe ich sofort aus dem Handel."

Nicht einmal die Europameisterschaft im Halbschwergewicht – der erste EM-Titel eines deutschen Boxers –, die er am 19. Juni 1927 in Dortmund dem Belgier Fernand Delarge abnehmen konnte, verschaffte Schmeling Popularität. Das änderte sich erst bei dem Kampf gegen den deutschen Mittelgewichtsmeister Hein Domgörgen aus Köln, den Schmeling eigentlich verhindern wollte. Schmeling war 1926 von Köln nach Berlin gegangen, weil sich sein damaliger Manager Willy Fuchs seiner Meinung nach zu sehr um Domgörgen und zu wenig um ihn kümmerte.

Laut Reglement durfte ein Meister den Titelträger der nächsthöheren Gewichtsklasse herausfordern, und folglich konnte sich Schmeling nicht vor Domgörgen drücken. Schmelings Manager Bülow setzte aber zusammen mit dem befreundeten Promoter Paul Damski alles daran, den Kampf zu verhindern. Zunächst gaben sie im festen Glauben, nur sie kämen als Ausrichter in Frage, ein zu niedriges Angebot ab. Aber der Promoter Martin Koslowski sicherte sich den Kampf und organisierte ihn in Leipzig. Als nächstes machte Bülow bei der Boxsport-Behörde zahlreiche Einwände geltend, bis die BBD Schmeling eine Frist setzte. Manager Fuchs schlug sogar vor, dass der Sieger die Gesamtbörse erhält und der Verlierer leer ausgeht. Bülow und Schmeling protestierten zwar, gingen aber letztlich doch auf die ungewöhnliche Bedingung ein.

Der Hass der beiden Boxer aufeinander war nicht zu übersehen, und genau dies sorgte dafür, dass sie, die beide nicht sehr populär waren, das Leipziger Achilleion, die neue Sporthalle, füllten. Als Ringrichter fungierte an diesem 7. November 1927 der verdiente Paul Samson-Körner.

»Ein Tier verschlang sein Opfer mit Blicken«

Im Kampf dominierte Domgörgen, auf allen Punktrichterzetteln lag Schmeling deutlich zurück, doch in der siebten Runde geschah, was Nürnberg so schildert: „Domgörgens Linke ging herunter, um der Rechten den Weg für den Augenschlag freizumachen. Es ist der Bruchteil einer Sekunde, Domgörgens linke Schulter ist ungedeckt, die Halsschlagader liegt frei. Im nächsten Moment ist sie getroffen." Schmeling gewann durch den Lucky Punch. „Während der Ringrichter zählte, verzerrte sich Schmelings Gesicht. Die

Box-Fan George Grosz malte den jungen Max Schmeling (1926).

zähe Maske mit ihrem stereotypen Lächeln löste sich auf, ein Tier verschlang mit seinen Blicken das niedergeschlagene Opfer, ein lechzender Atem flehte, lass ihn noch einmal aufstehen, dass ich ihn noch einmal zerschmettern kann."

Schmeling hatte sich dieser ungewollten Auseinandersetzung stellen müssen, er hatte Angst davor gehabt, doch er hatte sich durchgekämpft. Hein Domgörgen ging in die USA, boxte dort erfolgreich gegen Edward Hultgreen aus den USA in Chicago – eine US-Karriere kam für ihn jedoch nicht zustande.

Schmeling aber musste als nächstes am 6. Januar 1928 seinen Europameistertitel gegen den Italiener Michele Bonaglia verteidigen. Der galt als Günstling des faschistischen Diktators Mussolini. Schmeling gewann durch K.o. in der ersten Runde. Die 8.000 Zuschauer im Sportpalast standen auf und sangen das Deutschlandlied, weil Schmelings K.o. wirkte „wie der Sieg der Demokratie über den Faschismus", wie der Regisseur Fritz Kortner in seinen Erinnerungen schrieb.

»Künstler, schenkt mir eure Gunst«

Kortner wurde nach diesem Kampf auch ein persönlicher Freund Schmelings und ließ sich von ihm sogar Boxunterricht geben. Überhaupt trat Schmeling nach diesem Kampf in die boxbegeisterte intellektuelle Gesellschaft ein. Im Gästebuch von „Schwanneckes Weinstuben" in der Berliner Rankestraße reimte er: „Künstler, schenkt mir Eure Gunst – Boxen ist doch auch 'ne Kunst!"

Wenige Tage nach dem Bonaglia-Kampf war Schmeling bei dem Galeristen Alfred Flechtheim eingeladen, wo er Kortner, Josef von Sternberg, George Grosz und Heinrich Mann kennenlernte. Die Bohème imponierte Schmeling sehr. „Jetzt begann ich Klassiker zu lesen, ins Theater zu gehen und Film-Uraufführungen zu besuchen", schreibt er in seinen „Erinnerungen", „auch las ich nicht mehr nur den Sportteil der Zeitungen, hörte zu, über welche Bücher man sprach und kaufte sie."

Auf Vermittlung von Flechtheim wurde er Modell des Malers George Grosz. Aber bei der ersten Sitzung zeigte sich Schmeling für einen Boxer erstaunlich verklemmt. In seinen „Erinnerungen" schreibt er von der „ein wenig heiklen Situation, halbnackt einem korrekt gekleideten Mann gegenüber zu stehen." Schmeling schildert ausführlich, was Grosz bei den Arbeiten zum Verhältnis von Boxen und Kunst geäußert hatte. „Mir geht gerade durch den Kopf", sagte Grosz zu Schmeling, „dass Boxer und Maler ja zumindest eine Eigenschaft gemeinsam haben: beide müssen einen Unbekannten, einen ihnen fremd gegenübertretenden Menschen auf den ersten Blick taxieren können. Was ist das für ein Mann, wie sieht sein Leben aus, was mag er für einen Charakter haben? Ich muss ein Bild geben können, Sie müssen seine Kampfesweise voraussehen oder doch einschätzen können."

Max Schmeling beim Morgenbad. Das freizügige Foto täuscht – außerhalb des Ringes posierte Schmeling nur ungern (halb-)nackt.

Auch Fritz Kortners Ansichten vom Boxen überliefert Schmeling: „Was sich im Ring tut, spiegelt das Leben. So erbarmungslos, so wütend, wie ihr aufeinander losgeht, so erbittert kämpfen alle ums Dasein." Und: „Das Boxen ist gar kein Sport! Es ist Lebenskampf, auf ein Dutzend Runden zusammengedrängt."

Etwa zu dieser Zeit verfasste auch Bertolt Brecht seine kleinen Schriften „Die Krise des Sports", „Sport und geistiges Schaffen" und „Die Todfeinde des Sportes". In letzterer heißt es: „Boxen zu dem Zweck den Stuhlgang zu heben, ist kein Sport." Und: „Im Boxsport äußert sich diese sportsfeindliche Tendenz in der Propagierung des Punktverfahrens. Je weiter sich der Boxsport vom K.o. entfernt, desto weniger hat er mit wirklichem Sport zu tun."

Als Schmeling am 4. April 1928 gegen Franz Diener zum Kampf um die Deutsche Schwergewichtsmeisterschaft antrat, hatten Brecht, Carl Zuckmayer, Egon Erwin Kisch, Curt Bois, Herbert Ihering und etliche andere Beiträge für das Programmheft geschrieben. Aus Hollywood nörgelte der Schauspieler Emil Jannings: „Um Schmeling wehen mir zu viel literarische Schmonzes".

Boxerisch war der Kampf, erneut mit Samson-Körner als Ringrichter, von enormer Bedeutung. Es ging darum, wer in der bedeutendsten Gewichtsklasse das deutsche Profiboxen künftig international vertreten sollte – wer also in den USA das große Geld verdienen konnte. Die „Boxsport" hatte im Vorbericht geschrieben: „Für den deutschen Boxsport ist diese nationale Begegnung auf lange Zeit hinaus 'das große Ereignis' und selbst ein Kampf irgendeines populären deutschen Meisters mit einem Ausländer – sei es auch um eine Europameisterschaft – wird nicht so viel Widerhall in den Herzen des Publikums finden, wie gerade diese Paarung, die heute schon mit gleicher Heftigkeit in allen Kreisen debattiert wird, wie seinerzeit die zwei letzten Kämpfe Samsons gegen Breitensträter."

Entsprechend ernst nahm Schmeling den Kampf, und sein Lager bediente sich der jungen Disziplin Sportwissenschaft. Sein Trainer Max Machon ging „alle vorhandenen Kampffilme Dieners mit mir Phase für Phase durch", beschreibt er die Trainingsplanung, die an die wissenschaftlichen Methoden erinnerte, die in den zwanziger und dreißiger Jahren die gesamte Gesellschaft durchdrangen. Der Ingenieur Frederick Winslow Taylor hatte mit seinen „Grundsätzen wissenschaftlicher Betriebsführung" für die Verbreitung des Fließbandes in beinahe allen Industriezweigen gesorgt und damit der Gesellschaft einen ganz anderen Arbeitstakt vorgegeben: Intensiver, geplanter, bei geregelten Pausen wurde produziert. Im großen Stil und mit großem Erfolg wurde diese Art der Produktion in den USA von dem Automobilfabrikanten Henry Ford eingeführt. Die Intensivierung der Produktion bewirkte letztlich eine Verkürzung der Arbeitszeit und ermöglichte damit auch den Massensport. Parallelen zwischen industrieller Fertigung und sportlichem Trainingsprozess gibt es viele – eine ist beispielsweise das erstmals in den zwanziger Jahren eingeführte Intervalltraining. In der Arbeitersportbewegung wurde diese Entwicklung als „Sporttaylorismus" bekämpft.

Entscheidender Durchbruch gegen Franz Diener

Die auf Filmauswertung basierende wissenschaftliche Kampfvorbereitung sollten Schmeling und Machon vor dem Kampf gegen Joe Louis 1936 noch verfeinern. „Besonders kümmerte er sich erneut um meine linke Hand, die unserem taktischen Konzept nach das Sperrfeuer gegen den immens starken Diener abgeben sollte", schildert Schmeling die Trainingsarbeit, „bis sich im Laufe des Kampfes die Chance ergeben mochte, jene Bruchteile einer Sekunde auszunutzen, wo meine Rechte die Entscheidung erzwingen konnte." Die gute Vorbereitung hatte

Schmeling nötig, denn nur wenige Monate zuvor war er überraschend gegen den Engländer Gypsie Daniels in Frankfurt/Main k.o. gegangen.

Der Schmeling-Diener-Kampf fand im ausverkauften Berliner Sportpalast statt. In den ersten Runden war Diener überlegen, dann kam Schmeling mit einer Rechten durch und besorgte Diener eine Platzwunde am Kopf. Schließlich geschah das, was Nürnberg so beschreibt: „In der 4. Runde scheint es um Schmeling geschehen. Um sein Glück, um seine Karriere, um seine Zukunft, um den Kampf. Diener hatte ihn an die Seile gedrängt, Schmeling war verwirrt, er wußte einen Moment lang nicht aus noch ein, dann hob er die Hände und ging in die Doppeldeckung. Aber er stand da, hilflos, unsicher. Diener schlug einen Moment zu spät zu." Das war Schmelings Glück, er schöpfte aus dem Fehler des Widersachers Selbstvertrauen.

Schmeling wurde Sieger nach Punkten, in seinen „Erinnerungen" notiert er: „Die Presse am nächsten Morgen schrieb, der Ausgang sei eindeutig gewesen." Jedoch, der schmeichelhafteste Kommentar, der sich in der Berliner Presse finden lässt, stammt aus der „Vossischen Zeitung": „Schmeling schlug Diener, das ist wenigstens unsere Ansicht, wenn auch die Meinungen geteilt waren und geteilt sein konnten." Der „Berliner Lokalanzeiger" befand, Schmelings Sieg sei „nicht in vollem Umfang überzeugend" gewesen, die „Boxsport" urteilte: „Um Haaresbreite hat Schmeling gewonnen", und das „Berliner Tageblatt" titelte gar: „Wie Diener gegen Schmeling unterlag. Ein schmeichelhafter Punktsieg."

Egal wie: Schmeling hatte erreicht, was er erreichen wollte. Er war bester deutscher Boxer in der wichtigsten Gewichtsklasse. Das sollte sein Entree für Amerika sein.

Dass er seinen Titel am 13. Mai in Dortmund gegen Ludwig Haymann verteidigen sollte, war ihm nicht wichtig. Er sagte einfach wegen einer angeblichen Handverletzung ab.

Irgendwann, schreibt der Schriftsteller Erich Kästner in dem 1929 veröffentlichten Feuilleton „Boxer unter sich", „berichten die Blätter: Schmeling befindet sich auf der Fahrt nach Amerika, um ein günstiges Kampfangebot anzunehmen. Er hat also den deutschen Meisterschaftstitel aufgegeben, um seine verletzte Hand für die amerikanischen Dollar zu pflegen."

Derweil kämpften in Deutschland ganz andere Boxer um die Titel. Ludwig Haymann wurde 1928 gegen Franz Diener Deutscher Meister im Schwergewicht; den Titel verteidigte er 1929 gegen Rudi Wagener.

Der neue Meister Haymann hörte, nach vergeblichen Versuchen, in den USA Karriere zu machen, bald mit dem Boxen auf und wurde Sportjournalist, ab 1932 bei der NSDAP-Zeitung „Völkischer Beobachter". Die „Arena" hatte 1926 über seinen Boxstil geschrieben: „Haymann hat nur eine Chance, wenn er mutiger wird und es aufgibt, aus seinem Boxstile eine akademische Weltanschauung zu machen."

Bei Haymanns Meisterschaftskampf 1929 saß Max Schmeling im Publikum. Er war nach Deutschland zurückgekehrt, um den Vertrag mit seinem Manager Bülow annullieren zu lassen. Sein Meistertitel war ihm bereits kurz vorher aberkannt worden.

Aber der beste deutsche Boxer hatte den nationalen Markt ja ohnehin hinter sich gelassen: Schmeling wollte den Anschluss an die Weltspitze.

Max Schmeling bei der missglückten WM-Titelverteidigung gegen Jack Sharkey am 21. Juni 1932 in New York.

»I've zeen zomezing«

19. Juni 1936

Max Schmeling gegen Joe Louis. Ausscheidungskampf um das Herausforderungsrecht um die WM im Schwergewicht in New York City, Yankee-Stadion

Vierzigtausend Zuschauer im New Yorker Yankee-Stadion sind zu schockiert, um auch nur einen kollektiven Entsetzensschrei zustande zu bringen. Joe Louis torkelt in der zwölften Runde durch den Ring, und Max Schmeling, der Ex-Weltmeister aus dem verhassten Nazi-Deutschland, setzt entschlossen nach. Eine steife Rechte nach der anderen trifft Louis, der die Fäuste nicht mehr zu einer geschlossenen Deckung nach oben bringt. Fürchterlich viele Treffer muss er einstecken, bis seine Knie nachgeben. Ringrichter Donovan schickt Schmeling in die neutrale Ecke und beginnt zu zählen. Ein letztes Mal versucht sich der auf dem Bauch liegende Louis an den Ringseilen hochzuziehen. …fünf! …sechs! …sieben! …

Ihre Voraussetzungen hätten unterschiedlicher nicht sein können. Schmeling gilt als Mann der Vergangenheit. 1932 hat er den WM-Gürtel nach einer umstrittenen Punktniederlage gegen Jack Sharkey abgegeben. Danach ist er durch ein Karrieretief gegangen, hat gegen Max Baer und Steve Hamas verloren. Nun träumt er davon, als erster Schwergewichtler das Gesetz „They never come back“ zu widerlegen. Schmeling ist 30 Jahre alt. Wer einen Dollar auf ihn setzt, kann zehn gewinnen. Der 22jährige Louis hingegen gilt als unbesiegbar. Profi seit 1934, hat er in 27 Kämpfen ebensoviele Siege erreicht. Größen wie Max Baer und Paolino Uzcudun, Primo Carnera und King Levinsky sind binnen weniger Runden unter seinen mörderischen Kombinationen zusammengebrochen.

Doch Schmeling ist anders als Louis' bisherige Gegner. Ein taktisch kluger Konterboxer, ein Spätstarter, der den ersten Ansturm des Gegners meist hinter einer massiven Deckung abwartet und seine eigene Kampfführung stets bis zur letzten Runde durchplant. Außerdem kennt er durch frühere US-Aufenthalte die Marketing-Mechanismen, mit denen man sich als Gegner ins Gespräch bringt. Im Dezember 1935 ist er am Ring in New York aufgetaucht, als Louis den Spanier Uzcudun in der vierten Runde zu Boden schlug. Nach dem Kampf streut er unter den Journalisten, dass er Louis für schlagbar, ja sogar amateurhaft hält. Auf verdutzte Nachfragen gibt er sich nebulös. „I've zeen zomezing“, wiederholt er ein ums andere Mal in seinem holprigen Englisch. „I've zeen zomezing“. Als er wenige

Programmheft zu Schmelings erstem Kampf gegen Joe Louis.

Wochen später per Schiff nach Europa zurückkehrte hat er einen unterschriebenen Kampfvertrag in der Tasche. Und nicht nur das: Wie immer vor wichtigen Kämpfen besorgt Trainer Max Machon heimlich alle Filmaufnahmen von früheren Kämpfen des Gegners. Er lässt sie in Berlin auf Zeitlupe umkopieren und studiert sie zusammen mit seinem Kämpfer. Als sie sieben Wochen vor dem Kampf in ihr Trainingslager in Napanoch im Bundesstaat New York gehen, haben sie einen Plan. Bei ihren Analysen ist ihnen aufgefallen, dass Louis gerne mehreren Linken zum Kopf eine zum Körper folgen lässt. Genau in diesem Moment aber zieht er die Faust beim Ausholen nicht mehr vors Kinn, sondern lässt sie wenige Zentimeter sinken. Diese winzige Schwäche soll Schmeling ausnutzen.

Als der Kampftag kommt, regnet es. Auch am nächsten Tag, auf den die Begegnung verschoben wird, klart es erst am späten Nachmittag auf. Außerdem demonstrieren vor den Toren einige jüdische Gruppen für einen Boykott: Schmeling gilt als Repräsentant Nazi-Deutschlands.

Max Schmeling mit Promoter Mike Jacobs (links) und Trainer Max Machon (rechts) bei einem Kampf von Gustav Eder 1936 in New York.

Das siebzigtausend Menschen fassende Stadion ist nur gut zur Hälfte gefüllt. Als Erster betritt Schmeling den Ring, gekleidet in einen grauen und schwarzen Mantel. Louis erscheint nur Sekunden später im blauen Mantel mit roten Streifen. Trainer Jack Blackburn versucht, seinem Kämpfer ein paar letzte Anweisungen mit auf den Weg zu geben. „Halt die Linke oben", mahnt er. „Und geh' nicht gleich zu Beginn auf K.o. aus!" Doch Louis winkt, nur mäßig interessiert, ab.

Nach dem ersten Gongschlag scheint es, als ob Louis' Sorglosigkeit gerechtfertigt ist. Schmeling, verschanzt hinter einer weit emporgereckten Rechten, ist nur auf dem Weg zurück. Die ganze Runde lang kann er keinen nennenswerten Treffer erzielen. Will man Louis überhaupt einen Vorwurf machen, dann den, dass er niemals auf Schmelings ungedeckten Bauch zielt. Trotzdem setzt er einige Treffer, die den Deutschen gehörig durchschütteln. Als er in seine Ecke geht, lächelt er.

In der zweiten Runde beginnt Louis zu tänzeln. Immer spielerischer, fast aus dem Handgelenk, schnellt seine Linke hervor. Mitte der Runde versucht er die erste Kombination. Drei Linke hintereinander. Dann zieht er die Hand zurück, um einen Körperhaken folgen zu lassen. Und macht den Fehler, auf den

Schmeling wartet: Beim erneuten Ausholen lässt er die Faust sinken. Noch in seine Bewegung hinein schießt Schmeling eine Kontergerade auf Louis' Kiefer ab. Louis fällt zu Boden. Ein anderer wäre bis „acht" unten geblieben, um sich zu erholen. Doch Louis, der noch nie am Boden war, ist schon bei „zwei" wieder auf den Beinen.

Der Deutsche bleibt vorsichtig und wartet auf seine nächste Chance, die Ende der vierten Runde kommt. Kurz vor dem Gong lässt Louis wieder die Faust sinken. Schmeling trifft mit einer scharfen Rechten, und erneut muss Louis bis „zwei" auf die Bretter. Als er aufspringt, wirkt er erstmals desorientiert. Doch Schmeling setzt nicht nach. Er will in keine der gefürchteten Kombinationen seines Gegners hineinlaufen. Mit seiner ganzen Ringerfahrung wartet er darauf, dass der junge Mann sich quasi selbst schlägt. Von Runde fünf an ist Louis in Bedrängnis. Schmeling, selbst schon unter dem Auge blutend, lauert. Der immer verzweifelter werdende Amerikaner bietet ihm eine Konterchance nach der anderen. Ab Runde acht verliert er die Kontrolle über seine Schläge. Mehrfach trifft er den Deutschen unter der Gürtellinie. In der elften und zu Beginn der zwölften Runde wird er dafür mit Punktabzug verwarnt.

Schmeling merkt, dass Louis sich nur noch durch Klammern über die Zeit bringen will. Da beginnt er mit seinem letzten Bombardement von rechten Geraden, unter denen der Amerikaner endgültig zu Boden geht.

...acht! ...neun! ...aus! Louis' Hand sinkt von den Ringseilen. In der neutralen Ecke macht Schmeling einen Freudensprung, um gleich danach seinem Gegner wieder auf die Beine zu helfen. Dann stürmt er an der Seite von Max Machon in die Kabine. Er will dem hilflosen Zorn der Zuschauer entgehen. Auch Louis verschanzt sich sofort nach der ärztlichen Untersuchung für drei Tage in seinem Hotelzimmer, in das er nur seine Frau lässt. Auf den Straßen kommt es zu Tumulten. In New Yorks Schwarzenviertel Harlem müssen ebenso wie in Chicago bewaffnete Polizeieinheiten ausrücken, um die Lage zu beruhigen. Ein verzweifeltes Mädchen trinkt eine Flasche Rattengift und kann erst in letzter Minute gerettet werden. Schon in der Nacht machen Gerüchte über Unsportlichkeiten die Runde: „Louis hat sich die Hand gebrochen" – „Nein, Louis ist von Hitler vergiftet worden!" Am nächsten Morgen, als Trainer Blackburn eine Sporttasche ins Hotel bringt, wird er von einer wütenden Menge vor der Tür erwartet. „Da drin ist das Geld! Das Geld, für das Louis k.o. gegangen ist."

Gefeierter Schmeling, ermordeter Trollmann: Nazi-Deutschland will Boxmacht werden

Max Schmeling wird Weltmeister

Am 12. Juni 1930 wurde Max Schmeling in New York durch die Disqualifikation seines Gegners Jack Sharkey Schwergewichtsweltmeister. Es ist bis heute der größte Erfolg des deutschen Berufsboxens, und es ist noch mehr. „Dieser Sieg, weil der Feind regelwidrig geschlagen hat und dem Zusammengehauenen trotzdem der Titel zuerkannt wird, das ist der deutsche Wunschtraum seit zehn Jahren", interpretierte der Herausgeber der „Weltbühne", Carl von Ossietzky, Schmelings Erfolg im Zusammenhang mit dem aufkommenden Nationalsozialismus. „Doch hat sich noch kein Ringrichter gefunden, der den Versailler Vertrag außer Kraft gesetzt, die Franzosen aus Straßburg, die Polen aus dem Korridor und, als köstliche Zugabe, die Juden auch noch aus Deutschland verjagt hätte."

Die meisten anderen Zeitgenossen feierten Schmelings Triumph. Nur mit der Art des Zustandekommens war man nicht so recht zufrieden: Der Kampf „brachte leider keine endgültige Klärung über das Stärkeverhältnis; er endete vielmehr stark enttäuschend mit der Disqualifikation des Bostoners, die in der vierten Runde wegen klaren Tiefschlages erfolgte", kommentierte Willy Meisl in der „Vossischen Zeitung". „Das sensationelle Ende hat in Fachkreisen Zweifel ausgelöst, ob das Match tatsächlich gerade ging".

Zwei Jahre zuvor war Max Schmeling in die USA gekommen und hatte sich sofort nach der Ankunft von seinem Manager Arthur Bülow getrennt. Bülow reichte dagegen Klage ein, aber Schmeling hatte sich schon längst mit dem Amerikaner Joe Jacobs zusammengetan. Mit Jacobs, der Jude war, arbeitete Schmeling bis 1939 zusammen. Der Journalist und Schmeling-Kritiker Rolf Nürnberg beschrieb 1932 Schmelings Motive so: „Er glaubte an die Allmacht der Juden" – und von dieser vermeintlichen Allmacht wollte er profitieren.

»Der schwarze Ulan vom Rhein«

Jacobs verpasste seinem neuen Schützling den Kampfnamen „Schwarzer

Ulan vom Rhein". Jacobs hatte für Schmeling eine umfassende Vermarktungsstrategie entwickelt. „Er hetzte mir die Reporter auf die Fersen und arrangierte Empfänge und Einladungen", notiert Schmeling in seinen „Erinnerungen", „er schleppte mich durch Schulen, Klöster und Kirchen, ließ mich auf der obersten Plattform eines Wolkenkratzers photographieren, brachte mich mit Politikern zusammen und spielte mit großem Geschick meine in der Tat verblüffende Ähnlichkeit mit Jack Dempsey aus."

Zudem verstärkte das neue Medium Radio Schmelings Popularität. Am 27. Juni 1929 boxte Schmeling gegen Paolino Uczudun. „Zum ersten Mal war ein Sportereignis durch den Rundfunk aus Amerika simultan übertragen worden", schreibt Schmeling darüber und wird ganz pathetisch: „Zum ersten Mal erlebte sich die Welt als Zeuge."

Schmelings Aufstieg in den USA war nur möglich, so erklärt es der US-Soziologe Jeffrey T. Sammons, weil die US-Boxer in dieser Zeit „so uninspiriert boxten". Das US-Boxen war in einer tiefen Krise. Weil sich Boxereignisse nicht mehr rechneten, vereinbarte der Madison Square Garden mit der Gattin des Großverlegers William Randolph Hearst eine PR-Kampagne: Frau Hearst hatte sogenannte Milchfonds für notleidende Kinder ins Leben gerufen. Damit seine Boxkämpfe von der einflussreichen Hearst-Presse beworben wurden, musste der Madison Square Garden einen Großteil der Erlöse der Kämpfe zum Kauf von Milch abgeben.

Dank einer solchen eingekauften Hearst-PR – je 25 Prozent der Einnahmen gingen an die beiden Kämpfer, 40 Prozent an den Milchfonds, zehn Prozent an den veranstaltenden Garden – wurde auch der Weltmeisterschaftskampf zwischen Jack Sharkey und Max Schmeling am 12. Juni 1930 erst möglich und erfolgreich.

Nachdem Gene Tunney 1928 den Titel niedergelegt hatte, konnten sich Sharkey und Schmeling für den Kampf um den vakanten Schwergewichtstitel qualifizieren. Schmeling galt gegenüber dem Amerikaner Sharkey als Außenseiter. Sharkey gewann auch die ersten drei Runden deutlich, doch in der vierten Runde krümmte sich Schmeling nach einem Tiefschlag von Sharkey.

Der Ringrichter disqualifizierte Sharkey, während Schmeling noch behandelt wurde. Die Gerüchte über Sharkeys Schlag und seine Wirkung überschlugen sich. Die „Vossische Zeitung" titelte aufgeregt am folgenden Tag: „Schmeling Weltmeister, Sharkey disqualifiziert. Unbefriedigender Ausgang des Weltmeisterschaftskampfes / Tiefschlag in der vierten Runde / Schmeling fälschlich totgesagt". Schmeling wurde vor 80.000 Zuschauern im Yankee-Stadion von New York der erste Schwergewichtsweltmeister, der seinen Titel nicht durch einen Sieg erkämpft hatte.

Anders als der Weltverband National Boxing Association (NBA) akzeptierte die mächtige New York State Athletic Commission (NYSAC) Schmeling zunächst nicht als neuen Weltmeister. In der NBA waren bis auf die von New York alle 26 Boxkommissionen der USA zusammengeschlossen. Die New Yorker Kommission aber war zuständig für die Kämpfe im alles dominierenden Madison Square Garden, Ort der meisten WM-Kämpfe. Erst nach seinem zweitem WM-Kampf gegen Young Stribling am 3. Juli 1931 in Cleveland, Schmelings einziger erfolgreicher Titelverteidigung, erkannten auch die New Yorker den Deutschen als regulären Weltmeister an.

Am 21. Juni 1932 musste Schmeling seinen Titel in New York wieder gegen Sharkey verteidigen: Er verlor den 15-Runden-Kampf nach Punkten. Die „Vossische Zeitung" kommentierte: „Schmeling muss übertrainiert gewesen sein." Andere Beobachter, darunter auch viele US-Journalisten, sahen freilich Schmeling vorne und schrieben von einem Fehlurteil.

Niederlage im Revanchekampf gegen Sharkey

Auch die Niederlage brachte Schmeling nicht in deutsche Boxringe zurück. Nur zu privaten oder PR-Terminen kam er nach Deutschland. Erst nach 1933, als die Nazis für neue Verhältnisse auch im Sport sorgten und als er sich nach einem Sieg über Mickey Walker und zwei anschließenden Niederlagen gegen Max Baer und Steve Hamas in einem Karrieretief befand, kam Schmeling wieder zum Boxen nach Europa. Am 13. Juni 1934 kämpfte er in Barcelona unentschieden gegen den Spanier Paolino Uzcudun, die Revanche am 7. Juli 1935 gewann Schmeling in Berlin in einem Zwölf-Runden-Kampf nach Punkten. Am 10. März 1935 hatte er in Hamburg über den US-Amerikaner Steve Hamas gewonnen (technischer K.o. in der neunten Runde). Bereits am 26. August 1934 hatte Schmeling in Hamburg eine innerdeutsche Boxausscheidung mit dem talentierten Bochumer Schwergewichtler Walter Neusel ausgetragen. Schmeling wurde in der Rangliste des unabhängigen US-Fachblattes „The Ring" auf Platz vier geführt, Neusel auf Platz fünf. Über 80.000 Besucher waren von der Nazi-Organisation „Kraft durch Freude" in Sonderzügen nach Hamburg-Lokstedt auf die Dirt-Track-Bahn gebracht worden, wo 105.000 Plätze bereitstanden. In Anzeigen war der Schmeling-Neusel-Fight als „End-Ausscheidungskampf um die Weltmeisterschaft" beworben worden, die „Boxsport" schrieb von der „Weltbedeutung dieses Kampftages" – und Neusel gab in der Pause zur neunten Runde auf. Damit hatte Max Schmeling seine Position als einzig international vorzeigbarer deutscher Schwergewichtler verteidigt.

Joe Jacobs vermarktete Schmeling weiter: Er trat in Filmen auf, die Heirat mit der Schauspielerin Anny Ondra war ein gesellschaftliches Ereignis, Schmeling wurde zur Werbefigur, einfallsreiche Werber komponierten sogar einen Max-Schmeling-Marsch.

Max Schmeling goes Hollywood: Fototermin mit „Tarzan" Johnny Weissmuller (rechts).

Schmelings einzige erfolgreiche Titelverteidigung: am 3. Juli 1931 gegen Young Stribling (unten).

Wirtschaftskrise und Machtergreifung

In dieser Zeit wechselten viele junge Boxer ins Profilager: Inmitten der Wirtschaftskrise gab es hier etwas zu verdienen. Im Mai 1932 wurden bei einem normalen Kampftag nach Angaben des Veranstalters André Picard etwa folgende Summen ausgezahlt: Hein Müller 2.700 Mark, Hein Domgörgen 1.700 Mark, Jupp Besselmann 1.000 Mark, Franz Dübbers 800 Mark. Zum Vergleich: Der durchschnittliche Wochenlohn eines Fabrikarbeiters lag 1932 bei 21,75 Mark. Zum Vergleich in die andere Richtung: Max Schmeling erhielt, gleichfalls im Jahr 1932, für seinen zweiten WM-Kampf gegen Jack Sharkey, den er verlor, umgerechnet über 700.000 Mark.

Überall entstanden neue ständige Ringe. In Berlin wurde die Tennishalle in der Brandenburgischen Straße zum Boxring ausgebaut, im Spichernring in der Nürnberger Straße fanden, veranstaltet von Josef Burda, regelmäßig Kämpfe statt, im Metropol am Nollendorfplatz organisierte Paul Damski sporadisch Abende, die Bockbrauerei in der Kreuzberger Fidicinstraße wurde zum Freiluftring ausgebaut. Auch die bisherigen Ringe wie Sportpalast oder Neue Welt wurden weiterhin gut besucht, ebenso wie die gelegentlich im Berliner Poststadion stattfindenden Großveranstaltungen.

Trotz der wirtschaftlichen Erfolge sprach der erfolgreiche Promoter André Picard von einer „Scheinblüte". Sie sei daran zu erkennen, dass trotz des Booms ein Weltklasseboxer wie Schmeling für deutsche Verhältnisse nicht zu bezahlen war.

Dennoch war der Erfolg des deutschen Berufsboxens zu erkennen. Neben dem Weltmeister Schmeling gab es mit Hein Domgörgen 1931 einen Europameister im Mittelgewicht (am 30. August 1931 schlug er in Berlin den Österreicher Leopold Steinbach in 15 Runden nach Punkten). Der 1898 in Köln geborene Mittelgewichtler galt als bester Techniker seiner Zeit, Kritiker lobten ihn als Vertreter wissenschaftlichen Boxens, und bevor er 1931 (bis 1932) Europameister wurde, hatte er schon zwei vergebliche Anläufe (1926 gegen Rene DeVos und 1928 gegen Leon Jacovacci) hinter sich.

Ernst Pistulla war seit 1930 deutscher und seit 1931 Europameister im Halbschwergewicht (am 18. März 1931 schlug er in Barcelona den Spanier Martinez de Alfara in 15 Runden nach Punkten). Nachdem Pistulla seinen Titel einmal gegen den Bonner Adolf Heuser durch ein Unentschieden verteidigt hatte, legte er ihn nieder.

Heuser wiederum gewann den vakanten EM-Titel durch einen K.o.-Sieg in der ersten Runde über den Spanier de Alfara am 25. Juni 1932 in Valencia.

Und im Schwergewicht war 1931 Hein Müller aus Köln sowohl in den Besitz des deutschen als auch des europäischen Titels gekommen – letzteres, indem er am 30. August 1931 den Belgier Pierre Charles in 15 Runden nach Punkten schlug.

Aber anders als noch in den Zwanzigern, als 1927 Max Schmeling seinen EM-Titel im Halbschwergewicht gegen Fernand Delarge holte, stellten mittlerweile Europameisterschaften kein Sprungbrett mehr für den US-Markt dar.

Viele deutsche Kämpfer qualifizierten sich in der Zeit zwischen 1930 und 1933 für EM-Kämpfe, freilich ohne Erfolg. Der Fliegengewichtler Willie Metzner aus Mannheim verlor in Lille im November 1932 gegen Praxile Gyde durch technischen K.o. in der achten Runde, der Bochumer Federgewichtler Paul Noack scheiterte am 27. Januar 1932 durch technischen K.o. in der vierten Runde in Barcelona an dem Spanier Jose Girones, der Weltergewichtler und spätere Titelträger Gustav Eder scheiterte 1930 in Frankfurt/M. (15 Runden nach Punkten) und 1931 in Berlin (15 Runden nach Punkten) an dem Belgier Gustave Roth.

Nach und nach wurde der deutsche Boxmarkt politisch geordnet und ökonomisch abgeschottet. 1930 beschloss der Sportausschuss der BBD: „Wir haben Veranlassung, darauf hinzuweisen, dass die Kampfkleidung von Boxern im Ring neutral sein muss und frei von jedem Abzeichen religiöser oder parteipolitischer Art". Ein Affront auch gegen die sich religiös definierenden Sportler, beispielsweise Profis, die den jüdischen Makkabi-Vereinen entstammten.

Boxverbände werden »judenfrei«

Nach der Machtergreifung durch die Nazis am 30. Januar 1933 installierte die neue Regierung unter Adolf Hitler mit Hans von Tschammer und Osten einen Reichssportkommissar. In einer programmatischen Rede sagte der, dass „die außenpolitische Situation unseres Vaterlandes eine besondere diplomatische Behandlung dieser Frage" verlangte, der Frage nämlich, ob Juden, wie von den meisten Vereinen und Verbänden bereits freiwillig durchgeführt, aus dem Sport ausgeschlossen werden sollten.

Zu den Verbänden, die freiwillig „judenfrei" wurden, gehörten auch die BBD und der VDF. Präsident der BBD war der jüdische Sportjournalist Peter Ejk gewesen. Unter seinem Nachfolger, dem SA-Sturmbannführer Dr. Hans-Joachim Heyl, beschloss die BBD schon am 3. April 1933, sich auf „nationale Grundlagen" zu stellen, und bildete einen neuen „Zentralvorstand". Erster Vorsitzender wurde Georg Radamm (NSDAP), auch die übrigen Vorstandsmitglieder waren fast alle in der NSDAP, darunter auch der ehemalige Schwergewichtsboxer Franz Diener. Gleichfalls im Vorstand war der parteilose Hans Breitensträter. Dieses neue Gremium agierte in den Folgejahren als „Nationale Notgemeinschaft".

Zu den ersten und von den Profis nicht gern gesehenen Maßnahmen der Boxbehörde gehörte die Entscheidung Heyls, Amateuren den Übertritt in den VDF zu untersagen. Dieser Entschluss, der das Austrocknen des Berufsboxens zur Folge gehabt hätte, wurde von Heyl im Oktober 1934 wieder ausgesetzt.

Die „Vossische Zeitung" bemerkte froh: „Wir kommen mit unserem Boxsport allmählich wieder in gesunde Bahnen, und die Zeit scheint nicht mehr fern, wo auch Großkampfabende mit unseren prominentesten Vertretern möglich sein werden. Vorläufig sind unsere Schwergewichtler noch die Zugnummern der ausländischen Ringe, bei planmäßiger Aufbauarbeit werden sie aber auch für unsere heimischen Veranstaltungen bezahlbar sein."

Wie sich Boxen auf „nationaler Grundlage" verstand, beschloss im April 1933 der VDF in klaren Worten:

„1. Sämtliche Juden, auch getaufte, sind von der Mitgliederliste zu streichen. Alle neu aufzunehmenden Mitglieder müssen arischer Abstammung sein.

(…)

3. Jeder deutsche Berufsboxer ist mit sofortiger Wirkung von der weiteren Erfüllung eines mit einem Juden eingegangenen Arbeits- oder Managervertrages entbunden."

Das bezog sich weniger auf den in den USA weilenden Max Schmeling, der mit Joe Jacobs, einem US-amerikanischen Juden, zusammenarbeitete. Gemeint waren vielmehr Boxer, die beispielsweise von den deutschen jüdischen bzw. jüdischstämmigen Managern Heinrich Seelig, Josef Burda oder Paul Damski betreut wurden.

Im April 1933 war in der „Boxsport" unter der Überschrift „Achtung, ausländische Veranstalter und Technische Leiter!" ein Inserat zu lesen, in dem etliche deutsche Boxer mitteilten, dass sie sich von ihren jüdischen Managern getrennt hatten, um „ihre Geschäfte selbstständig" zu führen. Unterzeichner: „Jakob Domgörgen, Alfred Hopp, Alfred Katter II, Adolf Pott, Richard Stegemann, Hans Wieser, Herbert List, Werner Riethdorf, Walter Neusel, Franz Hintemann, Paul Wallner, Hein Müller, Franz Dübbers."

Eine weitere Woche später beklagte die „Boxsport", das Berufsboxen stagniere. Die Schuld daran schrieb sie Promotern zu, die ihre deutschen Geldgeber betrogen hätten. Gefordert wurde eine weitere „grundlegende Säuberungsaktion", um „jedes unsaubere Element auszuschalten".

Verfolgte Boxer

Dem jüdischen Boxer Erich Seelig aus Berlin wurden 1933 seine Meistertitel im Mittel- und Halbschwergewicht aberkannt. Er emigrierte in die USA, wo er seinen Vornamen von Erich in Eric änderte. Mit Erich emigrierte sein Bruder und Manager Heinrich Seelig, der auch den Schwergewichtler Paul Wallner betreut hatte.

Seelig hatte Anfang der zwanziger Jahre beim SC Charlottenburg mit dem Boxen begonnen, nachdem er bei einer Schlägerei am Schlesischen Bahnhof in Berlin-Kreuzberg verprügelt worden war. Später wechselte er als Amateur zu Tennis Borussia Berlin, wurde dort 1930 noch Brandenburger Meister, trat erst 1931 ins Profilager über und wurde im gleichen Jahr Deutscher Meister im Mittelgewicht.

Deutscher Meister muss emigrieren

Als Seelig am 12. November 1931 in den Berliner Spichernsälen knapp, aber verdient nach zwölf Runden seinen Meisterschaftskampf gegen Hans Seifried gewonnen hatte, analysierte die „Boxsport“: „Erich Seelig ist ein eigenartiger Kämpfertyp. Er ist ein Sprinter im guten Sinne des Wortes. Seelig kann eine fabelhafte Pace gehen.“

Ehrenurkunde zur Erinnerung an den von den Nazis vertriebenen Erich Seelig.

Seelig war zwar auch Herausforderer um den EM-Titel im Mittelgewicht, aber er orientierte sich bald lieber ins Halbschwergewicht. Am 27. Februar 1933 boxte er um den deutschen Halbschwer-Titel gegen Helmuth Hartkopp. Seelig gewann verdient nach Punkten und holte sich seinen zweiten Titel. Doch da waren die Nazis schon an der Macht.

Die Seelig-Brüder emigrierten sofort, ihre modern mit Ring und Ruderapparat eingerichtete Sportschule, die sie sich nach Erichs Profieinstand im Dezember 1931 in der Berliner Georgenkirchstraße 22, Bezirk Friedrichshain, aufgebaut hatten, verkauften sie an den Vater des Boxers Alfred Katter II.

Nach Seeligs Emigration 1933 waren seine beiden deutschen Meistertitel im Mittel- und Halbschwergewicht vakant. Seelig boxte noch im Pariser Wintervelodrom gegen den französischen IBU-Weltmeister Marcel Thiel in einem Nichttitelkampf, 1934 verlor er einmal in Paris einen EM-Kampf gegen den Belgier Gustave Roth nach Punkten.

Aber seine größten Erfolge hatte Seelig in den USA: Im Dezember 1939 bekam er in Cleveland einen Mittelgewichts-WM-Kampf gegen Al Hostak. Er verlor durch K.o. nach 80 Sekunden in der ersten Runde. Gleichfalls im Dezember 1939 schlug Seelig Mickey Walker in New York und beendete damit die Karriere des Ex-Weltmeisters.

Auch andere jüdische Boxer emigrierten. Unter ihnen Harry Stein, von 1925 bis 28 Deutscher Fliegengewichts- und von 1932 bis 33 Deutscher Federgewichtsmeister. Am 6. Februar 1930 hatte Stein als erster Deutscher einen amtierenden Weltmeister geschlagen: Der Fliegengewichts-Champ Frankie Genaro aus den USA wurde in der achten Runde wegen dauernden Haltens und Schlagens disqualifiziert. Später wurde der Kampf – ohnehin ein Nichttitelfight – in No Contest umgewandelt.

Stein konnte 1933 emigrieren. In B.E. Lüthges „Box-Brevier" aus dem Jahr 1948 heißt es lakonisch: „Harry Stein ist als Boxlehrer in Sowjetrussland gestorben."

Weitere jüdische Boxer, die Startverbot erhielten, waren Meergrün aus Berlin und Fuchs aus Köln. Ihr Schicksal ist unbekannt. Auch Sabri Mahir, als Showboxer in den zwanziger Jahren der „schreckliche Türke", als Trainer Entdecker von Franz Diener und Arno Kölblin, wurde zwischenzeitlich die Lizenz entzogen. Mahir emigrierte bald nach Paris.

Ex-Weltmeister in Auschwitz ermordet

Noch an einen weiteren Boxer soll erinnert werden: Victor „Young" Perez, am 18. November 1911 in Tunesien geborener französischer Staatsbürger, war Fliegengewichts-Weltmeister der NBA von Oktober 1931 bis Oktober 1932. Im Kampf um den Bantamgewichts-Titel unterlag er im Mai und im November 1934 „Panama" Al Brown (Panama). Am 11. November 1938 verlor Perez in Berlin nach zehn Runden durch Punktrichterentscheid gegen den Österreicher, also damals bereits Reichsdeutschen, Ernst Weiss – 1936 Europameister im Fliegen-, 1939 im Bantam- und 1941 im Federgewicht. Am 7. Dezember 1938 ist noch eine Zehn-Runden-Niederlage Perez' gegen Fortunato Ortega in Paris verzeichnet. Danach, wann genau ist unbekannt, wurde der frühere Weltmeister Victor

„Young“ Perez ins Vernichtungslager Auschwitz deportiert und ermordet. Die International Boxing Research Organization gibt den 4. Februar 1943 als sein Todesdatum an.

Einer der blieb, war Johann Wilhelm Trollmann aus Hannover, ein Sinto, der als Mittelgewichts-Hoffnung galt. Trollmann war Ende der zwanziger Jahre in der Hannoveraner Amateurszene erfolgreich und wurde Norddeutscher Meister. 1930 wechselte er zu den Profis. „Der Hannoveraner brachte neben einer guten Form überraschend gute Luftverhältnisse für die 8-Runden-Distanz mit und war in jeder Phase des Kampfes der überlegene Techniker, der auch seinen Kopf zu gebrauchen verstand“, hieß es im März 1930 in der „Boxsport“ über einen seiner ersten Profikämpfe in Hannover. Trollmann war ein Boxer, der Publikum und Kritiker polarisierte. Fachlich begründetes Lob – er „sidestept, dreht ab, um plötzlich wieder am Mann zu sein und Serien beidhändiger Haken landend“ – wechselte mit rassistischer Hetze: „Der Trollmann wird nie aus seiner Haut heraus können und bedeutet für jede seriöse Veranstaltung, wenn er im Programm eine führende Position einnimmt, eine Gefahr“, denn er neige dazu, „plötzlich wie ein Derwisch zu tanzen“.

Johann Trollmann, von seinen Freunden „Rukelie“ gerufen, in der Boxpresse meist als „Gipsy Trollmann“ geführt, worüber er sich im November 1932 öffentlich beschwerte, war in den frühen dreißiger Jahren in Hannover und Berlin ein Publikumsmagnet. 1932 schrieb die „Boxsport“: „Im Spichernring ziehen zwei Leute, Trollmann und Harry Stein.“ Zu seinen Auftritten dort hieß es: „Trollmann, Inventar des ständigen Boxrings, Angeber, aber publikumswirksam (…). Der Zigeuner soll seine speziellen Freunde, die ihn gern herumhopsen sehen, wieder in der Nürnberger Straße vereinigen.“

Trollmann war auch ein fleißiger Boxer: 1932 absolvierte er 15 Kämpfe (10 Siege, 3 Niederlagen, 2 Unentschieden), 1933 gar 18 Kämpfe (5 Siege, 7 Niederlagen, 5 Unentschieden und einen Kampf „o.E.“, ohne Entscheidung).

Trollmann wurde abgeworben und im Laufe des Jahres 1932 ständiger Hauptkämpfer in der Bockbrauerei in Berlin-Kreuzberg. Mittlerweile kämpfte er auch gegen die Großen der Szene. Einmal schaffte er im Spichernring ein Unentschieden gegen Hein Domgörgen, der gerade seinen EM-Titel verloren hatte. Als 1932 Ernst Pistulla von seinem Titel als Deutscher Meister im Halbschwergewicht zurücktrat, schlug die „Boxsport“ auch Trollmann als Ausscheidungskämpfer vor. 1932 verlor Trollmann knapp gegen Erich Seelig.

Dessen von den Nazis aberkannter Halbschwergewichts-Titel sollte von dem Kieler Adolf Witt und Helmuth Hartkopp ausgeboxt werden. „Als Ersatzmann ist

Johann Wilhelm Trollmann, von Freunden „Rukelie" und in der Presse „Gipsy" genannt.

Heinr. Trollmann bestimmt", gemeint war Johann, hieß es im Verbandsblatt, „der außerdem das Recht erhält, den neuen Meister um den Titel zu fordern." Trollmann hatte in der Zwischenzeit, am 16. Mai 1933 in Antwerpen, mit einer guten Leistung gegen den Belgier Gustave Roth nach Punkten verloren.

Der Witt-Hartkopp-Kampf endete Unentschieden, statt eines Rückkampfes nominierten die VDF-Verantwortlichen den Sinto „Rukelie" Trollmann für einen neuen Kampf um die vakante Meisterschaft gegen Adolf Witt. Der Kampf fand am 9. Juni 1933 in der Bockbrauerei Berlin-Kreuzberg vor 1.500 Zuschauern statt. Er war die zweite Veranstaltung der „Nationalen Notgemeinschaft".

In der schnell nazifizierten „Boxsport" hieß es: „Trollmann hatte besonders viele Anhänger unter denen, die sich mit der neuen Richtung des Verbandes nur schwer oder gar nicht abzufinden wußten, Anhänger, die das Theatralische in seinem Spiel, diese zigeunerhafte Unberechenbarkeit schätzten."

Die Tragödie des »Rukelie« Trollmann

Der Abend wurde zum Skandal. Mitten während des Kampfes entschied der als Verbandsdelegierter agierende NSDAP-Mann Radamm, dass keine Meisterschaft vergeben werden und der Kampf ohne Wertung bleiben solle.

Das Publikum tobte, Trollmann protestierte mit Tränen in den Augen, und der Sportausschuss kam zu einer Sitzung zusammen. Unter dem Druck der Publikumsproteste wurde der bessere Kämpfer, Johann Trollmann, doch zum deutschen Meister ernannt. „Hätte der Garten der Brauerei Wände gehabt", beschrieb die „Boxsport" die Atmosphäre, „wäre der Kalk von den Wänden gerieselt."

Vier Tage nach dem Kampf erging ein Schreiben des BBD an Trollmanns Manager Ernst Zirzow, der Kampf sei doch ohne Entscheidung zu werten, Trollmann mithin also kein Meister. „Es gab keine andere Lösung, wenn man den deutschen Berufsboxsport nicht der Blamage aussetzen wollte", kommentierte der „Berliner Lokal-Anzeiger", „und es musste so kommen, denn man stellt sich einen deutschen Meister anders vor. Ein deutscher Boxer darf nicht weinen, erst recht nicht ein Meister in aller Öffentlichkeit heulen oder wenigstens den 'Heulenden' markieren."

Kurze Zeit später fand sich in den Amtlichen Mitteilungen des Verbandes die Notiz, dass Trollmann-Manager Zirzow zu 100 Mark Geldstrafe verurteilt worden war, und einen strengen Verweis erhalten hatte. Auch der anwesende Promoter Walter Englert und der frühere Schwergewichtsmeister Hans Breitensträter erhielten strenge Verweise. Grund war ihr „außerordentlich unsportliches Benehmen am Ring anlässlich des Meisterschaftskampfes Trollmann-Witt" – sie hatten für Trollmanns Sieg votiert. Noch 1967 mochte sich die „Boxsport" nicht mit

„Rukelie" Trollmann (links) in typischer Kampfhaltung: die Linke hängend und für einen schnellen, überraschenden Schlag bereit.

einem Deutschen Meister Trollmann und seinem beweglichen Boxstil anfreunden: „Der Zigeuner hatte den Kampf verdorben, so schnell konnte Witt nicht rennen, um ihn jemals zu stellen."

In offiziellen Listen wird Johann Trollmann bis heute nicht als Deutscher Meister im Halbschwergewichtsboxen geführt. Ein Beleg, dass er diesen Titel sehr wohl einmal trug, lässt sich jedoch anführen; das zu diesem Zeitpunkt völlig nazifizierte Blatt „Boxsport" bemerkte am 1. September 1937: „Immerhin war Trollmann für ein paar Stunden Meister."

Das einzige, was Manager Zirzow 1933 für seinen Schützling tun konnte, war, einen neuen Kampf auszuhandeln: Am 21. Juli 1933 boxte Trollmann gegen Gustav Eder aus Dortmund, genannt „Meister Eder", den deutschen Weltergewichtsmeister.

Die Vorgaben durch den Verband waren dergestalt, dass Trollmann nicht siegen konnte: Boxt er so, wie er es gut kann – schnell, tänzelnd, ausweichend -, wird er disqualifiziert, da sein Stil als undeutsches Instinktboxen gilt. Boxt er so, wie es der Verband verlangt, kann er gegen einen Infight-Spezialisten wie Eder nur verlieren.

Diesen erzwungenen Abschied des Sinti-Boxers Johann „Rukelie" Trollmann von der großen Boxbühne am 21. Juli 1933 absolvierte er „mit der Grandezza des großen Tragöden", wie es Jahrzehnte später der Journalist Michael Quasthoff beschreibt. Trollmann, der einen dunklen Teint hatte, stieg an jenem Abend mit weißgepuderter Haut in den Ring, seine schwarzen Haare hatte er blondiert. Und, als ob dies nicht schon genügend Karikatur eines arischen Faustkämpfers gewesen wäre, stellte er sich breitbeinig in der Ringmitte auf und nahm die Schläge Eders entgegen. Schon ab der zweiten Runde blutete er, doch einmal gelang ihm aus dieser für ihn ungewohnten und nachteiligen Boxhaltung heraus sogar ein Niederschlag. Aber in der fünften Runde erwischte Eder Trollmann und schlug ihn mit einem Körperhaken K.o.. Nach der Niederlage gratulierte Trollmann dem Sieger Eder. Die Nazis jedoch schickten ihm bloß Häme hinterher, in der „Boxsport" erschien unter dem Titel „Der 'helle' Gipsy" ein Spottgedicht, dessen erster Reim lautete: „War einmal ein Zigeuner, / So schön wie er – war koiner".

Trollmann absolvierte noch kleinere Kämpfe, von denen er viele verlor. 1938 verhaftete man ihn, er kam zunächst in ein Arbeitslager, dann zur Wehrmacht, 1941 wurde er an der Ostfront verwundet und vermutlich sofort, spätestens aber 1942, in das KZ Neuengamme gebracht. Wieder der Bericht des Journalisten Quasthoff: „Was er dort erleiden muss, hat später ein Lagergenosse berichtet. Immer wenn sich die SS-Männer im KZ Neuengamme langweilen, muss Johann Trollmann für Abwechslung sorgen. Sie stülpen ihm Handschuhe über, krempeln die Ärmel hoch und rufen: 'Los Zigeuner, wehr dich!' Dann rammen sie ihre Fäuste in den ausgemergelten Körper."

Nach Augenzeugenberichten, die der engagierte Hannoveraner Antifaschist Hans Firzlaff gesammelt hat, ist Johann Wilhelm „Rukelie" Trollmann am 9. April 1943 morgens um 6.00 Uhr im KZ Neuengamme erschossen worden. Die offizielle Todesursache, die noch heute von der Stadt Hannover bei Anfragen mitgeteilt wird, lautet „Kreislaufschwäche".

»Arisches« Boxen

Adolf Heuser aus Bonn war nach der Machtergreifung der Nazis der erste deutsche Boxer, der im Ausland um einen Titel kämpfte. Nachdem er bereits am 28. Oktober 1932 in einem Nicht-Titelkampf nach Punkten gegen den Halbschwergewichts-Weltmeister der NBA, George Nichols, gewonnen hatte, trat er am 10. März 1933 im New Yorker Madison Square Garden vor 15.000 Zuschauern gegen den jüdischen Halbschwergewichts-Weltmeister Maxie Rosenbloom aus den USA (seit 1930 NYSAC-Titelträger, seit 1933 auch NBA-Weltmeister) an – und unterlag. In Heusers Ecke sekundierte übrigens Jack Sharkey. Knapp, aber verdient, lautete zunächst der Tenor der „Boxsport"-Berichterstattung zu Rosenblooms Sieg, doch schon vierzehn Tage später hieß es unter der Überschrift „Ringclown Rosenbloom", der Jude habe „nur mit der offenen Hand" geschlagen, und er sei ein „Backpfeifen-Weltmeister", der in Europa gewiss keine Gage bekommen hätte.

Mit Davidstern gegen Schmeling

Einen zweiten Anlauf, in den USA Fuß zu fassen, unternahm Max Schmeling, der Ex-Weltmeister. Er kämpfte am 8. Juni 1933 im New Yorker Yankee-Stadion gegen Max Baer. Der in Nebraska geborene und in Kalifornien aufgewachsene Baer stieg mit einem auf die Trousers gestickten Davidstern in den Ring. Daher galt er vielen Beobachtern als Jude. Und wegen seines Namens hat er, ebenfalls fälschlich und ebenfalls bis heute, den Ruf, ein Deutschamerikaner zu sein.

Vor dem Baer-Schmeling-Kampf, ein Qualifikationskampf um das Herausforderungsrecht des amtierenden Weltmeisters Primo Carnera aus Italien, hatten jüdische Gruppen in den USA für einen Boykott geworben, da man Repräsentanten Nazideutschlands kein Forum geben sollte. Da Baer sich ein jüdisches Image zugelegt hatte, war der Kampf gegen Schmeling, zu dem 60.000 Zuschauer kamen, symbolisch als Auseinandersetzung zwischen Naziariern und Juden aufgeladen. Schmeling verlor durch technischen K.o. in der zehnten Runde.

Der „Völkische Beobachter" versuchte jedoch, eine solche Bedeutung nicht aufkommen zu lassen. Nicht einmal der Kampfabbruch, den Ringrichter Arthur Donovan in der zehnten Runde anordnete, wurde zur unsportlichen Machenschaft umgedeutet. In der NSDAP-Zeitung heißt es ganz sachlich, Donovan habe „klar erkannt, dass Schmeling verteidigungsunfähig ist und bricht den Kampf ab." Von Schmelings Niederlage gegen einen Boxer, den alle Welt für einen Juden hielt, war keine Rede.

Üblicherweise bemühten sich Nazi-Offizielle und Sportjournalisten, die Bedeutung solcher Kämpfe zwischen „arischen" und (angeblich) jüdischen Boxern niedrig zu halten. Allerdings schrieb die „Boxsport" noch 1955: „Baer, in Kalifornien geboren, Produkt des Rassenschmelztiegels USA, hatte viel deutsches und ein paar Tropfen jüdisches Blut in den Adern. Schmeling wurde als 'Nazi' abgestempelt, weil sich in Deutschland ein politischer Umschwung vollzogen hatte."

Der aus Bochum stammende deutsche Amateurmeister von 1929, Walter Neusel, der außer in Großbritannien und Frankreich vor allem in den USA boxte, kam nach 1933 in die Kritik der auf Nazikurs eingeschwenkten „Boxsport"-Jour-

Walter Neusel machte sich bei den Nazis verdächtig, weil er zu viele Kontakte zu Juden gehabt hätte.

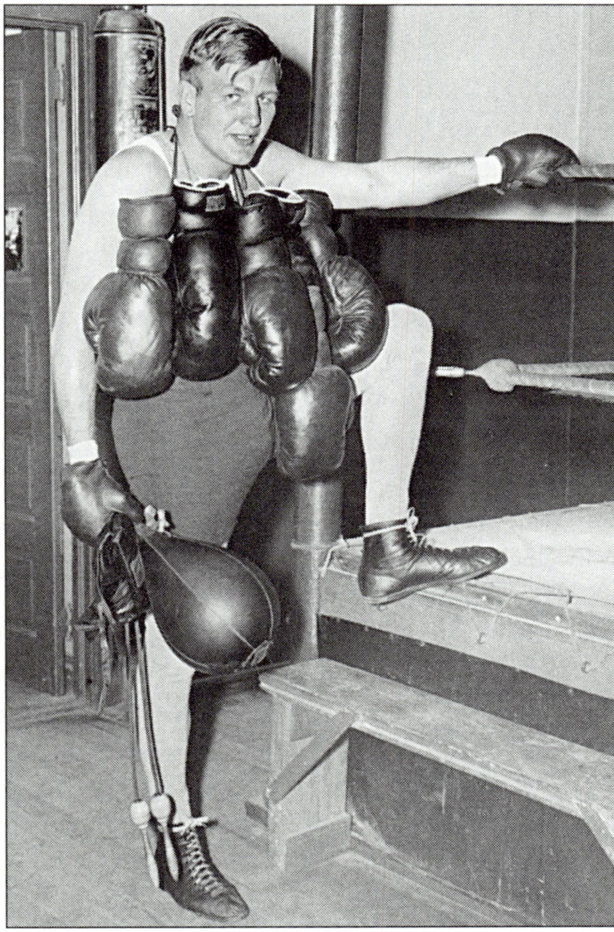

nalisten: „Auch Walter Neusel ist ein Schwergewichtler, der sich wenig um das Schicksal des deutschen Boxsports in seiner Heimat kümmert“, hieß es am 21. August 1933, „und nur im Auslande ans Geldverdienen denkt, ja, laut 'Boxing' sogar zugunsten des jüdischen Kampffonds (Jewish Relief Found) in England in den Ring stieg!“ Später wurde das Gerücht kolportiert, Neusel wolle die amerikanische Staatsangehörigkeit annehmen, das ginge auf seinen einflussreichen Freund Jeff Dickson zurück, den in Großbritannien tätigen US-Promoter. Seltsamerweise machten die Sportjournalisten bald wieder ihren Frieden mit Neusel, obwohl der sich 1934 in Berlin mit Paul Damski einen Mann jüdischer Herkunft zum Manager nahm.

Im Inland stellte sich ein wirtschaftlicher Erfolg der dirigistischen Maßnahmen der „Nationalen Notgemeinschaft“ zunächst nicht ein. Beim ersten von ihr ausgerichteten Kampftag am 12. Mai 1933 in der Berliner Bockbrauerei wurden 1612 Reichsmark erwirtschaftet; die niedrigste Gage, die ein Boxer erhielt, betrug 16 Reichsmark, die höchste 500 Reichsmark. Zum Vergleich: Der Monatslohn eines Bergmanns betrug 1933 etwa 150 Reichsmark.

Mangelnde Begeisterung für das Boxen kann nicht der Grund für die geringen Einnahmen sein. Zu einem Kampfabend im Juni 1933 in Köln, bei dem Vincenz Hower gegen Hein Müller die Deutsche Meisterschaft im Schwergewicht errang, kamen 14.000 Zuschauer. Auch beim Revanchekampf im März 1934 war die Berliner Tennishalle ausverkauft.

Den Auftakt zu größerer Bedeutung und auch endlich ökonomischem Erfolg lieferte der von der Naziorganisation „Kraft durch Freude" veranstaltete Kampf zwischen Max Schmeling und Walter Neusel am 26. August 1934 in Hamburg vor 80.000 Zuschauern, den Schmeling gewann. Durch diesen Sieg sicherte sich der Ex-Weltmeister für die nächsten Jahre die Vormachtstellung im deutschen Schwergewichtsboxen.

Eine Theorie des Boxens aus Nazisicht legte Ludwig Haymann vor, früherer Schwergewichtsmeister, davor deutscher Meister im Kugelstoßen, schon in den frühen zwanziger Jahren Mitglied der SA und ab 1932 Sportchef des „Völkischen Beobachters". 1936 erschien sein Buch „Deutscher Faustkampf nicht pricefight. Boxen als Rasseproblem". „Die bei uns importierten Stilarten sind für uns Deutsche unzulänglich und rassisch temperamentswidrig", heißt es darin, und: „Das boxsportliche Wollen marschiert und wird bald nationalsozialistisches Volksgut sein."

»Einen deutschen Boxstil schaffen«

Vorbild sei Schmelings Stil, der sei nämlich „nichts weiter als eine in Temperament und Volkstum wurzelnde Kampfform und mithin der erste gelungene Schritt zum deutschen Boxen."

Die Symbolik des Boxens, der Kampf Mann gegen Mann, war für die Nazis von großer Bedeutung. „Dank der Erkenntniskraft eines genialen Führers", so Haymann weiter, „sind wir heute in der Lage, auch im Boxsport neu zu beginnen unter Außerachtlassung aller Sensationen, nationale Kraft und Stärke aus einer naturgegebenen Kampfart zu schöpfen."

Die „Boxsport" lobte Haymanns Werk: „Haymann will einen deutschen Boxstil schaffen! Nicht in der Nachahmung des englischen oder amerikanischen Stils liegt das Heil unserer Boxzukunft, sondern in einer immer stärkeren Herausarbeitung unserer Wesensart und unseres boxerischen Stiles aus ihr."

Nach 1945 meldete sich Haymann sporadisch mit Artikeln und Aufsätzen als Gegner des Boxsports zu Wort – freilich folgenlos. Er starb am 26. Juli 1959.

Realisiert werden sollte seine Theorie arisch-deutschen Faustkampfs durch Boxer wie Max Schmeling, Walter Neusel und Adolf Heuser – gleich drei sportlich hochklassige Schwergewichts-, bzw. Halbschwergewichtsboxer, die aus Deutschland kamen. Sie sollten den Nazi-Staat zur führenden Boxmacht der Welt machen.

Schmeling gegen Joe Louis

Nach Schmelings Niederlage gegen Max Baer im Juni 1933 bemühte sich das deutsche Management um einen Revanchekampf im Jahr 1935 in Deutschland, zu dem Baer, zwischenzeitlich Weltmeister geworden, auch bereit war. Auf Kritik, die in den USA daran laut wurde, sagte Baer: „Jeder Punch, den ich Schmeling ins Gesicht haue, ist einer in das Gesicht von Adolf Hitler."

Die Initiative zu diesem zweiten Schmeling-Baer-Kampf ging von Walter Rothenburg aus, dem deutschen Promoter, der schon den Kampf zwischen Schmeling und dem Amerikaner Steve Hamas am 10. März 1935 in Hamburg organisiert hatte. Dafür hatte er eigens die Hanseatenhalle errichten lassen, gepriesen als „größte Sporthalle der Welt", wofür er sich die faschistische Arbeitsbeschaffung zunutze machte: schwere Schichtarbeit zu Löhnen, die dem Fürsorgesatz entsprachen.

Für einen Baer-Kampf in Deutschland wollte Rothenburg wieder eine neue Arena bauen lassen, und die von Baers Manager geforderte Gage von 300.000 Dollar wollte er auch aufbringen, denn, so heißt es in Rothenburgs Autobiografie „Kampf um Meister und Millionen": „Hier ging es um das Ziel, um die Sache, darum, die Weltmeisterschaft nach Deutschland zu bringen! Der neue Weltmeister war dann an mich gebunden. Der nächste Herausforderer genau so. So wären die Weltmeisterschaften in Deutschland geblieben, wie sie jetzt, nach dem gleichen System, jahrzehntelang in Amerika waren."

Unterstützung erhielt Rothenburg nicht nur von der Nazi-Führung, sondern auch vom Fachblatt „Boxsport". Wenn er sich durchsetzen sollte, hieß es lobend 1935, „dann kann der Weltboxsport durch seine Hand eine ganz andere Gestalt bekommen."

Als neuer Veranstaltungsort wurde, nachdem es in Hamburg nicht klappte, Amsterdam ausgewählt. Zunächst wollte Rothenburg das Olympiastadion von 1928 umbauen, später entschied er sich dazu, in einem niederländischen Dorf nahe Amsterdam eine neue Freiluftarena zu bauen. Alle Verträge waren unterzeichnet, nur Max Baer musste noch eine Pflichtverteidigung in Long Island City erledigen. Genau die aber verlor er am 13. Juni 1935 gegen James J. Braddock – er musste seinen Weltmeistergürtel abgeben.

Inzwischen hatte sich – auf deutsches Betreiben – der europäische Verband IBU darum bemüht, gegenüber den in den USA beheimateten Weltverbänden ein stärkeres Profil zu gewinnen (siehe unten). Dazu gehörte auch die Überlegung, eine eigene Schwergewichtsweltmeisterschaft auszuloben. Max Baer hatte im Juni 1934 den italienischen Weltmeister Primo Carnera geschlagen. Da aber Carnera auch Welt- und Europameister der IBU war – parallel geführt zu den zwei großen Verbänden NBA und NYSAC – und für deren WM-Titel eine Pflichtverteidigung gegen Pierre Charles anstand, der Baer nicht nachkommen wollte, akzeptierte die IBU den Weltmeister Baer nicht.

Sie wollte einen eigenen Weltmeistertitel, quasi eine europäische WM, ansetzen. Um diesen letztlich doch nicht ausgerufenen eigenen IBU-Schwergewichts-WM-Titel bewarb sich sofort der Deutsche Vincenz Hower. Weil die deutschen IBU-Funktionäre aber nicht die Position ihres besten Schwergewichtlers, Max Schmeling, der sich ja weiter um die NBA- und NYSAC-Titel bewarb, gefährden wollten, wurde dieses Projekt nicht weiter verfolgt. Schmeling selbst hatte sofort erklärt, er strebe keinen eigenen europäischen WM-Titel an.

Schmelings bester Kampf

Stattdessen wollte er einen Ausscheidungskampf gegen Joe Louis um das Recht, den Weltmeister herauszufordern. Diesen Fight erhielt er im Jahr 1936 – er sollte zum wirklichen Höhepunkt in Schmelings sportlicher Laufbahn werden.

International und in der Fachwelt galt Schmeling als Außenseiter. Er bereitete sich beinahe wissenschaftlich durch Filmanalyse auf den Kampf vor. Am 19. Juni 1936 gewann er überraschend durch K.o., und die „Boxsport“ konnte auftrumpfen: „Ein Sieg, der in der ganzen Welt Aufsehen erregt“.

Der Film, der den Kampf dokumentierte, wurde mit großem Erfolg in deutschen Kinos gezeigt, über vier Millionen Zuschauer sahen ihn. Die Werbung lautete: „Max Schmelings Sieg – ein deutscher Sieg.“ Ähnlich hatte sich auch NS-Propagandaminister Joseph Goebbels in einem Telegramm geäußert: „Ich weiß, du hast für Deutschland gekämpft, es war ein deutscher Sieg.“ Und der „Berliner Lokalanzeiger“ titelte: „Der Führer beglückwünscht Schmeling.“

Die Euphorie, die Schmelings Sieg in Deutschland auslöste, machte den Boxer mehr noch als sein WM-Titel gegen Sharkey sechs Jahre zuvor zur Legende und wirkt bis heute nach: Manch einer verwechselt den Kampf gegen Louis mit dem Titelgewinn. Offiziell war der Fight allerdings nur ein Ausscheidungskampf gewesen, wer den Weltmeister Jimmy Braddock herausfordern dürfte. Unmittel-

In der 12. Runde ist Joe Louis überraschend besiegt, und Schmeling wird zur Legende.

bar nach Schmelings Sieg 1936 wurden Verhandlungen über den nun anstehenden WM-Kampf aufgenommen. Weil sein Schützling den Finger gebrochen habe, sagte Braddocks Manager Joe Gould den Kampf zunächst ab. Er wurde auf den 8. Juni 1937 neu terminiert. Vorher, im Januar des selben Jahres, war ein Braddock-Vertreter nach Berlin gereist, um darüber zu verhandeln, ob der WM-Kampf nicht in Deutschland stattfinden könne. Eine niederländische Firma, so berichtet der US-Wissenschaftler Sammons in seinem Buch „Beyond the Ring“, wollte den Kampf ausrichten.

Parallel und ohne Wissen der Deutschen verhandelte das Braddock-Management aber auch mit Joe Louis. Als Schmeling Anfang Juni 1937 nach New York reiste und dort kurz vor dem angesetzten Kampf an der Wiegezeremonie teilnahm, erschien Braddock einfach nicht. Der Amerikaner musste die geringe Strafgebühr von 1.000 Dollar zahlen. Schmeling übrigens führt im Kampfrekord, der im Anhang seiner „Erinnerungen“ abgedruckt ist, diesen Kampf auf und vermerkt bei Braddock: „trat nicht an“.

Joe Louis wurde indes am 22. Juni 1937 in Chicago durch K.o.-Sieg (8. Runde) über Braddock neuer Schwergewichts-Weltmeister, nach Jack Johnson der zweite Schwarze mit diesem Titel.

Als klar wurde, dass Schmeling trotz des Sieges über Louis nicht Braddock herausfordern konnte, wurden auf deutscher Seite Überlegungen aktuell, die IBU auch im Schwergewicht einen Weltmeistertitel ausrufen zu lassen. Schmeling schreibt in seinen „Erinnerungen“: „In London wurde zeitweilig über das Projekt verhandelt, mich gegen den Empiremeister Tommy Farr antreten zu lassen und den Sieger der Begegnung, angesichts der undurchsichtigen Machenschaften im amerikanischen Boxgeschäft, zum 'Gegen-Weltmeister' auszurufen. Die Verträge waren schon unterzeichnet, doch dann kauften die Amerikaner, die wir doch gerade ausmanövrieren wollten, Tommy Farr aus den Verträgen heraus.“ Farr boxte am 30. August 1937 gegen Louis und verlor nach Punkten.

Der der IBU nicht beigetretene britische Dachverband, das British Boxing Board of Control (BBBC), erkannte den Louis-Farr-Kampf auch nicht als WM-Kampf an. Das in den Zwanzigern gegründete BBBC galt ansonsten als „erbitterter und unversöhnlicher Widersacher“ der IBU, wie die „Boxsport“ schrieb. Seine Meistertitel für das britische Empire wurden vereinzelt auch als Weltmeistertitel bezeichnet. Das BBBC existiert als britische Boxbehörde bis zum heutigen Tag.

Nachdem das „Projekt Gegen-Weltmeister“ gescheitert war, gelang es Schmelings Manager Joe Jacobs immerhin, einen WM-Kampf gegen Louis auszuhandeln.

Dieser fand am 22. Juni 1938 in New York City statt. Noch im Dezember 1937 konnte man in der „Boxsport“ das Gerücht nachlesen, der Kampf solle in Berlin ausgetragen werden, auf jeden Fall aber nicht in New York, denn da, so war es in dem Blatt zu lesen, existiere der „von der Antinaziliga Samuel Untermayers inszenierte Boykott“. Auch wenn der Genannte in Wirklichkeit Untermyer – ohne „a“ – hieß, so war dies doch einer der wenigen Hinweise in einer Nazi-Zeitung auf die vielfältigen Bemühungen jüdischer Gruppen in den USA, diesen Kampf zu verhindern. Eine andere Sicht des Kampfes repräsentierte US-Präsident Franklin D. Roosevelt, der bei einem Besuch im Trainingslager zu Joe Louis gesagt haben soll: „Solche Muskeln brauchen wir, um Deutschland zu besiegen.“

In Deutschland verlief die Kampfvorbereitung anders. „In letzter Minute hat noch einmal in Neuyorks verjudeter Presse ein Feldzug eingesetzt“, hieß es im „Völkischen Beobachter“, „der wohl weniger daraufhin abzielen soll, den Kampf überhaupt zu verhindern, als unter den Zuschauern Stimmung für das 'Lehmgesicht aus Alabama' zu machen.“

Zu dem Kampf waren 80.000 Zuschauer in das New Yorker Yankee-Stadion gekommen. Sie sahen, dass die arische Hoffnung vom „Lehmgesicht“ bereits in der ersten Runde k.o. geschlagen wurde – während des Anzählens warf Schmeling-Trainer Max Machon das Handtuch. Über den kurzen Kampfverlauf berichtete die Berliner Zeitung „Germania“: „Louis stürzte sich wie ein Wilder auf seinen Gegner, um ihn im ersten Ansturm mit einem ganzen Hagel von Schlägen zu überrennen. Hageldicht kamen die wuchtigen linken Haken, und Schmeling blieb nichts übrig, als zurückzugehen. (...) Seine große Chance erkennend, setzte Louis unbarmherzig das Vernichtungswerk fort. Wild keilte er drauflos, und Schmeling stürzte erneut zu Boden. (...) Die schwere und unerwartete Niederlage hat das Selbstvertrauen Schmelings nicht zu erschüttern vermocht. Der deutsche Meister führt die Niederlage auf einen schweren und außerordentlich schmerzhaften Schlag in die Nierengegend zurück, eine grobe Regelwidrigkeit, die der sonst sehr aufmerksame Ringrichter aber nicht gesehen hat. Nur so erklärt sich die bittere Niederlage, mit der man nie und nimmer rechnen konnte.“

Louis' Revanche in Runde eins

Andere deutsche Blätter traten gegen den amerikanischen Champion noch harscher nach. Arno Hellmis, für den „Völkischen Beobachter“ und für die „Boxsport“ nach New York entsandter Berichterstatter, der gleichzeitig auch als Radioreporter vor Ort war, schimpfte: Wenn Louis nicht „das zum Sport nun einmal gehörende Glück“ gehabt hätte, Schmeling sofort zu erwischen, hätte „der Kampf einen anderen Ausgang genommen“, fabulierte er im NSDAP-Blatt, „da man in der ganzen Welt den Deutschen für den technisch und taktisch besseren Boxer hält.“ Und im Fachblatt „Boxsport“ legte er Louis' raschen Sieg gar als Akt der Unsportlichkeit aus: „Es wurde kein Kampf! Ehe Schmeling seine Boxkunst, seine jahrelange Vorbereitung und seinen Siegeswillen einsetzen konnte, kam ein Handtuch“. Ähnlich beleidigt berichtete das „Berliner Tageblatt“ von einem „Sieg hasserfüllter Wildheit über ein kühleres, besonneneres Temperament, das nicht die Zeit erhielt, seine Kraft voll zu entwickeln.“

Instrumentalisierung des europäischen Boxens

Mit Schmelings Niederlage hatte das Projekt einer deutschen Hegemonie im Weltboxen einen herben Rückschlag erhalten. Auch in anderen Bereichen hatten diese Bemühungen wenig Erfolg. So scheiterten nicht nur die Versuche von Walter Rothenburg, 1935 einen WM-Kampf mit Max Schmeling nach Deutschland zu holen. Auch andere ehrgeizige Projekte, prominente internationale Kämpfe in deutsche Arenen zu holen, blieben erfolglos.

Walter Rothenburg wollte auch nach Max Baers Titelverlust gegen Jimmy Braddock immer noch den Mann mit dem jüdischen Image nach Deutschland holen. Als Gage bot er 100.000 Dollar – statt der dem Weltmeister Baer noch versprochenen 300.000 Dollar. Er schreibt in seinen Erinnerungen, Baer hätte eingewilligt, wäre er nicht durch eine Verletzung verhindert gewesen. Wahrscheinlicher aber ist, dass sich Baer auf den Kampf gegen Joe Louis vorbereitete, der ihm eine neue WM-Chance verschaffen sollte. Baer verlor aber in der vierten Runde durch K.o.

Eine andere Option war, dass Adolf Heuser 1935 in Berlin oder München einen WM-Kampf im Halbschwergewicht gegen den Rosenbloom-Bezwinger Bob Olin erhalten sollte. Aber auch dieser Kampf kam nicht zustande.

Für die niedrigeren Gewichtsklassen wurde auf deutsche Initiative hin der europäische Verband IBU instrumentalisiert. Die IBU sollte ein eigenes Profil entwickeln, indem sie ihre bisherige Anerkennungspraxis der NBA-Weltmeister aufgab. Eigentlich war die IBU nur der europäische Verband, der Kontinental-Titel vergab. Aber der IBU gehörten auch Argentinien, Ägypten und einzelne Vertreter Nordamerikas an; die Boxsportbehörde Deutschlands (BBD) wurde erst Ende der zwanziger Jahre Mitglied. Ab 1929 vergab die IBU auch Weltmeistertitel, wobei sie allerdings einfach die Titelträger von der NBA übernahm.

Erst in den Dreißigern wartete die IBU mit eigenen Weltmeistern auf. So wertete die IBU 1935 den Fliegengewichtstitel als vakant, während die NBA den Briten Jackie Brown (GB) als Weltmeister führte, der im September 1935 gegen Benny Lynch (Großbritannien) verlor. Die IBU ließ stattdessen im Januar 1936 einen Titelkampf um den ihrer Ansicht nach offenen Titel zwischen Valentin Angelmann (Frankreich) und Kid David (Belgien) durchführen, den der Franzose gewann.

Im Mittelgewicht hatte die IBU schon 1932 mit eigenen Weltmeistern begonnen, im Bantam ab 1934, und im Federgewicht erst 1937. Der für die Deutschen wichtige Titel im Halbschwergewicht wurde 1935 eingeführt und 1936 ausgeschrieben, woraufhin sich Heinz Lazek (Österreich), Adolf Witt (Deutschland) und Gustave Roth (Belgien) bewarben. Lazek gewann ihn, verlor ihn bald an Roth, und am 25. März 1938 erboxte sich Adolf Heuser aus Bonn in der Berliner Deutschlandhalle gegen den Belgier Gustave Roth den IBU-Halbschwergewichts-WM-Titel.

Auch nach Schmelings verlorenem WM-Kampf 1936 buhlten die Nazi-Boxfunktionäre weiter, um mit Hilfe der IBU endlich Einfluss auf die anderen Welt-

Gustav Eder schlägt den Belgier Felix Wouters im Berliner Sportpalast, 11. November 1935

verbände zu erhalten. Im April 1938 kam es zu einer Tagung der Weltverbände in Rom. Anwesend waren die NBA, die NYSAC, die IBU, das BBBC sowie Argentinien als Repräsentant Südamerikas und die Box-Kommission von Illinois. Man einigte sich auf die Rücknahme der drei Jahre zuvor ausgerufenen eigenen IBU-WM-Titel bei gleichzeitiger Installierung eines Welt-Berufsboxmeisterschafts-Komitees, das die Aufgabe hatte, über die Anerkennung von Titelträgern zu entscheiden. In der Lesart der „Boxsport“ ging es darum, einen neuen einheitlichen Verband, „eine überall anerkannte Internationale Führung des Welt-Berufs-Boxsports (zu) gründen“.

Im Mai 1938 entzog die IBU einheitlich all ihren Weltmeistern die Anerkennung. Adolf Heuser, der seinen Titel erst im März gewonnen hatte, war enttäuscht: „Aber nicht lange kann ich mich in meinem Weltmeisterglück sonnen“, erzählte er 1939, „ich habe monatelang trainiert und gearbeitet, Jahre über Jahre habe ich mich vorgeschoben, immer dieses eine Ziel vor Augen, mit meinen Fäusten habe ich mir die Weltmeisterschaft erkämpft – am grünen Tisch wird sie mir

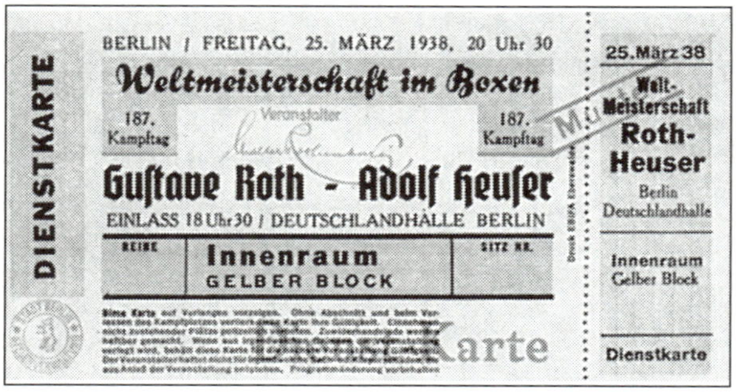

wieder abgesprochen. In der IBU sind nicht alle Staaten vertreten, es soll nur noch einen Weltmeister geben, ich sehe das ein, man gebe mir die Chance, mit New Yorks Weltmeister zu boxen, aber ich bekomme sie nicht.“

In dem letzten halben Jahr vor der Aberkennung der IBU-WM-Titel hatten deutsche Boxer auf diese Billigtitel einen regelrechten Run gestartet: Gustav Eder, der Ex-Weltergewichts-Europameister, forderte im Februar 1938 in Brüssel den Belgier Felix Wouters um den IBU-WM-Titel und verlor. Im Januar 1938 forderte Jupp Besselmann aus Köln, eigentlich ein Mittelgewichtler, den Halbschweren belgischen IBU-Weltmeister Gustave Roth, „hielt sich gut“ („Boxsport“), verlor aber nach Punkten (15 Runden). Im April 1938 unternahm Besselmann im Mittelgewicht gegen Edouard Tenet aus Frankreich im Berliner Sportpalast einen zweiten Anlauf, IBU-Weltmeister zu werden – in der zwölften Runde gab der Deutsche auf.

Beide Boxer, Eder und Besselmann, hatten zwei Jahre zuvor versucht, in den USA Fuß zu fassen: Eder gewann im August 1936 gegen Jimmy Leto (K.o., 9. Runde), Besselmann siegte im Mai nach Punkten über T. Finnegan. Höherwertige Kämpfe, eventuell gar Titelfights, schlossen sich für beide aber nicht an.

Und im Schwergewicht, wo die deutschen Funktionäre eigentlich große Rücksicht auf Schmelings Pläne zur Erringung der richtigen, sprich: NBA- und NYSAC-WM nahmen, gab es im September 1937, kurz nach Schmelings „Projekt Gegenweltmeister“, Überlegungen, ob nicht Walter Neusel gegen den deutschen Europameister Arno Kölblin um die vakante IBU-Weltmeisterschaft boxen sollte.

Weltverband unter deutscher Führung?

Im Mai 1939 unternahm der deutsche Vertreter auf dem IBU-Kongress in Genf, Dr. Metzner, noch einmal einen Versuch, den ursprünglich europäischen Verband so zu dominieren, dass aus ihm ein anerkannter Weltverband unter deutscher Führung würde. Sollte, referierte die „Boxsport“ Metzners Drohung, „eine Einigung mit der BBBofC nicht möglich sein, würde auch eine weitere Mitgliedschaft der IBU im Weltverband (das ein Jahr zuvor von den vier Weltorganisationen geschaffene Gremium zur Anerkennung von Weltmeistern, d.Verf.) überflüssig sein“. Welch sportlicher Wert von einem solchen faktisch deutschen Weltverband zu erwarten wäre, wurde einen Monat später demonstriert: Die IBU-Weltrangliste vom Juni 1939 führte einfach keine britischen Boxer mehr auf.

Im März 1939 war Adolf Heuser durch einen K.o.-Sieg über Heinz Lazek Europameister im Schwergewicht geworden. Seinen Halbschwergewichtstitel gab Heuser im August 1939 wegen Gewichtsproblemen zurück. Als Heuser am 2. Juli 1939 gegen Max Schmeling boxen sollte, setzten sich die deutschen Boxfunktionäre erfolgreich dafür ein, dass dies ein Titelkampf würde. Schmeling war – wider die Statuten – offizieller Herausforderer geworden. Ein Europameister Schmeling, so versuchte die „Boxsport" das Renommee des Ex-Weltmeisters und Louis-Bezwingers für ihre Zwecke zu nutzen, könnte „der IBU nur höchst angenehm sein." Schmeling gewann vor 70.000 Zuschauern in der Stuttgarter Adolf-Hitler-Kampfbahn, dem heutigen Gottlieb-Daimler-Stadion, durch K.o. in der ersten Runde. Schmeling selbst wertete diesen Europameistertitel nur als „Station auf dem Weg nach New York", wie er in seinen „Erinnerungen" schreibt. Eine weitere Station gab es allerdings nicht.

Der letzte Versuch der Nazi-Boxfunktionäre, diesmal im Verbund mit dem faschistischen Italien, die Boxweltherrschaft zu erringen, war gleichzeitig der lächerlichste. Mitte Juni 1942 traten auf einer Tagung in Rom folgende Länder aus der IBU aus: Deutschland, Belgien, Dänemark, Spanien, Ungarn, Kroatien, Italien, Niederlande, Portugal, Schweiz und Norwegen. Die aufgelisteten Länder – mit Ausnahme der Schweiz allesamt entweder faschistische oder besetzte Staaten – traten in die neugegründete APPE ein, die „Associatione Pugilistico Professionalisti Europei". Erster Präsident der APPE wurde Bruno Mussolini, Sohn des italienischen Diktators. Spätestens mit Ausrufung der machtlos bleibenden APPE waren die Versuche Nazi-Deutschlands, Boxgroßmacht zu werden, gescheitert.

Durch die Siege im Boxring – so hatte das ursprüngliche Kalkül gelautet – sollte mehr als bloß die von den Nazis behauptete arische Überlegenheit bewiesen werden. Indem das politisch, wirtschaftlich und kulturell so bedeutende Spektakel Berufsboxen international von Deutschland dominiert worden wäre, hätte sich eine Überlegenheit der deutschen Kultur gezeigt.

Um die Attraktivität des nationalen Boxens zu steigern, wurde weiter herumexperimentiert: Im Herbst 1937 war der VDF aufgelöst worden, der aus Sicht der Machthaber noch zu sehr Interessenvertretung war. Um „gegen Auswüchse" vorzugehen, wie es in der Begründung hieß, übernahm ein am 30. November 1937 gegründeter Berufsverband Deutscher Faustkämpfer (BDF) die Funktion des alten VDF.

In dieser Zeit wurde in beinah jeder deutschen Stadt regelmäßig geboxt: In Berlin gab es mehrere ständige Ringe, im Eisstadion Friedrichshain wurde ein mit bis zu 6.000 Zuschauern gut besuchter neuer Ring installiert, in Nürnberg gab es den „Frankenring", in Stuttgart den „Schwabenring" und im Zuge der „boxsportlichen Erschließung Ostpreußens" („Boxsport") wurde 1938 in Königsberg der „Ostpreußenring" ausgerufen. 1939 konnte die „Boxsport" einen „Aufschwung durch Anschluss der Ostmark", also Österreich, konstatieren. Im BDF, vormals VDF, war die sukzessive Abnahme der Zahl aktiver Boxer gestoppt worden: 1933 hatte es in Deutschland noch 144 aktive Boxer mit Lizenz gegeben, die Zahl ging Jahr für Jahr zurück, bis es 1937 nur noch 92 waren. 1938 aber, mit dem „Anschluss der Ostmark", wurden es 129, 1939 gar 133 und erst 1940 sank die Zahl kriegsbedingt auf 113.

Weil die Stars auf der internationalen Bühne nicht landen konnten, reihten sie sich wieder in der deutschen Boxszene ein. Nach dem Gewinn der Europameisterschaft 1939 sollte Max Schmeling seinen Titel gegen den neuen Deutschen Meister Walter Neusel verteidigen – den Titel hatte sich Neusel am 11. November 1938 von Arno Kölblin durch einen Punktsieg geholt. Als Termin war der 1. Oktober 1939 ausersehen, als Ort die Dortmunder Kampfbahn Rote Erde.

Die „Boxsport" freute sich, dass es „nach 11 Jahren wieder erneut einen Kampf um die deutsche Schwergewichtsmeisterschaft gibt, an der die tatsächlich qualifiziertesten Bewerber beteiligt sind". Interessant ist, dass sie den EM-Titel, um den es in dem Schmeling-Neusel-Kampf auch gehen sollte, schlicht unterschlug.

Wegen des am 1. September 1939 durch den Wehrmachtsüberfall auf Polen begonnenen Zweiten Weltkrieges wurde der Kampf zunächst auf Mai, dann auf September 1940 mit avisiertem Ort Westfalenhalle verschoben, letztlich aber ganz abgesagt.

Boxsport im Weltkrieg

Schmeling muss zur Wehrmacht

Außer bei den Fußballern wurden nur wenige deutsche Spitzensportler zur Wehrmacht eingezogen und wenn, waren sie meist eher für die Truppenbetreuung zuständig. Zu denen, die kämpfen mussten, gehörte Max Schmeling. Er kam zu den Fallschirmjägern und verletzte sich bei seinem ersten Sprung über Kreta, so dass er den Rest seiner Militärzeit im Lazarett verbrachte. Dass mit Schmeling der damals populärste deutsche Sportler eingezogen wurde, so vermuten viele, hatte seinen Grund darin,

Kampf um die deutsche Meisterschaft im Schwergewicht am 11. November 1938: Walter Neusel (rechts) besiegt Arno Kölblin nach Punkten.

dass Schmeling selbst, trotz vielfältiger Kontakte zu Hitler und Goebbels, nie Nazi wurde. Stets hielt er zu seinem jüdischen Manager Joe Jacobs, und im November 1938, nach den Pogromen der „Reichskristallnacht", versteckte er zwei junge Berliner Juden vor dem Zugriff der Nazis.

Während Schmeling bei der Wehrmacht war, boxten Walter Neusel und die anderen zunächst weiter. Neusel wurde 1943 eingezogen, erlitt aber bald eine Knieverletzung.

Am 11. November 1939 etwa boxten vor 15.000 Zuschauern in der Berliner Deutschland-Halle die Ex-Europa- und Ex-deutschen Meister Arno Kölblin und Heinz Lazek um das Herausforderungsrecht des deutschen Meisters Walter Neusel. Kölblin siegte, aber vor dem Titelkampf musste er noch gegen Paul Wallner antreten, gegen den er im Dezember 1939 verlor (technischer K.o. in der 9. Runde). Der Wuppertaler Wallner forderte im Januar 1940 Neusel und verlor nach Punkten.

Die ehemaligen deutschen Weltklasseboxer zogen sich immer mehr in deutsche Ringe zurück: Heuser, der Ex-IBU-Weltmeister, der 1939 noch als Europameister geführt wurde, bezwang nach der Niederlage gegen Neusel am 9. Februar 1942 in der Berliner Deutschlandhalle Heinz Lazek durch K.o., Ende Juni 1942 schlug Heuser vor 18.000 Zuschauern auf dem Hamburger Union-Sportplatz Walter Neusel nach Punkten, und im Rückkampf im September 1942 wurde Heuser von Neusel in der Deutschlandhalle geschlagen.

Jupp Besselmann verteidigte noch im Januar 1943 in Hamburg seinen Mittelgewichts-EM-Titel gegen den niederländischen Meister Luc van Dam erfolgreich nach Punkten – es war, wie die „Boxsport" beklagte, der „letzte Titel, den Deutschland hält".

Von solchen Ausnahmen abgesehen bestand deutsches Berufsboxen ab 1941 im wesentlichen aus Veranstaltungen für die Truppenbetreuung. So kamen im September 20.000 Zuschauer ins niederländische Vlissingen und 16.000 nach Amsterdam, um Boxer wie Gustav Eder zu sehen.

Die Promoter Max Machon, der frühere Schmeling-Trainer, und Ernst Zirzow, der frühere Trollmann-Manager, organisierten im Auftrag des Amtes für Truppenbetreuung im Propagandaministerium Kampfabende in Berlin, Hamburg, aber auch in Brüssel und Paris, bei denen u.a. Max Schmeling auftrat und Walter Neusel boxte. Auch Ex-Europameister Jupp Besselmann, der in der SS-Leibstandarte „Adolf Hitler" diente, trat in diesem Rahmen auf.

Ab dem Januar 1943 wurden die Kämpfe meist zugunsten des „Kriegs-Winterhilfswerks" veranstaltet, im Dezember 1943 feierte die „Boxsport" den „Wie-

Obwohl selbst keine Nazis, scheuten Max Schmeling und seine Gattin Anny Ondra nicht den Kontakt zu den NS-Größen.

derbeginn im Hamburger Punching-Ring", und im März 1944 kamen 10.000 Zuschauer in die „Jahrhunderthalle" in Breslau, um Kämpfe u.a. mit Adolf Heuser und dem Belgier Karel Sys, einem später in Brüssel verurteilten Kriegsverbrecher, zu sehen. Im Juli 1944 organisierte Walter Rothenburg in Hamburg einen Kampf zwischen Richard „Riedel" Vogt und Jean Kreitz, zu dem sich 20.000 Menschen einfanden.

Die gleiche Zuschauerzahl kam einen Monat zuvor, im Juni 1944, in die Dietrich-Eckart-Freilichtbühne (heutige Waldbühne) in Berlin, um Adolf Heuser boxen zu sehen.

Die letzte deutsche Meisterschaft vor Kriegsende war der Halbschwergewichtskampf, den Heinz Seidler aus Berlin am 3. September 1944 in der Dietrich-Eckart-Freilichtbühne gegen Riedel Vogt aus Hamburg nach Punkten gewann.

Die absehbare Niederlage der Wehrmacht und die Folgen des von Goebbels 1943 ausgerufenen „totalen Krieges" brachten auch das Profiboxen zum Erliegen. Die „Boxsport", die zuletzt als vierseitige Notausgabe herauskam, stellte am 20. September 1944 ihr Erscheinen ein.

1945 bis 1959

Peter Müller, „de Aap“ (rechts), in einem Kampf gegen Hans-Werner „Buttje“ Wohlers.

»Wat trennste uns, do Jeck?«

29. Juni 1957

Gustav Scholz gegen Peter Müller. Deutsche Meisterschaft im Mittelgewicht in Berlin, Sportpalast

In der Ecke des Titelverteidigers weiß man, was zu tun ist. „Fang nicht so schnell an! Geh nicht gleich auf K.o. aus!“ gibt Manager Jupp Thelen seinem Schützling und Schwiegersohn Peter Müller auf den Weg, als der erste Gong schlägt. „Der Scholz ist lungenkrank, dem geht nach sechs Runden die Luft aus!“, ruft Trainer Jupp Besselmann hinterher.

Erstaunlicherweise scheint sich Peter Müller an die Ratschläge zu halten. Er, der sonst seine nur 1,65 Meter und 70 Kilo kompromisslos nach vorne schiebt, um unablässig schlagend zu siegen oder unterzugehen, beginnt diesmal verhalten. Zwar marschiert er nach vorne, doch in diesem, seinem 107. Profikampf, bleibt die Deckung des 30jährigen Kölners kurz vor dem Kopf eng geschlossen.

Auch Gustav Scholz, der elegante Konterboxer aus Berlin, hat keine Lust auf einen frühen Schlagabtausch. Der fünfzehn Zentimeter größere und fünf Pfund schwerere Ex-Europameister im Weltergewicht weicht zurück. Elastisch wiegt er in der Hüfte, um den kurzen Stößen des Gegners zu entgehen. Nur ab und an nutzt er seine Reichweitenvorteile, um aus der Distanz eine lange Rechte an den Körper von Müller zu schlagen.

Nach dem Schlussgong der Auftaktrunde gibt es nur verhaltenen Beifall von den Rängen des mit 9.000 Zuschauern ausverkauften Berliner Sportpalastes. Die Zuschauer haben den Kampf des Jahres erhofft, den Showdown zwischen dem Kölner Original Müller, den alle nur „De Aap“ nennen, und dem smarten Schönling „Bubi“ Scholz. Prominenz ist da: Heinz Rühmann, Hildegard Knef, Nadja Tiller, O.E. Hasse und Hans Albers. Um die Einnahmen zu steigern, hat der Veranstalter eigens eine große Leinwand aufbauen lassen, auf die zwischen den einzelnen Kämpfen Werbefilme projiziert werden. RIAS und SFB übertragen live im Radio. Eine Ringschlacht zwischen zwei Publikumslieblingen will man erleben. Und nun sieht man ein verhaltenes, von Taktik geprägtes Gefecht.

In der Ecke des Herausforderers redet Trainer Lado Taubeneck beruhigend auf seinen Schützling ein. Scholz' Gesundheitszustand ist die Unbekannte im Spiel. Vor zwei Jahren war er durch eine offene Tuberkulose außer Gefecht gesetzt worden. Nach über einem Jahr begann er gegen den Rat der Ärzte wieder mit dem Training. Zwar hat er in den letzten Monaten bereits viermal siegreich gekämpft, doch jedesmal nur gegen besseres Fallobst aus Spanien und Italien. Der Titelkampf ist seine erste ernsthafte sportliche Aufgabe. Eigentlich müsste er bestrebt sein, den Kampf so schnell wie möglich zu beenden, um die kaum genesene Lunge zu schonen. Doch er ist kein Puncher. Deshalb hat er einen anderen Plan. Er will warten, bis das Temperament mit dem kleinen Kölner durchgeht, will ihn immer wieder mit Einzelschlägen reizen. Genau das aber erwartet man in Müllers Ecke, und man will es verhindern. „Der Scholz kann nur kontern. Irgendwann pfeift der aus dem letzten Loch, und dann legst du los!", beschwört Besselmann seinen Kämpfer.

Die zweite Runde. Wieder kommt Müller mit erhobener Deckung, wieder weicht Scholz zurück. Probeweise versucht es der Kölner mit einem kurzen Trommelfeuer. Fast alles geht auf die Deckung, aber der Berliner schlägt nur mit der Linken zurück. Obwohl man sich in Müllers Ecke heiser schreit, gibt der Titelverteidiger nach und nach seine Marschroute auf. Immer häufiger schlägt er, immer weniger schützt er sich. Und plötzlich, mitten in Müllers Vormarsch hinein, bleibt Scholz in der Ringmitte stehen. Er pendelt, er blockt mit den Schultern. Kurz vor dem Gong trifft er mit einer vierfachen Links-Kombination. Wütend und angeschlagen wankt Müller in seine Ecke zurück.

Die dritte Runde beginnt Müller mit wütenden Attacken, und keine Anweisung von Besselmann kann ihn mehr halten. Diesmal weicht Scholz nicht zurück. Im Gegenteil: Nach achtzig Sekunden erwischt er den Meister mit einem wuchtigen linken Konter direkt am Kinn. Müller torkelt in die Seile, taumelt zurück, und bevor er die Fäuste wieder oben hat, kracht dreimal die Linke von Scholz an sein Kinn. Bei acht ist der Kölner mit glasigen Augen wieder oben, doch der Kampf ist im Grunde schon vorbei. Noch eine Linke ans Kinn, ein rechter Haken hinterher. Müller fällt auf den Rücken und schlägt fast einen Purzelbaum. Erst nach zwei Minuten steht er wieder auf den Beinen.

Als Peter Müller den Ring verlässt, weint er. Trotzdem hält er an, als er am Platz von Scholz' Ehefrau Helga vorbeigeführt wird. „Ich jratuliere Sie, Sie han ne jute Mann. Ich hann dat jleich jewusst."

Der schöne Bubi, die armen Zonenboxer und vergebliche Reisen nach Amerika: Boxen im Wirtschaftswunderland

Neubeginn mit Generationenwechsel

Wilhelm Pieck war von 1946 an Vorsitzender der SED, doch bevor er zusammen mit seinen Kollegen im Herbst 1949 die DDR gründen konnte, wollte er noch mal etwas erleben. Einen Profiboxkampf zum Beispiel, und so ging er im Spätsommer 1949 in die Westberliner Waldbühne, wo Conny Rux und Dietrich Hucks gegeneinander boxten. Der Berliner Rux, erst 24 Jahre alt, doch von der „Boxsport“ schon als „neuer Breitensträter“ gefeiert, gewann über den sechs Jahre älteren Hucks aus Moers, genannt der „Hufschmied vom Rhein“. Beide, Hucks wie Rux, waren erst 1946 Profis geworden, beide blickten auf keine nennenswerte Amateurerfahrung zurück, und beide repräsentierten das neue deutsche Berufsboxen, das zumindest bis 1951/52 ein ost- und westdeutscher Sport war.

In einigen Städten hatten schon Ende 1945, also wenige Monate nach der Kapitulation Nazideutschlands und nach der Verhängung des Sportverbots durch die Alliierten, wieder Profiringe geöffnet. Die Premiere erfolgte am 23. September 1945 in Hamburg, das zur britischen Besatzungszone gehörte: Walter Neusel, in den Dreißigern größter nationaler Konkurrent von Max Schmeling und seit 1942 deutscher Schwergewichtsmeister, boxte unentschieden gegen Riedel Vogt aus Hamburg, bis 1944 deutscher Halbschwergewichtsmeister.

In Berlin genehmigte die sowjetische Militäradministration den Kampf zwischen Paul Wallner, schon 44 Jahre alter Schwergewichtler aus Wuppertal, und dem noch älteren Jakob Schönrath, übrigens amtierender Bezirksbürgermeister von Wilmersdorf. Wallner gewann am 3. November 1945 in der Neuköllner Hasenheide.

In Kiel übergaben die Briten einen beschlagnahmten Ring an den Promoter Herbert Aschbermer, der am 2. Dezember 1945 im Gewerkschaftshaus einen Kampfabend veranstaltete. Den Hauptkampf bestritt Herbert Nürnberg, 1939 noch Amateur-Europameister im Leichtgewicht.

Aus Geldsorgen traten außer Neusel auch die anderen alten Kämpfer noch mal in den Ring. Max Schmeling kämpfte ab 1947 wieder, Adolf Heuser schon im Dezember 1945. Sie taten dies aber nicht mit dem erhofften Erfolg: Der fällige Generationenwechsel vollzog sich vielmehr sehr schnell. Am 3. August 1946 musste der bereits 39jährige Walter Neusel in Hamburg gegen den 26jährigen Hein ten Hoff aus Oldenburg seinen deutschen Schwergewichtstitel verteidigen. Ten Hoff war 1942 noch Europameister der Amateure (da bei dieser in Danzig stattfindenden EM keine Kriegsgegner Deutschlands antreten durften, wurde sie vom internationalen Amateurverband AIBA annulliert) und erst nach dem Krieg Profi geworden. Neusel verlor nach Punkten. Etwas mehr als ein Jahr später, im Oktober 1947, kam es in Hamburg vor 35.000 Zuschauern zum Rematch. Der Kampf verlief dramatisch, ten Hoff musste in der dritten Runde zu Boden und wurde bis acht angezählt, aber letztlich gewann er doch in der siebten Runde durch K.o. Neusel hielt noch bis 1950 durch. „Es ist mein Geschäft, junge vielversprechende Schwergewichtler zu stoppen“, definierte er einmal seinen Beruf. Die „Boxsport“ meinte, nachdem er am 19. März 1950 gegen Conny Rux in der fünften Runde k.o. gegangen war, Neusel habe „einmal zu oft im Ring“ gestanden. Nach seiner aktiven Zeit war er kurze Zeit als Trainer von Dietrich Hucks tätig, zog sich aber noch 1950 vom Boxen zurück und zog nach Bayern um.

Pfiffe gegen Max Schmeling

Der bedeutendste der alten Garde, Max Schmeling, trat 1947 in Kassel vor 18.000 Zuschauern zu einem Schaukampf an: In vier Runden à zwei Minuten boxte er gegen Hans Kupsch (Heidelberg) und gegen Julius Schmidt (Mannheim). Das Publikum, das zwischen 11,60 und 31,60 Reichsmark gezahlt hatte, pfiff den Ex-Weltmeister aus. In seinen „Erinnerungen“ verschweigt Schmeling diesen Auftritt und berichtet stattdessen nur von seiner fast einjährigen Vorbereitung auf den Comeback-Kampf gegen Werner Vollmer aus Magdeburg in Frankfurt/Main am 28. September 1947, Schmelings 42. Geburtstag. 40.000 Menschen waren ins Waldstadion gekommen und zahlten, wenn sie keine regulären Karten für 5 bis 55 Reichsmark mehr erhielten, Schwarzmarktpreise bis zu 1.000 Reichsmark. Schmeling gewann den Kampf durch K.o. in der siebten Runde. Der Veranstalter, die Special Service Section Headquarter European Command, freute sich über eine Brutto-Einnahme von etwa einer Million Reichsmark.

Schmeling hatte schon sofort nach 1945 versucht, von seinem Ruhm als Boxer zu leben. Zunächst erfolglos. Zuerst besuchte er alliierte Kriegsgefangenenlager und schenkte den amerikanischen GIs Autogrammkarten. Das machte offenbar wenig Eindruck. Einer der Beschenkten, ein Sergeant namens Sam Nahan, wurde später so zitiert: „Als Schmeling weg war, nahmen wir die Fotos, die er uns gegeben hatte, und gingen damit unserer Pflicht an der Latrine nach." Später wollte Schmeling zusammen mit Axel Springer und John Jahr einen Verlag gründen, was die britische Militärregierung aber untersagte. Für drei Monate musste Schmeling sogar ins Gefängnis und zusätzlich eine Geldstrafe von 10.000 Mark bezahlen. Er hatte, wie er es selber darstellt, beim Hausbau „irgendeine Teilgenehmigung einzuholen versäumt".

Schmeling plagten große Zukunftsängste. Er sah letztlich im Box-Comeback die einzige Chance, wieder an den Erfolg und den Reichtum früherer Jahre anzuknüpfen. Nachdem er aber am 31. Oktober 1948 in Berlin gegen Riedel Vogt nach Punkten verloren hatte, erklärte er noch vor der Urteilsverkündung seinen Rücktritt vom Boxen. „Ich hatte davon geträumt, meine Laufbahn glanzvoll beschließen zu können", heißt es in Schmelings „Erinnerungen", „die Umstände hatten es mir verwehrt. Aber das Boxen hatte mir noch einmal die Startmöglichkeit in eine neue Existenz verschafft. Für meinen letzten Kampf, kurz nach der Währungsreform, hatte ich 40.000 DM erhalten."

Die anderen Älteren trafen es nicht so gut. Adolf Heuser, der Bonner, der 1938 den wertlosen IBU-Weltmeistertitel gewonnen hatte, boxte weiter. Einmal, 1948, ging er gegen Walter Kaduk, einen Sparringspartner von ten Hoff, k.o. und erntete in der „Boxsport" nur Mitleid: „Adolf Heuser – eine Tragödie" lautete eine Überschrift. Kurze Zeit später wurde Heuser nervenkrank, und seine Familie geriet in materielle Not. Viele Ex-Kollegen, darunter Schmeling, organisierten eine „Heuser-Aktion", auch ein Benefizboxen war geplant. Richtig gesund wurde er nicht mehr. Jahrzehntelang laborierte er an seiner Erkrankung, bis er 1988 in Bonn starb.

Auch der Hamburger Halbschwergewichtler Riedel Vogt und der Kölner Mittelgewichtler Jupp Besselmann boxten noch lange weiter. Während Vogt sich noch 1946 und 1950 den Deutschen Meistertitel zurückholen konnte und bis 1952 aktiv war, verlor Besselmann, von 1942 bis 45 immerhin Europameister, im Jahr 1949 gegen einen anderen Vertreter des Nachkriegsboxens – Peter Müller aus Köln. Besselmann musste vorher aber fast zwei Jahre Zwangspause machen: Er war als amtierender Meister aus dem BDB ausgeschlossen worden, weil er der Waffen-SS Leibstandarte „Adolf Hitler" angehört hatte.

Besselmann wurde Trainer von Müller, später auch von dem Schwergewichtler Heinz Neuhaus, der 1952 Europameister werden sollte. Besselmann starb 1983 in Köln.

Ende 1947 hieß es in der ein Jahr zuvor wiedergegründeten „Boxsport": „Weg frei dem Berufsboxsport! Nach langem, zeitbedingtem Stillstand im Boxsport

Im Zuschauerboom der Nachkriegszeit fanden zahlreiche Freiluft-Veranstaltungen statt, hier in der Berliner Waldbühne.

und der damit bedingten Überalterung vieler Aktiver dürfte es selbst dem Laien einleuchten, dass dem Berufsboxsport frisches Blut zugeführt werden muß.“

Ab 1947 entstanden in vielen Städten ständige Ringe: In Nürnberg gab es Kämpfe im Frankenring, in Köln in der Zentralsporthalle und im Williamsbau, in Hannover, in München, in der Augsburger Schlachthofhalle, in der Aachener Talbothalle, der Kieler Schlachthofhalle, in Hamburg wurde in der Altonaer Autobushalle und dem Planten-un-Blomen-Ring gekämpft, und in Berlin an vielen Orten. Allein in Hamburg gab es 1948 acht Boxveranstalter. Bundesweit waren 40 Promoter aktiv, sie veranstalteten 1948 laut „Spiegel“ 250 registrierte Kampftage mit 600 Boxern.

Zu einem Kampftag 1948 im Berliner Olympiastadion kamen 15.000 Zuschauer, obwohl die U-Bahn noch nicht wieder fuhr und obwohl bis auf die Nordkurve das gesamte Stadion nicht betreten werden durfte.

Schon für das Jahr 1946 lassen sich, wie der Boxjournalist Gerhard Reimann herausfand, über 200 Kampftage nachweisen; da es aber noch keine zentrale Lizenzierungsbehörde gab, waren es wahrscheinlich noch wesentlich mehr, die jedoch nicht registriert wurden. Zum Beispiel veranstaltete in Berlin im Juni 1946 die Zeitung „Vorwärts“ ein „Volkssportfest“, in dessen Rahmen Jean Kreitz, ein Schwergewichtler aus Aachen, und Hans-Joachim Drägestein aus Berlin unentschieden boxten. Weil es sein 50. Profikampf war, wurde Kreitz, 1940 Deutscher Meister der Profis im Halbschwergewicht, von einem der zwei Berliner SED-Vorsitzenden, Karl Litke, geehrt.

Hein ten Hoff: Der erste Nachkriegs-Europameister

Dominiert wurde die vielschichtige Berufsboxszene zunächst vom besten Schwergewichtler der frühen Nachkriegsjahre, Hein ten Hoff. Der 1,98 Meter lange Mann war 1946 schon in seinem achten Profikampf deutscher Meister geworden. Aber er war „zu wenig Schauspieler im Ring, um das Publikum, so wie es seinem Können entsprechen müsste, für sich zu gewinnen", wie die „Boxsport" 1948 analysierte.

Bevor ten Hoff versuchen konnte, in den USA eine große Karriere zu beginnen, lieferte er sich noch außerhalb des Boxrings mit der alten Generation ein anderes Gefecht. Sein Manager und Schwiegervater Emil Jung beschuldigte Max Schmeling, dessen Promoter Walter Englert und dessen Trainer und Manager Max Machon, diese hätten ten Hoff das Angebot gemacht, „sich für einen Scheinkampf herzugeben". Solche Angebote seien auch an die Schmeling-Gegner Hans-Joachim Drägestein (K.o.-Sieg Schmelings in der 8. Rd. am 2. Oktober 1948 in Kiel) und Riedel Vogt (Pkt.-Niederlage Schmelings nach der 10 Rd. am 31. Oktober 1948 in Berlin) gegangen. Des Weiteren hätte der Schmeling-Clan dem Hamburger Richard Grupe und dem Berliner Arno Kölblin Angebote gemacht, früh k.o. zu gehen.

Gefechte neben dem Ring

Ein Ehrengericht der Boxverbände kam zu dem Ergebnis, dass die Anschuldigungen keine Grundlage hätten, und entzog Jung die Manager-Lizenz. Ten Hoff trennte sich von Jung, managte sich zunächst selbst und relativierte die Anschuldigungen, sie hätten sich nur auf den Kieler Kampf zwischen Schmeling und Drägestein bezogen, da „habe ich nachher nur behauptet, dass es ein schwacher Kampf war und keine Linie drin war. Sonst hatte ich an dem Fight nichts auszusetzen gehabt." Jung nahm seine Anschuldigungen später ebenfalls zurück.

Dem Sportgericht, das Schmeling mit 4:1-Stimmen vom Bestechungsverdacht freigesprochen hatte, gehörten allerdings die angegriffenen Max Machon (Schmeling-Manager), Walter Englert (Schmeling-Promoter), Arno Kölblin (unmittelbar Beschuldigter), der Ringrichter Max Pippow und der Vertreter des Hamburger „Berufsverbandes für Boxen", Pompfert, an. Lediglich Pompfert stimmte für Jung.

Ten Hoffs Renommee war in Deutschland ramponiert, und auch seine Bemühungen, in den USA Fuß zu fassen, scheiterten. Im März 1949 zitierte die „Boxsport" einen namentlich nicht genannten US-Promoter: „Ihr Hein ten Hoff ist ein Unglücksrabe. Wissen Sie, was er jetzt gemacht hat? Er setzt in einer

Europameister im Schwergewicht, Promoter, Verbandspräsident: Hein ten Hoff.

deutschsprachigen Zeitung in New York eine Belohnung aus für jeden, der ihm pro-nazistische Handlungen nachweisen kann". Dabei gälte doch in den USA: „Wer sich verteidigt, klagt sich an." Ohne gutes Management und mit den Bedingungen des US-Marktes überhaupt nicht vertraut kehrte Hein ten Hoff, ohne auch nur einen Kampf bestritten zu haben, aus Amerika zurück.

Im September 1949 boxte er vor 45.000 Zuschauern in Düsseldorf noch ein Mal gegen Walter Neusel, es kam zu einem umstrittenen Unentschieden.

Gegen die deutschen Boxer – der BDB war noch nicht Mitglied der EBU – herrschte seinerzeit ein nicht ausgesprochener, aber faktischer Sport-Boykott. Deutsche Sportler durften – nur wenige Jahre nach Auschwitz – in kaum einer Sportart an internationalen Meisterschaften teilnehmen. Die deutschen Boxer behalfen sich, und Hein ten Hoff umging sein Startverbot im Ausland, indem er gute US-Boxer nach Deutschland einlud. So kam als erster im Jahr 1950 Jersey Joe Walcott, ein Schwergewichtler, der 1947 und 1948 zwei Mal Joe Louis herausgefordert und 1949, nach Louis' Titelrückgabe, gegen Ezzard Charles um den vakanten NBA-WM-Titel geboxt hatte. Später wurde Walcott auch Schwergewichts-Weltmeister.

Probleme entstanden dadurch, dass Walcotts Forderung nach vierzig Prozent der Bruttoeinnahme von den Deutschen als zu hoch angesehen wurden. Und auch Hoffs neuer Manager Heinz Schuble wurde vom Verband suspendiert – er war wegen Banknotenfälschung verurteilt worden. Die Schwierigkeiten drohten das Zustandekommen des Kampfes zu verhindern. Nat Fleischer, „The-Ring"-Herausgeber und einflussreichster Experte im internationalen Boxgeschäft, tippte zwar auf einen Sieg von ten Hoff, ging aber nicht von einer möglichen Weltkarriere des Deutschen aus, der in der Weltrangliste zu diesem Zeitpunkt auf Platz sieben geführt wurde.

Trotz Niederlage: »Ein Triumph für ten Hoff«

Am 28. Mai 1950 kam es in Mannheim vor 25.000 Zuschauern zu dem großen Kampf. Walcott gewann, und die „Boxsport" titelte: „Walcotts dünner Punktsieg ein Triumph für ten Hoff. Deutscher Meister das Opfer der E.B.U.-Wertung". Deutschland war zwar noch nicht wieder Mitglied im europäischen Verband, aber der Walcott-ten-Hoff-Fight hatte schon nach den Regeln der EBU stattgefunden, die besagten, dass der bessere Boxer in jeder Runde fünf Punkte erhielt (statt der amerikanischen Zwanzig-Punkte-Wertung).

Im Dezember 1950 kam ein noch prominenterer US-Boxer nach Deutschland: Sugar Ray Robinson schlug den Mittelgewichtler Hans Stretz in Frankfurt/Main durch K.o. in der fünften Runde.

Die „Boxsport" lobte Robinson für sein Kommen trotz des Sport-Boykotts: „Ihn interessieren die politischen Ressentiments überhaupt nicht. Weil sie auf dem Hintergrund des Zeitgeschehens ohnehin lächerlich sind".

Schon ab Mitte 1950 bemühte sich ten Hoff um eine Herausforderung des österreichischen Europameisters Joschi Weidinger, die ihm zunächst verwehrt wurde, weil Deutschland erst 1951 Mitglied der EBU wurde. Erst Mitte 1951 erhielt ten Hoff einen EM-Kampf, und da schlug er in der Berliner Waldbühne vor 25.000 Zuschauer den Weidinger-Bezwinger Jack Gardner aus Großbritannien in 15 Runden nach Punkten. Hein ten Hoff war somit der erste Nachkriegs-Europameister aus Deutschland. In diesem Sommer 1951, der den sportlichen Höhepunkt seiner Boxerkarriere brachte, erklärte sich auch der 1949 ungeschlagen zurückgetretene Weltmeister Joe Louis bereit, für 25.000 Dollar Gage in Berlin gegen Hein ten Hoff zu kämpfen; dazu kam es allerdings nie.

Schwieriger Neubeginn auf internationalem Parkett

Für den Umstand, dass ten Hoffs erfolgreicher EM-Kampf besser nicht in England stattfinden sollte, gab die „Boxsport" im Juni 1951 eine merkwürdige Erklärung: „Es gibt viele Juden, die am Boxgeschäft interessiert sind." Solche antisemitischen Spitzen gab es häufig, vor allem gegen die britischen Konkurrenten. So hieß es im März 1948, der englische Manager Jack Solomons habe dem Österreicher Weidinger einfach, damit der international boxen dürfe, „den Zionsstern auf die Kampfhose" genäht. Joe oder Joschi Weidinger trat nach 1945 auch oft unter dem Namen Jo Weidin an. Der erste deutsche Boxer konnte erst im Jahr 1957 in Großbritannien kämpfen.

Auch sonst lief die Rückkehr aufs internationale Parkett nicht glatt. Nach dem EM-Titel wollte ten Hoffs neuer Manager Fred Kirsch einen Kampf gegen den mittlerweile Weltmeister gewordenen Jersey Joe Walcott beschaffen. Kirsch strebte an, dass die EBU mit der NBA ein Abkommen schlösse, damit die Europameister in den USA als WM-Titelherausforderer behandelt würden.

Man bemühte sich weiter, gute US-Boxer nach Deutschland zu holen. Im Juni 1951 kam Sugar Ray Robinson wieder, er wurde vor 20.000 Zuschauern in Berlin gegen Gerhard Hecht wegen eines Nierenschlags disqualifiziert, eine Regel, die in den USA nicht existierte. Später wurde das Urteil in No Contest revidiert. Robinson, der ein halbes Jahr zuvor noch als ein Deutschland-freundlicher Athlet gelobt wurde, der den Sport-Boykott durchbrach und keine Ressentiments kenne, bekam andere Töne zu hören. „Robinsons Ungeschick, um es gelinde auszudrücken, wird zur Folge haben, dass man Ausländern gegenüber in Zukunft vorsichtiger und kritischer wird. Schließlich boxen sie für D-Mark und man kann verlangen, dass sie deutsche Bestimmungen beachten, selbst wenn amerikanische Regeln anders lauten", schimpfte die „Boxsport".

Zuschauerkrawalle gegen Sugar Ray Robinson

Eine Woche später – in den USA waren Berichte über deutsche Zuschauerkrawalle gegen Robinson bekannt geworden, u.a. waren Flaschen in den Ring geworfen worden – wurde sie noch deutlicher: „Dazu also sind die Walcott und Jones, die Marshall und Stribling in Deutschland aufgenommen worden wie die Fürsten, dazu haben sie in Luxushotels gewohnt, empfangen von den Senatoren, damit jetzt amerikanische Zeitungen berichten, der Rassenhass habe in Berlin neue Triumphe, der Nazismus fröhliche Urständ gefeiert." Das Fachblatt zog einen Vergleich zu Schmelings Niederlage 1938 gegen Joe Louis: „Auch damals hat keiner der Kritiker des Auslandes den Nierenschlag sehen wollen, der Max den Rest gab." Später wurde vermeldet, dass Robinson in New York empfangen wurde, „als ob er den Kalten Krieg mit der Sowjetunion gewonnen" habe.

Hein ten Hoffs Erfolgsstrecke währte nur kurz. Seinen EM-Titel verlor er schon in der ersten Titelverteidigung gegen den Belgier Karel Sys 1952 vor 16.000 Zuschauern in Brüssel. Nach dem Krieg wurde Sys übrigens von einem belgischen Gericht wegen Kollaboration mit den deutschen Besatzern zu einer Gefängnisstrafe verurteilt, der er sich zunächst durch Flucht nach Argentinien entzog. Sys wiederum verlor den Titel bald, im März 1952, an Heinz Neuhaus in dessen Heimatstadt Dortmund vor 20.000 Zuschauern in der Westfalenhalle. Trotz Kritik an diesem Sieg war Neuhaus Europameister und ten Hoff keine deutsche Schwergewichtshoffnung mehr.

Am 20. Juli 1952 kam es zum Neuhaus-ten-Hoff-Kampf vor 47.000 Besuchern im Dortmunder Stadion Rote Erde. Es wurde ein K.o.-Sieg Neuhaus' – „unfassbar für ten Hoff", wie die „Boxsport" schrieb: „Neuhaus 'kaufte' dem Hamburger zugleich seine ganzen Erfolge ab und die Möglichkeit, in Amerika eine Chance zu bekommen."

Neuhaus boxte in den Jahren 1952 und 1953 fleißig weiter: Am 20. November 1952 schlug er den Osnabrücker Wilson Kohlbrecher, im Februar 1953 besiegte er vor 15.000 Zuschauern in der Dortmunder Westfalenhalle den britischen Empiremeister Johnny Williams in der neunten Runde durch K.o., im März und im August 1953 schlug er vor 30.000 Zuschauern im Dortmunder Rote-Erde-Stadion erneut Karel Sys, und im November 1953 ging er in Dortmund in der vierten Runde gegen den Kubaner Nino Valdes K.o.

Hein ten Hoff aber war nach seinen EM-Niederlagen gegen Sys und Neuhaus im September 1952 wieder in die USA gegangen, ließ sich dort von der US-Promotervereinigung International Boxing Club (IBC) betreuen, die, kontrolliert von dem Mafia-Boss Frankie Carbo, im Spitzen-US-Boxen eine Monopolstellung innehatte.

Doch seinen ersten US-Kampf erhielt ten Hoff erst nach einem halben Jahr. Im März 1953 landete er einen Zwei-Runden-K.o.-Sieg über Lonny Clark. Gekommen waren nur 5.000 Zuschauer nach Salt Lake City, um den ersten Auftritt eines deutschen Boxers nach Max Schmeling in einem US-Ring zu sehen. Ten Hoff bekam zwar weitere Kämpfe, aber die Zuschauer blieben aus. Im April 1953 verfolgten 4.000 Zuschauer seinen K.o.-Sieg über Al Spaulding in Las Vegas, im August kamen nur 3.000 Zuschauer, um seinen Erst-Runden-K.o. über „Big" Bill Wilson zu sehen.

Obendrein hatte ten Hoff schon wieder Pech mit seinem Manager. Fred Kirsch, ein in Köln lebender US-Bürger, wurde von einigen Boxkommissionen boykottiert, weil er nicht Mitglied des US-Berufsverbandes war. Hinzu kam, dass Kirsch in Deutschland Mitte 1952 von einem US-Militärgericht wegen Devisen- und Passvergehen zu drei Monaten Gefängnisstrafe verurteilt worden war.

Es gelang Kirsch auch nicht, gute Gagen für seinen Schützling auszuhandeln. Für seinen Sieg über Wilson im August 1953 etwa erhielt ten Hoff nur dreißig Prozent der ohnehin geringen Einnahme von 4.280 Dollar und zusätzlich 1.500 Dollar Fernsehgelder.

Als ten Hoff nach etlichen K.o.-Siegen in der Provinz im Januar 1954 mit Dan Bucceroni in Milwaukee endlich gegen einen Ranglistenboxer kämpfen konnte – dieser belegte damals Platz vier –, verlor der Deutsche nach Punkten.

Mehr Wucht als Technik: Heinz Neuhaus, Konkurrent von ten Hoff in den fünfziger Jahren.

Ten Hoff hatte sich in den USA also vergeblich bemüht. Er ging nach Deutschland zurück und erlebte im August 1954 im ausverkauften Berliner Sportpalast noch ein Debakel – eine K.o.-Niederlage gegen Bill Gilliam (USA). „The Ring“ führte seinen Konkurrenten Neuhaus bald auf Platz sieben, dann auf Platz sechs der Rangliste, und bei dem Dortmunder gingen etliche Kampfangebote aus den USA ein. Er boxte aber lieber weiter in Europa, meistens zu Hause in Dortmund. Dort gelang ihm z.B. im September 1954 ein Punktsieg über den US-Ranglistenboxer Dan Bucceroni, den Mann, der ten Hoffs US-Gastspiel beendet hatte.

Im März 1955 schlug Neuhaus auch noch einmal ten Hoff – in Dortmund vor 17.000 Zuschauern -, und die Frage, wer der beste deutsche Schwergewichtler war, schien erstmal beantwortet, auch wenn dieser Fight kein EM- und kein DM-Kampf war. Auch international war die Frage übrigens beantwortet: Ingemar Johansson, der spätere Weltmeister, schlug ten Hoff am 23. August durch K.o. in der ersten Runde.

Neue Verbände und wirtschaftlicher Aufschwung

Die „Boxsport“ hatte 1950 eine „hereingebrochene Konjunktur“ festgestellt, die nur darunter leide, dass es noch zu wenig Veranstalter gebe. Gleichwohl fanden nun überall in Westdeutschland und auch im ostdeutschen Leipzig Profiboxveranstaltungen statt: Zu den großen Städten kamen 1949 noch Osnabrück, Freiburg und Stolberg hinzu. Und in Köln und Berlin wurden auch die Kleinringe wieder aktiviert. In Berlin gab es in der Columbiahalle am Flughafen Tempelhof einen Ring mit 1.600 Zuschauern, in Köln wurde ab Oktober 1953 wieder im Williamsbau regelmäßig gekämpft.

Die wirtschaftlichen Erfolge des Boxens reihten sich ein in das westdeutsche „Wirtschaftswunder“. Die Arbeitslosigkeit ging in den fünfziger Jahren kontinuierlich von 11,0 Prozent (1950) auf 1,3 Prozent (1960) zurück. Junge Männer wagten sich nicht mehr unbedingt in die unsichere Existenz eines Profiboxers, aber die, die es schon waren und ihren Beruf mit Erfolg betrieben, symbolisierten wie der Berliner Gustav „Bubi“ Scholz den Aufschwung der westdeutschen Republik.

Geordnet wurde das Boxgeschehen von neun schon recht früh gegründeten Organisationen, die sich überwiegend als Landesverbände, teils aber auch als deutschland- oder westzonenweite Verbände verstanden. Erst nach Gründung der BRD im Mai 1949 (aber vor Gründung der DDR im Oktober 1949) formierte sich ein deutschlandweiter Dachverband namens BDB. Seine Gründung war nötig geworden, damit sich Deutschland um Aufnahme in den europäischen Verband EBU, 1948 gegründeter Nachfolger der IBU aus den zwanziger und dreißiger Jahren, bemühen konnte. Die Aufnahme erfolgte aber erst im April 1951, was vor allem daran lag, dass Deutschland die Binnenvoraussetzungen nicht erfüllen konnte: Die EBU forderte beispielsweise, dass es eine „ideelle Führung" eines Verbandes geben musste. In dem jungen BDB waren hohe Funktionen aber von Max Machon und Walter Englert besetzt, beide als Manager und Promoter im Boxgeschäft tätig. Erst 1951 konnte mit dem Hamburger Reeder Walter Eckelmann ein BDB-Präsident gewonnen werden, der den EBU-Anforderungen entsprach. Schwer tat sich der BDB auch damit, den von der EBU u.a. geforderten Nachweis zu erbringen, „dass er von der Bundesregierung ermächtigt ist, a.) den Berufsboxsport zu vertreten, b.) die alleinige Ermächtigung besitzt". Die Regierungsanerkennung erhielt der BDB erst im April 1951, der neue Vizepräsident Eugen Wagner hatte sie besorgt.

Im Januar 1950 beschwerte sich die „Boxsport" noch, kein ausländischer Verband lade die deutschen Boxer ein, und kein ausländischer Boxer erhalte die Startgenehmigung für Deutschland. Zwei deutsche Boxer, Werner Wiegand und Leo Starosch, umgingen diese Art des Sport-Boykotts. Wiegand gab sich als Luxemburger aus, der gebürtige Essener Starosch als Österreicher. Andere verhandelten schon mal für die Zeit danach: Der Schwergewichtler Richard Grupe aus Hamburg, Vater des unter dem Namen „Prinz von Homburg" in den Sechzigern berühmt gewordenen Norbert Grupe, erhielt schon 1949 von einem britischen Promoter das Angebot, in einem Londoner Ring anzutreten, sobald der Sport-Boykott aufgehoben wäre. Und mit dem Schwergewichtler Hein ten Hoff, dem Halbschweren Conny Rux aus Berlin und Peter Müller aus Köln hatten gleich drei weitere deutsche Boxer realistische Optionen auf einen EM-Kampf.

Zäher Kampf um internationale Anerkennung

Kaum war Deutschland jedoch in der EBU, spuckte der BDB im Oktober 1951 wieder große Töne: „Ab sofort erhalten alle Ausländer, die einem Land angehören, das nicht Mitglied der EBU ist, Verbot, irgendeine Lizenztätigkeit in Deutschland auszuüben." Und im Berliner „Tagesspiegel" hieß es im Mai 1956: „Mit Recht erstrebt Deutschland, das relativ die meisten ausländischen Boxer beschäftigt, innerhalb der EBU eine gebührende Position."

Die internationale Anerkennung verlief allerdings zäh, und der BDB sah sich mit Kritik konfrontiert, ob er sich genügend darum kümmere, in die EBU aufgenommen zu werden. Fred Kirsch, der spätere ten Hoff-Manager, warf dem BDB vor, keine Anstrengungen unternommen zu haben: Daher entgingen einem Boxer wie ten Hoff 6.000 bis 7.000 Pfund Gage für Kämpfe. Ähnlich hoch wären die Gagen für Conny Rux, Peter Müller oder Heinz Neuhaus gewesen.

Die Inaktivität des BDB war darin begründet, dass die Machtfrage innerhalb der vielen deutschen Verbände nicht geklärt war und der BDB noch keinen, alle Interessen vereinigenden und ausgleichenden Dachverband darstellte.

Dem BDB wurde noch im März 1950 von der „Boxsport" vorgeworfen, dass er „nach dreivierteljährigem Bestehen bis heute noch nicht einmal ins Vereinsregister eingetragen" war. Der Grund für die Verzögerung war, dass hinter dem BDB noch keine aktiven und interessierten Promoter standen.

Meisterschaftsanerkennungen und verbindliche Absprachen über Regelwerke erfolgten zwischen den kleinen Verbänden. Deren mächtigster war der „Verband Westdeutscher Faustkämpfer" (VWF) mit Sitz in Köln, der sich für das Gebiet der Westzonen, bzw. der späteren Bundesrepublik zuständig erklärte. Sein Sportwart war Max Machon. In niedrigeren Gewichtsklassen, dem Bantamgewicht beispielsweise, konnten sich die Verbände zunächst auch nicht auf gemeinsame deutsche Meister einigen.

Eine Art „Boxergewerkschaft", die für mehr Sicherheit im Ring gekämpft oder auf andere Weise die Interessen der Boxer vertreten hätte, gab es trotz so klingender Verbandsnamen wie „Bund der deutschen Berufsboxer" oder „Verband der Faustkämpfer" (VDF) nicht. Der VDF, der sich 1933 als erster arisiert hatte, der aber 1937 von der Naziregierung aufgelöst worden war, gründete sich Anfang 1950 in Berlin wieder. Er löste den Berliner Landesverband „Kommission für den Berufsboxsport" (KBB) ab, der im Januar 1950 vom Magistrat der Stadt Berlin liquidiert wurde. Inmitten des Verbände-Durcheinanders der fünfziger Jahre sorgte der VDF, dessen 1. und 2. Vorsitzender Max Machon und Walter Englert wurden, immerhin dafür, dass etwas mehr für die Boxer getan wurde. „Alle Kleinringboxer können ab sofort auf Kosten des VDF täglich eine Stunde trainieren", beschloss der VDF beispielsweise Mitte der Fünfziger und mietete gleich drei private Sportschulen an, alle im Westteil Berlins gelegen.

Uneinheitlich war die Entwicklung im Regelwerk. So übernahmen die deutschen Verbände zwar schon 1948 eine Regeländerung aus den USA, wonach ein Ringrichter nach einem Niederschlag mindestens bis acht zählen muss, um den Sportler zu schonen. Nicht anfreunden konnte man sich jedoch im deutschen Boxsport mit der Idee, künftig bei den Profis nur noch mit Acht-Unzen-Handschuhen zu kämpfen. Erst 1953 wurden die bislang üblichen Fünf-Unzen- wenigstens durch Sechs-Unzen-Handschuhe ersetzt. Immerhin wurden andere Regeln eingeführt, die die Boxer schützen: Ab 1949 war ein Tiefschlagschutz vorgesehen, ab April 1951 wurden Meisterschaftskämpfe auf zwölf Runden begrenzt, 1954 wurde die Regel eingeführt, dass drei Niederschläge in einer Runde einen Kampfabbruch zur Folge haben. Außerdem verfügten die Verbände, dass auf einen Kopf-K.o. sechs Wochen Zwangspause folgen müssten, und ein Mal jährlich wurden die Boxer zur ärztlichen Untersuchung geschickt.

Von der Aufnahme in die EBU hatte sich das deutsche Berufsboxen viel erhofft: Das „Ende der Raubbau-Paarungen" verkündete die „Boxsport", denn junge Talente müssten nicht mehr gegeneinander kämpfen. Und von dem Erscheinen ausländischer Kämpfer in deutschen Ringen erhoffte sich das Fachblatt den „völligen Ausschluss der Mittelmäßigkeit, die sich bei uns breit gemacht hat und zur Bildung eines Boxerproletariats geführt hat."

Berlin als Box-Bastion

Schon bald gab es Grund zu Optimismus. Die „Boxsport" schrieb Anfang der Fünfziger: „Die deutschen Großringe entwickeln sich mehr und mehr zu dem notwendigen Gegenpol für die Londoner und Pariser Veranstaltungen". Gute Boxer untermauerten den von der „Boxsport" prognostizierten Berliner Status als „europäische Boxsport-Bastion": Neben dem Schwergewichtsboxer Hein ten Hoff und dem schon erwähnten Heinz Neuhaus waren das vor allem Talente wie Peter „de Aap" Müller, Gustav „Bubi" Scholz, Conny Rux, Willy Hoepner, Dietrich Hucks, Wilson Kohlbrecher, Hans Stretz, Gerhard Hecht und William Besmanoff.

Nicht alle Beobachter konnten in der Vielzahl talentierter Boxer eine Konjunktur des Berufsboxens erkennen. Arthur Bülow, der Schmeling-Entdecker, warnte 1953, in Deutschland gebe es zu wenig Hauptkämpfer. Gerade mal sechs Boxer könnten als Attraktion für ein Abendprogramm herhalten: „Neuhaus, ten Hoff, Hecht, Hoepner, Scholz, Stretz".

Bubi Scholz – Karriere als Wirtschaftswunder

In den nächsten Jahren sollte Gustav „Bubi" Scholz der erfolgreichste dieser Boxer werden. Angefangen hatte seine Karriere, als der Berliner Arbeiterjunge 1948 eine Boxlizenz erwerben wollte, sie erst im zweiten Anlauf erhielt, und sich dann systematisch hochboxte. 1949 trat er im Biergarten Prater in Berlin-Prenzlauer Berg an, wo ein Ring für Nachwuchsboxer existierte, den der Schmeling-Entdecker Artur Bülow organisierte. Schon früh bekam er Kontakt zu seinem späteren Manager Fritz Gretzschel, genannt „Chinesen-Fritz". Der betreute zu diesem Zeitpunkt

Bubi Scholz (links) zu Beginn seiner Karriere: 1949 im Berliner „Prater-Garten-Ring" gegen Heinz Hintze.

schon den Mittelgewichtler Hans Stretz aus Erlangen und veranstaltete als Promoter Großkampftage. Gretzschel ließ Scholz bei sich wohnen und baute den jungen Weltergewichtler vorsichtig auf. Dabei achtete er als erster deutscher Manager auf einen sauberen Kampfrekord: Scholz bekam nur sorgfältig ausgewählte leichte Gegner. Als er am 19. Mai 1951 gegen Walter Schneider aus Celle mit einem Zwölf-Runden-Punktsieg die Deutsche Meisterschaft gewann, hatte er bis zu diesem 30. Profikampf noch keinen Klassemann geboxt. Die mit Abstand meisten seiner Kämpfe hatte er im heimischen Berlin absolviert, wo er zum Lokalhelden aufgebaut wurde. Im September 1952 musste Scholz seinen Meistertitel wegen Gewichtsproblemen zur Verfügung stellen. Weil er fahrlässig einen Meisterschaftsvertrag unterzeichnete, bekam er vom Verband eine Strafe. 1954 absolvierte er seinen ersten und einzigen Kampf der Karriere in den USA: Er gewann nach Punkten im Madison Square Garden vor nur 3.000 Zuschauern gegen Al Andrews.

Bubi Scholz' einziger Auftritt in den USA: Punktsieg im Madison Square Garden gegen Al Andrews (links).

Zurück in Deutschland absolvierte Scholz noch Kämpfe gegen international kaum renommierte Gegner und sollte auf einen Kampf um die deutsche Mittelgewichtsmeisterschaft gegen Peter Müller vorbereitet werden.

Doch er erkrankte an Tuberkulose. Während der Boxpause, die zunächst als das Ende seiner Sportkarriere erschien, heiratete er Helga Druck, deren Eltern in Berlin einen Friseursalon besaßen. Nach zwei Jahren Sanatorium und vier Aufbaukämpfen gegen Spanier und Italiener forderte Scholz am 29. Juni 1957 von Peter Müller dann doch den Titel im Mittelgewicht. „Ich hau dem Bubi dat Filmjesech kapott", antwortete Müller, doch den oben geschilderten Kampf gewann der drei Jahre jüngere Scholz durch K.o. in der dritten Runde.

Wenig später boxte Scholz in Paris in einem Nicht-Titel-Kampf gegen den Europameister Charles Humez. Der besiegte ihn nach Punkten, aber das Urteil war so umstritten, dass Humez Scholz als Herausforderer akzeptierte. Am 4. Oktober 1958 vor 30.000 Zuschauern im Olympiastadion boxten die beiden um den

EM-Titel. Zu diesem Zeitpunkt war Bubi Scholz zusammen mit dem Fußballer Fritz Walter einer der populärsten Sportler Westdeutschlands. Er gewann den Kampf durch technischen K.o. in der zwölften Runde. Als er seinen Titel am 14. November 1959 erneut gegen Peter Müller verteidigen musste, schlug er den Kölner schon in der ersten Runde k.o.

Bubi Scholz, dessen Leben und Scheitern – am 22. Juli 1984 erschoss er seine Frau Helga – von dem Regisseur Roland Suso Richter 1998 mit Benno Fürmann und Götz George in der Hauptrolle verfilmt wurde, symbolisiert mehr noch als Peter Müller oder Hein ten Hoff den Aufstieg des Berufsboxens nach 1945.

Gerangel um Satzungen und Börsen

Im Jahr 1951 betrug die durchschnittliche Boxerbörse in Deutschland 50 Mark, während, so hieß es kritisch in der „Boxsport", Funktionäre 100 Mark für Spesen erhielten. Boxen war wieder populär, die Veranstaltungen gut besucht, aber die große Zahl der Berufsboxer und das Fehlen der großen Stars führte zu einem sinkenden Börsendurchschnitt.

Das war auch ein wichtiger Grund, warum in den fünfziger Jahren etliche Berufsboxer in das neu entstandene Catcher-Lager wechselten: Dort waren die Gagen höher. Da schreckte auch nicht der Umstand, dass ihnen die Verbandsstatuten die Rückkehr ins Profiboxen unmöglich machten. Wilson Kohlbrecher, Conny Rux, Riedel Vogt, Richard Grupe und Dietrich Hucks – alle wurden Catcher. 1957 wechselte auch Hans Stretz für die Gage von 100.000 Mark zu den Catchern – wegen einer Augenverletzung hatte er seine Boxlaufbahn beenden müssen. Der Hamburger Grupe trat unter anderem mit dem italienischen Ex-Schwergewichts-Weltmeister Primo Carnera in der gleichen Catcher-Truppe auf. Später, 1959, stieß übrigens auch der Franzose Charles Humez, der seinen Mittelgewichts-EM-Titel an Bubi Scholz verloren hatte, dazu. Als er wegen K.o.-Schlagens eines Ringrichters zunächst lebenslang gesperrt worden war, tat es ihm auch der Kölner Peter Müller gleich und trat in Berlin auf.

Die Abwanderungsbewegung nahm einen solchen Umfang an, dass der BDB im April 1953 nicht umhin konnte, seine Regeln dergestalt zu ändern, dass Ex-Catcher doch wieder eine Profiboxlizenz erwerben durften. Beibehalten wurde allerdings das Rückkehr-Verbot für Rummelplatzboxer. Während es in England durchaus üblich war, dass Profis zu Schaukämpfen über die Jahrmärkte tingelten, wurden in Deutschland alle Rummelboxer lebenslang gesperrt. Ihre Namen sind allerdings heute kein Begriff mehr: Baumann, Kleinbauer, Cernuta, Franz und Quix hießen Lizenzträger, die auf diese Weise aus dem Boxgeschäft verschwanden.

Gäste am Ring: Hildegard Knef und Hardy Krüger

Trotz solcher Imageprobleme zeigten sich Nachkriegsstars wie Hardy Krüger, Caterina Valente, Gustaf Gründgens, Hildegard Knef oder O.E. Hasse gerne am Boxring, und auch der Frankfurter Soziologe Max Horkheimer entschuldigte sich 1952 für das Nicht-Erscheinen bei einem Abendessen: „Wir haben uns einen Boxkampf angesehen. Sehr zu empfehlen. Das beste Mittel gegen Aggressionen."

Der BDB war Anfang der Fünfziger weiterhin ein Dachverband ohne Einfluss. Sein Vorsitzender war ab April 1953 der Gastronom Hans Laufersweiler, der zweite Vorsitzende blieb Arno Kölblin. Derweil wurde der ursprünglich als Berliner Landesverband gegründete VDF immer mächtiger; die anderen Verbände, vielleicht mit Ausnahme des in Köln sitzenden Verbandes Westdeutscher Faustkämpfer (VWF), blieben demgegenüber bedeutungslos. Ein Arrangement der zwei Großverbände lautete: Der BDB vergibt und überwacht die Meisterschaften, der VDF lizenziert Boxer und Kampftage.

Diese Koexistenz endete erst am 27. Februar 1957, als der BDB sich „als loser Dachverband" auflöste und als „straff organisierter Einheitsverband" neu gründete. Gleichzeitig wurde die Auflösung und Liquidierung des VDF verlangt. Das Erfordernis in der nunmehr stabilen westdeutschen Bundesrepublik einschließlich Westberlins, einen einheitlichen Dachverband zu besitzen, wurde von Präsident Laufersweiler mit dem Ziel verknüpft, die lästige Gegenmacht VDF loszuwerden.

Der VDF Berlin beschloss aber am 22. Januar 1958, sich nicht zu liquidieren, da der BDB-Beschluss undemokratisch sei. Der „Tagesspiegel" lobte den „Boxeraufstand von Berlin", der auch von etlichen aktiven und ehemaligen Profis unterstützt wurde: Gustav Eder, Hans Breitensträter und der Trainer Bruno Müller. Im März 1958 stieß auch Bubi Scholz zu den VDF-Unterstützern. Hinter dem VDF-Aufstand, der bald eskalierte – der VDF ließ sein Mobiliar aus der Geschäftsstelle des BDB abholen –, standen allerdings vor allem Promoter wie Max Machon, Walter Englert und Fritz Gretzschel. Neben dem VDF hatten Machon und Gretzschel auch im VWF gegen den BDB gewirkt. Die „Boxsport", als Amtsblatt des BDB in dieser Frage parteiisch, kritisierte, der VWF arbeite „wie ein Konzern".

Vor allem Fritz Gretzschel kämpfte weiter gegen den BDB und für den VDF Berlin. Er reichte Klage gegen Satzung und Regelwerk des BDB ein, wo es u.a. hieß: „Kämpfe zwischen zwei Ausländern in deutschen Ringen sind grundsätzlich verboten.“ Und: „Bei jeder deutschen Berufsboxveranstaltung dürfen nicht mehr als höchstens drei Ausländer auf der Karte stehen.“

Der BDB wollte im Gegenzug dem Gretzschel-Schützling Bubi Scholz den Mittelgewichtsmeistertitel aberkennen. Es kam im Juli 1958 zu einem gerichtlichen Vergleich: Scholz blieb deutscher Meister, die Satzung blieb weiter in Kraft.

Gretzschel, der Bubi Scholz und seit 1957 auch Peter Müller betreute, wollte im Februar oder März 1958 Sugar Ray Robinson zu einem Titelkampf gegen den Weltmeister Carmen Basilio nach Berlin holen, obwohl ein solcher Fight nicht den BDB-Statuten entsprochen hätte. Gretzschel bot Robinson 25.000 Dollar Gage an oder 40 Prozent der Einnahmen. Robinson sagte aber ab und holte sich seinen Titel lieber in Chicago zurück.

Im September 1958 wurde das Gerücht kolportiert, die Promotervereinigung International Boxing Club (IBC) habe Gretzschel angeboten, mit all seinen Boxern in die USA zu wechseln. Der IBC stand in den USA gerade unter großem Druck, weil mit Floyd Patterson zum ersten Mal seit Joe Louis ein nicht von ihr kontrollierter Fighter den Schwergewichts-Titel hielt und weil sich gleichzeitig Gerichte und staatliche Untersuchungskommissionen mit den Mafia-Verbindungen des IBC befassten.

Gleichfalls im September 1958 berichtete Arno Kölblin, mittlerweile im Westen als Proficoach lebender Ex-Amateur-Cheftrainer der DDR und gleichzeitig Sportwart des BDB, Fritz Gretzschel habe ihn angesprochen, er solle veranlassen, dass BDB-Präsident Hans Laufersweiler am Grenzübergang Marienborn von DDR-Organen verhaftet werde. Laufersweiler verklagte Gretzschel, der wiederum verklagte Kölblin.

Neben internen Auseinandersetzungen bekamen die Boxer auch Druck von außen: Der Kölner Sportmediziner Ernst Jokl forderte die Abschaffung des Boxens, unter anderem mit der Begründung, dieser Sport sei ein „Anziehungspunkt für Psychopathen“. Damit erntete er wochenlang harsche Kritik im Fachblatt „Boxsport“.

Unterstützung erhielt Jokl ausgerechnet von Ludwig Haymann, deutscher Schwergewichtsmeister von 1928 bis 1930 und von 1932 an Sportchef der NSDAP-Zeitung „Völkischer Beobachter“. Haymann meldete sich unter der Überschrift „Mordende Fäuste“ in der „Münchener Illustrierten“ zu Wort.

Ein Leserbriefautor im „Boxsport“ sah die „Stunde der Gefahr“ für das Berufsboxen angebrochen, zur gleichen Zeit wurde aus Belgien eine Parlamentsinitiative bekannt, die das Boxen verbieten lassen wollte.

Wenn sich das Berufsboxen nicht gerade vom Strahlemann Bubi Scholz repräsentieren ließ, bekam es im Muff der Adenauer-Republik Legitimationsprobleme. Berufsboxen galt wieder als Hort der Unterwelt und des Rotlichtmilieus. Während sich die Gesellschaft an den neuen Errungenschaften wie Fernseher für die Familie oder dem ersten Auslandsurlaub im ersten Auto erfreute, Wohlstand ansetzte und 1955 die BRD mit Italien das erste Anwerbeabkommen für ausländische Arbeitskräfte schloss, traten die vom Boxen repräsentierten Werte in den Hintergrund.

Peter Müller – ewiger Herausforderer

Kritik am Boxen entzündete sich auch entlang der Person des Kölner Welter- und späteren Mittelgewichtlers Peter Müller, der wegen seiner starken Brustbehaarung „de Aap", der Affe, gerufen wurde.

Müller, vom „Spiegel" seinerzeit als Sohn einer „asozialen Familie mit Zigeunereinschlag" bezeichnet – er entstammte einer kinderreichen Arbeiterfamilie aus der Eifel und besuchte in Mayen die Klosterschule –, war 1947 wegen Diebstahls vorbestraft worden, womit er die Aufnahmebedingungen in den BDB nicht erfüllte. Gönner im Verband räumten ihm aber eine Bewährungschance ein, und er konnte am 15. Mai 1947 in Hamburg sein Debüt geben: K.o.-Sieg in der zweiten Runde. Vor allem im Rheinland war de Aap ein populärer Boxer. Im „Boxsport" hieß es schon 1947: „Wenn in Köln der Weltergewichtler Peter Müller boxt, braucht sich der Veranstalter um den finanziellen Erfolg keine Sorgen zu machen." Müller boxte sich hoch, viel beachtet wurde ein Sieg 1951 über den Franzosen Kid Marcel, und eine Weile schien es, als sollte sogar ein Kampf gegen den legendären Weltmeister Sugar Ray Robinson aus den USA stattfinden.

Im April 1952 wurde Müller in einem Kampf um die Deutsche Mittelgewichtsmeisterschaft gegen Hans Stretz aus Erlangen disqualifiziert, als er, jedenfalls nach Ansicht des Ringrichters Max Pippow, noch auf den fallenden Stretz schlug.

Es wurde ein Rückkampf für den 7. Juni 1952 im Kölner Eisstadion anberaumt. Stretz boxte defensiv, Müller, der „auffallend beherrscht" („Boxsport") kämpfte, versuchte immer, die Deckung durch den Infight zu knacken, aber der erneut nominierte Ringrichter Pippow ging stets dazwischen. Stretz hielt einmal länger mit einer Hand, als dann Müller auch hielt, trennte Pippow und verwarnte nur Müller. „Wat trennste uns dann dauernd, do Jeck?" fragte Müller in der achten Runde, Pippow verwarnte ihn daraufhin wegen Sprechens im Ring und fügte hinzu: „Du alter Zigeuner, halt den Mund!"

»Ich han de Pippow usjenockt«

Müller reagierte sofort: Er schlug Pippow mit einem Haken k.o. Noch am gleichen Abend sperrte ihn der BDB-Delegierte Carl Offermann lebenslänglich. Das Publikum im Eisstadion aber feierte Müller. Der erklärte: „Ich han rut jesinn, eetz han ich de Pippow usjenockt, un dann hann ich dä Stretz bearbeid." („Mir wurde recht rot vor Augen, dann verpasste ich zunächst dem Ringrichter, Herrn Pippow, einen K.o., sodann schickte ich mich an, meinen Kontrahenten Stretz zu bearbeiten.") Sein Gegner Stretz war aus dem Ring geflohen, Müllers Trainer Jupp Besselmann versuchte vergeblich, seinen Schützling wieder einzufangen, und jemand aus Stretz' Ecke wurde von Müller kopfüber aus dem Ring geworfen.

Müllers Tat brachte das Berufsboxen wieder in die Schlagzeilen: In einer Essener Schule hängte ein Rektor die Mitteilung aus, dass es seinen Schülern untersagt sei, zu boxen, sonst kämen sie auf die Hilfsschule wie Peter Müller.

„Boxsport"-Chefredakteur Joe Biewer hingegen verwahrte sich energisch gegen solche Vorwürfe, wonach Müllers Verhalten nur zu verstehen sei, weil er „Hilfsschüler und Fürsorgezögling" war. Vielmehr habe schon die Pippow-Nominierung beim Verband Fingerspitzengefühl vermissen lassen; schließlich sei der Ringrichter schuld an der Disqualifikation im Hinkampf gewesen. Auch die in der DDR erscheinende Zeitschrift „Der illustrierte Boxring" stellte sich an die Seite Müllers: Es wäre angebracht gewesen, „einen anderen Ringrichter als ausgerechnet Pippow zu nehmen." Der Vorstand des Vereins Deutsche Sportpresse hingegen empfahl seinen Mitgliedern, nicht mehr über Kämpfe Müllers zu berichten.

Im Juni 1953 sollte Müller auch als Rummelplatzboxer in Köln auftreten, doch als er realistische Aussichten hatte, dass er doch wieder eine Profiboxlizenz erhält, ließ er davon ab. Im August 1953 erhielt er zunächst eine Notlizenz, doch dann hatte er wieder Pech: Am 15. Februar wurde Peter Müller wegen Widerstands gegen die Staatsgewalt zu einer Geldstrafe in Höhe von 50 Mark verurteilt. Auf „Pützchens Markt", einer Großkirmes bei Bonn, hatte er sich 1953 eine Rangelei mit einem Polizisten geliefert.

Der BDB entzog ihm nun endgültig die Lizenz, doch Müller klagte gegen das Berufsverbot. Vor dem Landgericht Berlin gewann er seinen Prozess: Der Lizenzentzug war ungültig, der BDB schadensersatzpflichtig. Ab August 1954 durfte Müller wieder unter Auflagen boxen, die volle Lizenz erhielt er am 1. Januar 1955.

Müller ging in die USA. Schon bei seinem dritten Kampf war er Hauptkämpfer und boxte vor 14.000 Zuschauern in Boston. Gegen die späteren Weltmeister Gene Fullmer und Carmen Basilio verlor er, doch über Tiger Jones siegte er genauso wie über Joe Miceli.

Immer für Schlagzeilen gut: Peter Müller, „de Aap".

De Aaps mangelnde Englisch-Kenntnisse machten aber seine Pläne für eine Weltkarriere zunichte: James Dougan Norris, der Präsident der mafiosen Promotervereinigung IBC, hatte Müller das Angebot unterbreitet, gegen den amtierenden Weltmeister Carl „Bobo" Olson zu boxen, und ihm gleichzeitig den Rat gegeben, vor diesem Kampf nicht mehr in den Ring zu steigen. Müllers Manager und Schwiegervater Jupp Thelen, der ihn in den USA begleitete, musste aber die USA wegen geschäftlicher Verpflichtungen in seinem Kölner Obst- und Gemüsehandel verlassen. Ihn vertrat ein PR-Manager namens Freddy Sommer, der Müller ein in englischer Sprache verfasstes Telegramm Thelens zeigte und behauptete, dieser stimme einem Kampf gegen den Klasseboxer Joey Giardello zu, einem späteren Weltmeister. In Wahrheit aber gab Thelen bloß sein Einverständnis, dass Müller vor seinem WM-Kampf gegen Olson noch einmal in den Ring steigen könne, nämlich gegen einen als Fallobst geltenden Mann namens Wallace. Ohne das Telegramm zu verstehen und ohne Rücksprache mit seinem Manager halten zu können, obendrein durch eine Fußverletzung gehandicapt, stimmte Müller im März 1955 dem Giardello-Fight zu. Vor 10.000 Zuschauern in Milwaukee ging er k.o.

Müllers Option auf einen WM-Kampf war vorbei, da ließ er seinem Heimweh freien Lauf: Er ließ sich zum Flughafen in New York bringen, stellte sich dort einem Angestellten als „de Aap us Kölle“ vor. „Dä kannt mich. Ich wor jo in Amerika so berühmt wie dä Max Schmeling.“ Als blinder Passagier kehrte Müller nach Europa heim. Zwischendurch hatte er von seiner US-Tournee eine Ansichtskarte an Bundeskanzler Adenauer geschickt.

Müllers WM-Pläne waren gescheitert, obwohl er nach Einschätzung des „Ring“-Herausgebers Nat Fleischer sehr wohl das Zeug dazu gehabt hätte. Müller reüssierte auch in den USA als Showman, z.B. hatte er als Sänger einen Auftritt mit dem Jazz-Musiker Nat King Cole.

»De Aap« fällt aus dem Ring

Zurück in Deutschland boxte Müller am 16. September 1956 in der Dortmunder Westfalenhalle in einem Nicht-Titelkampf gegen den französischen Mittelgewichts-Europameister Charles Humez. Der traf Müller in der dritten Runde an der Halsschlagader, „de Aap“ fiel durch die Seile aus dem Ring. K.o. Humez hatte im Jahr zuvor, im Januar 1955, schon Hans Stretz in neun Runden k.o. geschlagen.

Müller orientierte sich noch einen Level niedriger und holte sich im November 1956 gegen Günther Hase im Berliner Sportpalast vor 5.000 Zuschauern die Deutsche Meisterschaft im Mittelgewicht. Nie gewann Müller einen internationalen Titel, aber fünfmal wurde er deutscher Meister, bis er in Bubi Scholz 1957 einen überlegenen Gegner fand.

»Eine aktive Bilanz«

Sportlich sorgten freilich auch die anderen Boxer für den Aufschwung der deutschen Boxszene. „Im ganzen gesehen“, bilanzierte die „Boxsport“ im Oktober 1956, „muss in Bezug auf die Erfolge von Hein ten Hoff, Peter Müller, Hans Stretz, Gustav Scholz, Hans Friedrich und Franz Szüzina in den USA von einer aktiven Bilanz gesprochen werden.“ Auch in Südamerika, meist Argentinien, erhielten deutsche Boxer wichtige Kämpfe.

Die deutsche Domäne waren das Mittel- und das Halbschwergewicht. Hier boxte außer Scholz und Müller noch Max Resch, ein großes Talent aus Stuttgart. Er kassierte im März 1956 in Hamburg eine schwere K.o.-Niederlage gegen den englischen Halbschweren Alex Buxton, an der er zerbrach. Im Mai 1958 forderte er in Dortmund noch einmal Bubi Scholz um den Mittelgewichtstitel, aber dieser Versuch endete mit Scholz’ K.o.-Sieg in der vierten Runde.

Rivalen im Kampf um den deutschen Schwergewichtstitel: Heinz Neuhaus (rechts) und Gerhard Hecht, hier nach dem Revanchekampf 1956.

Scholz, Müller, ten Hoff, Neuhaus, Hecht und später Halbschwergewichtler Erich Schöppner aus Witten dominierten die fünfziger Jahre. Insbesondere das große Talent Schöppner konnte trotz seiner großen Erfolge nie die Aufmerksamkeit erregen, die Bubi Scholz auf sich zog.

Aber auch andere Boxer sind zu nennen: Hans Stretz aus Erlangen etwa war ein großer Mittelgewichtler. Er erreichte im Januar 1956 im ausverkauften Berliner Sportpalast ein Unentschieden gegen den Mittelgewichts-Europameister Charles Humez. Da er wie Bubi Scholz beim Berliner Manager und Promoter Fritz Gretzschel unter Vertrag war, kam es nie zu einem Kampf gegen Scholz. Auch Franz Szüzina aus Bremen war ein hoffnungsvoller Mittelgewichtler: 1956 und 1958 unternahm er etliche Versuche, in den USA zur Weltspitze vorzudringen, aber sie scheiterten alle. Unter anderem lieferte er sich drei Kämpfe gegen den späteren Weltmeister Joey Giardello.

Auch Gerhard Hecht aus Berlin gehörte zu den Boxern mit Ambitionen: Im April 1954 gewann er in der Hamburger Ernst-Merck-Halle vor 8.000 Zuschauern gegen den Franzosen Jacques Hairabedian durch Punktsieg die Europameisterschaft im Halbschwergewicht. Im März 1955 verlor er den Titel in der gleichen Halle durch K.o. gegen Willy Hoepner. Im Revanchekampf holte sich Hecht durch K.o. in der 13. Runde den Titel zurück. Im November 1955 wurde Hecht gegen Heinz Neuhaus Deutscher Meister im Schwergewicht, ein Titel, den er im November 1956 wieder an Neuhaus verlieren sollte.

Willy Hoepner gelang es im August 1958 noch einmal, Europameister im Halbschwergewicht zu werden – durch K.o.-Sieg in der sechsten Runde über den Italiener Artemio Calzavara in Hamburg. Diesen Titel musste er an Erich Schöppner abgeben, der am 12. Dezember durch K.o. gewann. Schöppner behielt den Titel bis 1962.

Conny Rux, der Berliner Halbschwergewichtler, boxte im Juni 1952 in Kiel gegen Don Ellis (USA), und im Juli 1952 kämpfte er endlich um den vakanten EM-Titel im Halbschwergewicht gegen den Niederländer Willy Schagen. Im Berliner Sportpalast vor 9.000 Zuschauern erreichte Rux einen K.o.-Sieg in der zwölften Runde. Nach einigen Niederlagen, u.a. gegen den Belgier Karel Sys im September 1952 in der Berliner Waldbühne (K.o., 3. Rd.), stieg Rux trotz hoher Gagen – in den Jahren 1950 bis 1952 hatte er 200.000 Mark verdient – aus dem Berufsboxen aus. Er wurde Catcher und sofort aus dem BDB und VDF ausgeschlossen.

Später kam es zu einem Prozess zwischen Conny Rux und seinem Manager Bruno Müller. Rux sagte aus, er habe den Sys-Kampf nur angenommen, weil ihm vorher ein Punktsieg garantiert worden sei. Rux verlor den Prozess und musste 12.000 Mark zahlen.

In den niedrigeren Gewichtsklassen machten mit dem Leichtgewichtler Conny Rudhoff aus Rüsselsheim und dem Federgewichtler Willi Quatuor aus Dortmund zwei international vorzeigbare Boxer von sich reden, die in den Sechzigern berühmt werden sollten.

Karlheinz Blick: Tödlicher K.o. in der 10. Runde

Doch so ganz kam das Boxen nicht aus den Negativschlagzeilen heraus: Bei einem Kampf 1957 um die deutsche Leichtgewichtsmeisterschaft zwischen Karlheinz Blick aus Dortmund und Manfred Neuke aus Delmenhorst kam es zu einer Tragödie. Blick, der nach einer Mandeloperation angeschlagen in den Kampf ging, verlor in der zehnten Runde durch K.o. und starb in der folgenden Nacht.

Profiboxen in der DDR

Eine besondere Situation fand der sich im Wiederaufbau begriffene Berufsboxsport in Ostberlin und der Sowjetisch Besetzten Zone (SBZ, ab 1949: DDR) vor. Die Sowjetische Militäradministration (SMA) hatte recht früh, erstmals im November 1945, die Erlaubnis zu Profiwettkämpfen gegeben. Auch als der Sport von Deutschen organisiert wurde, anfänglich im Rahmen der FDJ, später vom Deutschen Sportausschuss, dem Vorläufer des Deutschen Turn- und Sportbundes der DDR, ging es mit dem Profiboxen weiter. „Als Organisatoren fungierten Veranstalter, die Genehmigungen für diese speziellen Schauveranstaltungen im Sinne der Berufsartistik von der SMA erwirkt hatten", heißt es in der 1967 erschienenen DDR-offiziellen „Geschichte der Körperkultur".

Der Olympiasieger Wolfgang Behrendt erinnert sich in einem Interview, das die Journalistin Grit Hartmann für ihr Buch „Goldkinder" mit ihm führte, an einige private Boxschulen, die ehemalige Berufsboxer eröffnet hatten: „In Berlin-Weißensee gründete Karl Schwarz, ein damals bekannter Boxer, eine solche Schule. Das kostete 25 Mark im Monat, viel Geld in dieser Zeit." 1949, erinnert sich Behrend weiter, wurden die privaten Schulen aufgelöst und die Trainer in die neuen Vereine, wo Amateurboxen betrieben wurde, übernommen.

Das Aus für die verbliebenen Profis bedeutete das nicht. Im Juni 1949 hieß es in den „Amtlichen Nachrichten der Sportaufsicht": „Der Deutsche Sportausschuss, Abtl. Berufsboxsport, Berlin, bestätigt die Bildung einer Box-Kommission für die Ostzone einschl. des Ostsektors Berlin mit dem 1. Juni 1949." Als vorläufige Adresse wurde die Wohnung von Arno Kölblin in Berlin-Pankow angegeben. Kölblin, von 1936 bis 1938 Europameister und von 1937 bis 1938 Deutscher Meister der Profis, arbeitete als Trainer der DDR-Amateurbox-Nationalstaffel, gleichzeitig war er Sportwart und zweiter Vorsitzender des BDB.

Volle Hallen von Leipzig bis Erfurt

Zu Beginn des Jahres 1951 veranstaltete die Berufs-Boxsport-Kommission Veranstaltungen ohne Promoter, sondern in eigener Regie. Bei den restlos ausverkauften Kampftagen in Leipzig, Erfurt und Magdeburg, bei denen u.a. Herbert Vogel (Berlin) gegen Willi Sippmann (Magdeburg) im Weltergewicht boxten, gab es für die Kämpfer Garantiegagen plus prozentuale Gewinnbeteiligung und für die Zuschauer deutlich heruntergesetzte Eintrittspreise.

1952 fasste der Deutsche Sportausschuss jedoch den Beschluss, alle Profis zu reamateurisieren. Da jedoch der internationale Amteurboxverband AIBA, dem der DDR-Verband noch nicht angehörte, reamateurisierte Profis nicht anerkannte, hätte dies für ostdeutsche Profis einen Ausschluss aus jeglichem Wettkampfgeschehen bedeutet.

Der Vorsitzende der Berufs-Boxsport-Kommission, Heinz Krüger, ein früherer Journalist, wurde im Fachblatt „Boxsport" aufgefordert, doch bei einer „Persönlichkeit aus der Regierung der DDR" (die schon ganz ohne Anführungszeichen geschrieben wurde) vorstellig zu werden.

Eine Verbot des Profiboxsports in der DDR erfolgte zunächst nicht, aber es fanden immer weniger Veranstaltungen statt. Immer wieder führte es zu kleineren Skandalen, wenn „in der Ostzone wieder ehemalige Berufler gegen westdeutsche Kämpfer gestellt wurden", wie sich die „Boxsport" empörte.

In Westberlin, im „Prälat" in Schöneberg, organisierte stattdessen Arno Przybilski, ein früherer Mittel- und Halbschwergewichtler, einen Kleinring, wo vor allem DDR-Profis antraten. „Die beschäftigungslosen Berufsboxer der Ostzone sind dankbare Objekte", wurde er zitiert, „mit denen zu operieren sich ohne weiteres lohnt."

Die „Boxsport" vermutete, dass Profiboxen in der DDR nur in Form von offenen Handelsgesellschaften, „bei denen die Fighter das bekommen, was sie an Einnahme ziehen", stattfinden könne. Da es solche Gesellschaften nicht gab, „muss den Kameraden geholfen werden". Für den April 1954 war sogar in New York ein „riesiges deutsch-amerikanisches Programm zugunsten der Ostdeutschen" geplant, das aber nie zustande kam.

Die Berufs-Boxsport-Kommission, so wurde es im Westen kolportiert, vergebe keine Veranstalter-Lizenzen mehr, die Kollektiv-Veranstaltungen der Boxer kamen nicht zustande, und die Ost-Profis – mit Georg „Orje" Tietzsch und Rudi Langer kamen immerhin zwei deutsche Meister aus dem Osten – hatten keinen geregelten Status.

Kalter Boxkrieg West gegen Ost

Im August 1954 wurde in einem Leserbrief in der „Boxsport" beklagt, die Hälfte der Mitglieder der Berufs-Boxsport-Kommission in Halle zahle keine Beiträge, langsam sterbe das Berufsboxen in der DDR aus. Im März 1958 beschwerte sich ein Kampfrichter aus Halle, sein Pass sei eingezogen worden, er könne nicht mehr zu Veranstaltungen in den Westen reisen.

Bis Ende der fünfziger Jahre aber blieb Arno Kölblin gleichzeitig Cheftrainer der DDR-Olympiastaffel sowie Sportwart und Vizepräsident des Profiverbandes BBD. Angegriffen wurde er dafür im Westen. Franz Diener, der frühere deutsche Weltklasse-Schwergewichtsboxer, der schon 1933 in die NSDAP eingetreten war, schimpfte im August 1954 über die „Schande für den deutschen Berufsboxsport": „Als hochbezahlter DDR-Trainer gibt Kölblin sich dazu her, die Jugend linientreu auszurichten, das heißt, sie politisch zu verraten und zu verkaufen." Diener warf Kölblin u.a. vor, verhindert zu haben, dass er sich nach dem Krieg als Großmetzger im thüringischen Bad Bibra, Dieners Geburtsort, hätte niederlassen können, ja sogar wegen verbotener Fleischlieferungen in die DDR kurzfristig im Gefängnis saß.

Dieners Angriffe wurden im Westen in jener Zeit des kalten Krieges wohlwollend aufgenommen. Der „Tagesspiegel" etwa fragte: „Ist Arno Kölblin, Ex-Europameister, DDR-Amateurtrainer, Moskaufahrer und Verfasser linientreuer Resolutionen, für den deutschen Berufsboxsport noch erträglich?"

Kölblin antwortete auf die Vorwürfe erst mit drei Monaten Verspätung: Er und Max Schmeling hätten sich nach Dieners Inhaftierung direkt an Wilhelm Pieck gewandt, der die schnelle Freilassung bewirkte. Schmeling bestätigte die Version, und Kölblin war rehabilitiert. Diener hatte sich nach seiner Haftentlassung in Westberlin niedergelassen und in der Grolmanstraße das Restaurant „Tattersall" eröffnet – das heute übrigens „Diener" heißt –, wo regelmäßig der „Club der Alten" rund um Hans Breitensträter, Paul Noack, Richard Naujocks und Fritz Rolauf einen Boxerstammtisch abhielt.

Eine bemerkenswerte Profiboxförderung unternahm die DDR-Regierung im Jahr 1958. Uli Nitzschke aus Halle/Saale, 1953 im Halbschwergewicht erster Amateur-Europameister der DDR geworden, hatte 1956 einmal geäußert, er wolle gerne Profi werden, und war entsprechend beschimpft worden: Er „ist – bewusst oder unbewusst – ins Lager der Kriegspolitik übergelaufen", hieß es in der DDR-Presse. Ihm wurde auch der Titel „Meister des Sports" aberkannt, und er musste öffentlich „Selbstkritik" üben.

Der Manager Fritz Gretzschel aber erreichte es zwei Jahre später, im Januar 1958, dass Nitzschke legal Profi wurde und weiterhin Bürger der DDR blieb. Einen vergleichbaren Fall hatte es nur in Ungarn mit Laszlo Papp gegeben. Gretzschel verschaffte Nitzschke eine österreichische Lizenz, sein Wohnsitz blieb weiter Halle. Nur wenige Monate später aber wurde Nitzschke wegen Trunkenheit am Steuer in Leipzig verhaftet und zu fünfeinhalb Jahren Gefängnis verurteilt. Nach verbüßter Haftstrafe wechselte Nitzschke nach Westberlin.

1960 bis 1971

Prägten eine Generation: Muhammad Ali mit den Beatles.

»Alles ist vergänglich, außer lebenslänglich«

10. September 1966

Muhammad Ali gegen Karl Mildenberger. WM-Kampf im Schwergewicht (WBC) in Frankfurt/Main, Waldstadion

„Mil-de! Mil-de!" Die Zuschauer im halbleeren Frankfurter Waldstadion brechen in begeisterte Sprechchöre aus. Karl Mildenberger, der erste deutsche WM-Herausforderer im Schwergewicht seit Max Schmeling, hat Muhammad Ali in die Ecke gedrängt und ihm einen sauberen Körperhaken mit der linken Schlaghand verpasst. Nun lauert er auf eine weitere Lücke in der Deckung des Weltmeisters. Obwohl bereits die vierte Runde läuft, ist der Mann aus Kaiserslautern noch kein einziges Mal in Bedrängnis geraten.

Mildenberger gegen Ali. Der Europameister gegen den Weltmeister. Der brave Defensivkämpfer gegen das größte Boxgenie seit Joe Louis. Die Pfalz gegen die Vereinigten Staaten von Amerika. Als dieser Kampf angesetzt wurde, sah alles nach einer Formsache aus. So sehr, dass die Arena bei horrenden Eintrittspreisen – 25 Mark für den billigsten Stehplatz – nicht zu füllen war. Promoter Joachim Göttert musste, um die Kosten zu decken, Harry Levene als Mitveranstalter hinzuziehen, der mit der britischen Fernsehgesellschaft „Viewsport Ltd." zusammenarbeitet. Die verkaufte den Kampf an die ABC, die – erstmals in Farbe – via Satellit in die USA überträgt. Die BBC zahlt für die Übertragungsrechte 100.000 Mark. Eine Übertragung durch die ARD kam hingegen nicht zustande. Die Deutschen hatten nur 65.000 Mark geboten, die Veranstalter aber forderten 1,5 Millionen.

Im Frühjahr 1966 ist Ali – der wegen seiner Mitgliedschaft bei der Nation of Islam und seiner Weigerung, im Vietnamkrieg zu kämpfen, in der Heimat angefeindet wird – zu einer Europatour aufgebrochen. In Großbritannien hat er Henry Cooper und Brian London kurzrundig geschlagen. Mildenberger sollte das nächste Opfer sein.

Doch der seit 1962 ungeschlagene Europameister – seine letzte Niederlage hat er im ersten Kampf um den EM-Titel gegen den Waliser Dick Richardson erlitten –, der seine Siege meist im Rückwärtsgang erficht, ist im Trainingslager in Bad Soden offenbar taktisch umgestellt worden. Ali nach Punkten zu schlagen scheint unmöglich, dazu ist der Amerikaner zu gewandt und seine Schlagfrequenz zu hoch. Also hat man sich im Camp des Herausforderers einer alten Box-Weisheit erinnert: Fighte den Boxer! Vom ersten Gong an soll Mildenberger marschieren,

Kopfnuss für den Größten: Mildenberger trifft Ali.

solange er kann. Soll Ali tricksen, tanzen, aus allen Richtungen jabben: Der Herausforderer will den K.o.

Mit einer schnellen Körpertäuschung befreit Ali sich aus der Ecke. Im Vorübertänzeln schlägt er seinem Gegner aufs bereits geschwollene linke Auge. Zu mehr bleibt keine Zeit. Denn schon wieder versucht Mildenberger, ihm den Weg abzuschneiden. Dann schlägt der Gong.

In der Ecke des Weltmeisters wird konzentriert gearbeitet. Vor dem Kampf hatte sich Alis Trainer Angelo Dundee ungewöhnlich zurückhaltend geäußert. Kritikern, die ein kurzrundiges Ende prognostizierten, hielt er entgegen: „Mildenberger ist die Nummer vier der Weltrangliste. Außerdem hat der Champ seine Schwierigkeiten mit diesen verfluchten Rechtsauslegern." Die Vorbereitung ist gewissenhaft verlaufen. Extra für diesen Fight hat man einen sieben mal sieben Meter großen Ring aus London herbeischaffen lassen, damit Ali mehr Platz für seine Ausweichbewegungen hat als in den üblichen, kleineren Ringen. Da der Herausforderer mit dem von ihm gewählten Kampfstil über seine Verhältnisse leben muss, ist klar, dass die Zeit für Ali läuft. Er darf nur nicht in einen Lucky Punch laufen.

In der fünften Runde hat Ali sich auf die Rechtsauslage eingestellt. Ein scheinbar aus dem Nichts kommender Kinnhaken schickt Mildenberger auf die Bretter. Der Meister will den Sieg und verschärft das Tempo. Doch der entscheidende Schlag gelingt ihm noch nicht. Im Gegenteil: Die siebte Runde begeistert die Zuschauer. Ursula Andress und Jean-Paul Belmondo, die verliebt am Ring sitzen, vergessen sogar das Händchenhalten. Mildenberger federt aus der Ecke, obwohl er durch einen Cut am Auge kaum noch etwas sehen kann. Offen in der Deckung feuert er wilde Schwinger ab. Ali muss noch einmal tanzen, doch seine Arme hängen bereits herunter. Er weicht mit Körperbewegungen aus.

Ab Runde acht beginnt für den tapferen Herausforderer das Ende. Kurz vor Schluss bringt ihn Ali wieder mit einem Kinnhaken auf die Matte. Bei „acht" ist er torkelnd oben. Der Gong verhindert den entscheidenden Angriff. Zwei Runden später wiederholt sich die Szene: Wieder muss der Deutsche nach einem Haken in den Staub, wieder rettet ihn der Gong.

Ab der elften Runde ist Mildenberger nur noch auf der Flucht. Er verschanzt sich hinter der Deckung und muss dennoch so harte Treffer nehmen, dass das Blut aus den Gesichtswunden bis auf die Brust tropft. In Runde zwölf hat Ali genug. Er riskiert einen Angriff völlig ohne Deckung. Mehrere Volltreffer knallen gegen den Kopf des Herausforderers. Nach einer Rechten taumelt er zurück. Ringrichter Teddy Waltham geht dazwischen. Technischer K.o. in der zwölften Runde.

Das Frankfurter Waldstadion feiert Mildenberger trotzdem. „Es war der härteste Fight meines Lebens", sagt Ali auf der Pressekonferenz.

Fernsehen, Manager und etwas Rock'n'Roll: Der gesellschaftliche Aufbruch erfasst das Boxen

Hein ten Hoff, der frühere Schwergewichts-Europameister, war mittlerweile ins Promoterlager gewechselt und hatte mit seinem Sport viel vor. Für den 3. Dezember 1960 setzte er einen zunächst nicht besonders bemerkenswert klingenden Kampfabend mit Albert Westphal und Hans-Werner „Buttje" Wohlers in der Hamburger Ernst-Merck-Halle an. Doch die „Boxsport" berichtete später von einem „revolutionär anmutenden Schritt". Ten Hoff hatte „die Kämpfe seiner Veranstaltung bis auf wenige Minuten Verspätung original im Fernsehen übertragen" lassen – ein Verstoß gegen die Statuten des BDB.

An jenem Abend in Hamburg hingen die Kameras für den Live-Bericht schon in der Halle, die mit 5.000 Zuschauern gefüllt war – unter ihnen auch Gustaf Gründgens und Freddy Quinn –, über dem Ring, als die erhoffte Zusage von BDB-Präsident Laufersweiler ausblieb. Der berief sich auf Paragraph 13 der BDB-Statuten, in dem es hieß: „Der Veranstalter oder Mit-Veranstalter darf ohne Genehmigung des Vorstandes des BDB keine Fernseh- und Filmaufnahmen der Veranstaltung, insbesondere der Kämpfe (auch der Schaukämpfe) gestatten; dies gilt auch für Wochenschauen."

Weil keine Live-Erlaubnis vorlag, wurden die Bilder aus der Ernst-Merck-Halle einfach zeitversetzt im Fernsehen gezeigt, und ten Hoff kassierte etwa 18.000 Mark. Der BDB zeigte sich zwar empört, verhängte aber keine Strafe, obwohl ten Hoff auch mit der zeitversetzten Übertragung gegen die Statuten verstoßen hatte.

Fernseh-Übertragungen

Diskussionen darüber, wie man auf Übertragungs-Anfragen durch das Fernsehen reagieren sollte, hatte es freilich schon vor ten Hoffs Schritt gegeben. Der „Spiegel" berichtete 1952 über die erste Live-Berichterstattung im deutschen Fernsehen. Im Rahmen eines von Fritz Gretzschel veranstalteten Kampfabends wurde die Begegnung Ellis gegen Sänger gezeigt. Seither diskutierte man, ob das Fernsehen schuld sein könnte, wenn die Zuschauerzahlen an den Ringen sinken.

Im März 1958 wurde der erste Kampf zwischen Gustav Scholz und Charles Humez – es war noch kein Titelkampf – nicht aus Paris übertragen. Laufersweiler begründete dies damals damit, dass es eine grundsätzliche Entscheidung der EBU gegen Live-Berichterstattungen gäbe. Auch die Frage nach Zulassung des Rundfunks am Ring – der letztlich übertragen durfte – wurde diskutiert. Die Debatte um diesen Kampf zog sich längere Zeit hin. Eine Woche nach dem Fight hieß es plötzlich, das Verbot sei nicht etwa durch die EBU, sondern durch das französische Fernsehen erfolgt. Und wieder eine Woche später behauptete Scholz' Promoter Fritz Gretzschel, dass eine Übertragung nach Deutschland von französischer Seite her sehr wohl möglich gewesen sei; dieses Verbot wäre vom BDB ausgesprochen worden. Wer letztlich Recht hatte, wurde nie geklärt. Dennoch zeigte der Streit um den ersten Kampf zwischen Bubi Scholz und Charles Humez, dass die Frage der TV-Übertragungen zu einer Lösung drängte.

Im Amateurlager waren Live-Berichte von den Kämpfen seit den fünfziger Jahren gang und gäbe. So übertrug z.B. der WDR regelmäßig die Länderkämpfe im Fernsehen. Der Deutsche Amateur-Box-Verband (DABV) hatte nichts dagegen, weil die Sender Geld in die chronisch leeren Verbandskassen brachten. Allein 1961 wurden 60.000 bis 70.000 Mark überwiesen, was einer Summe von rund 10.000 Mark pro Übertragung entsprach.

Im neuen Jahrzehnt, auch bedingt durch die Erfolge von Gustav „Bubi" Scholz, begann sich das Fernsehen verstärkt um die Profis zu bemühen. Im Januar 1961 erklärte Robert Lembke, der damalige Sportkoordinator der ARD, die Sportübertragungen allgemein ausweiten zu wollen. Als eine der ersten Maßnahmen in diese Richtung unterbreitete das Deutsche Fernsehen ein Angebot für die Übertragung eines EM-Kampfes zwischen Gustav „Bubi" Scholz und Lazlo Papp, der für März in Paris angesetzt worden war, aber nie zustande kam.

Proteste gegen TV-Übertragung

Die konservativeren Boxfans – unter ihnen auch die Journalisten der „Boxsport" – waren über diese Pläne entsetzt. Man befürchtete den „Ruin des Professionalsports durch das Fernsehen" und mutmaßte, „dass durch das Fernsehen die Verleitung zum 'Zuschauer-Sport' ganz erheblich ansteigt und so die gesundheitsfördernde Wirkung des Sports praktisch vermindert" werde.

Immer wieder verwiesen deutsche Promoter und die „Boxsport"-Journalisten auf die USA, wo in den fünfziger Jahren das Aufkommen der Fernseh-Übertragungen zu einer Pleitewelle bei Boxveranstaltern geführt habe. Der US-Soziologe Jeffrey T. Sammons sieht die Schließung vieler kleiner Clubs jedoch in der Monopolstellung der Promotervereinigung International Boxing Club (IBC) be-

Conny Rudhoff (rechts) holte sich gegen Giordano Campari 1963 den EM-Titel im Leichtgewicht.

gründet, die wiederum von der Mafia kontrolliert wurde. Weil das Fernsehen seine Verträge mit der IBC abschloss, schreibt Sammons in seiner Studie „Beyond the Ring", wurden die kleineren und unabhängigen Promoter herausgedrängt. Die Monopolstellung der IBC, die sich auf das First-Class-Boxen bezog, wurde so ausgelegt, dass die Kampfabende kleiner Clubs landesweit gezeigt wurden und hier folglich die Besucherzahlen zurückgingen, während bei den Top-Events die TV-Rechte nur an wenige Großkinos ergingen. Erstmals wurde diese Praxis – die dafür sorgte, dass die Stadien voll blieben – 1951 angewendet, bei einem Kampf zwischen Joe Louis gegen Lee Savold.

In Deutschland reagierten die Veranstalter zunächst uneinig auf die Angebote der Sender. Joachim Göttert etwa, als Veranstalter u.a. in der Berliner Waldbühne einer der wichtigsten Männer im deutschen Boxgeschäft, votierte dagegen. Vor der EM-Revanche zwischen Hans Kalbfell und dem Waliser Dick Richardson am 18. Februar 1961 in der Dortmunder Westfalenhalle – die mit einer Punktniederlage des Deutschen endete – erklärte er, dass es keine weiteren Experimente mit dem Fernsehen geben dürfe. Am 25. August 1962 verweigerte auch sein Kölner Kollege Willi Klein dem WDR die Anwesenheit bei Training und Kampf von Peter Müller.

Ein Jahr zuvor hatte Müllers Manager Josef Thelen bei einer Veranstaltung im Kölner Müngersdorfer Stadion weniger Bedenken gehabt. Auch hier kämpfte Müller und verlor einen Kampf gegen den Franzosen Roux. Thelen sagte: „Ich musste einfach eine Rückversicherung mit dem Fernsehen abschließen, da heiligt der Zweck die Mittel." In der Tat blieb das Stadion wegen schlechten Wetters halbleer, was für Thelen ohne die Zusatzeinnahme durchs Fernsehen eine finanzielle Katastrophe bedeutet hätte.

Auch wenn die Statuten noch nicht geändert wurden: Langsam setzten sich die Ansprüche des Fernsehens durch. Der erste internationale Titelkampf, der in den sechziger Jahren live im neugegründeten ZDF übertragen wurde, fand am 28. September 1963 in der Bushalle Rüsselsheim statt. Lokalmatador Conny Rudhof erkämpfte vor 3.000 Zuschauern den EM-Titel im Leichtgewicht gegen den Italiener Giordano Campari. Als Veranstalter fungierte übrigens Joachim Göttert, der seine Meinung in der Zwischenzeit offenbar geändert hatte.

Spätestens von da an hatte der Profi-Boxsport seinen festen Platz im deutschen Fernsehen. Wenn ein großer Kampf nicht übertragen wurde, lag das weniger an der Unlust der Box-Verantwortlichen als vielmehr an den zu geringen Angeboten der Programm-Direktoren. Auch die Hintergrundberichte über einzelne Stars wurden zahlreicher. Am 6. September 1963 übertrug zum Beispiel das ZDF teilweise live aus dem Trainingslager von Bubi Scholz. Die „Boxsport" – auch sie hatte ihre Meinung mittlerweile geändert – wusste das zu goutieren: „Wir verzeichnen die Tatsache mit nicht geringer Freude. Gustav Scholz zeigt bei dieser Gelegenheit nicht nur Ausschnitte aus seiner Vorbereitungsarbeit für einen Kampf, sondern ein ganzes Tagespensum." Und als derselbe Gustav Scholz im Februar 1965 endgültig seine Karriere beendete, verkündete er seinen Entschluss – im Fernsehen.

BDB in der Krise

Dass die Promoter sich in der Fernsehdebatte letztlich über die Statuten des BDB hinwegsetzten, macht deutlich, wie unfähig diese Organisation war, von sich aus auf gesellschaftlichen Wandel zu reagieren. In den sechziger Jahren taumelte der BDB von einer schweren Krise zur nächsten.

Die Berufsboxer waren – und sind –, anders als die Amateure, nicht im Deutschen Sportbund organisiert. Bis heute ist der BDB selbstständig, gibt sich seine Statuten und kontrolliert sich und seine Mitglieder durch eine eigene Gerichtsbarkeit. Da er überdies recht klein ist – Anfang der sechziger Jahre waren in ihm etwa 340, am Ende des Jahrzehnts gerade noch 300 Mitglieder organisiert –, war er sehr anfällig für Cliquenwirtschaft der Promoter. Schon der Abstimmungsmodus des BDB befördert dies. Jedes Mitglied – Veranstalter, Funktionäre, Ringrichter, Ärzte, Trainer und die Boxer selbst – konnte seine Stimme für die jährlichen Tagungen an jeden anderen Lizenzträger delegieren. Daraus ergab sich, dass vor wichtigen Abstimmungen wenige Promoter möglichst viele Stimmen derjenigen bündelten, die nicht teilnehmen wollten oder konnten. Eine kleine Clique schob sich die Macht in ständig wechselnden Koalitionen zu.

Andere Statuten des Verbandes verstießen gegen geltendes Recht. So stand zum Beispiel in der Satzung, dass Boxveranstaltungen nur von Einzelpersonen, nicht aber von Gesellschaften ausgerichtet werden durften. Ein klarer Verstoß gegen das Wettbewerbsrecht. Außerdem konnte gegen solche Statuten ebenso leicht wie erfolgreich geklagt werden. Als die Berliner Deutschlandhallen AG im April 1961 genau das tat, gab das Amtsgericht Charlottenburg dieser Klage statt, und auch das Landgericht Berlin bestätigte das Urteil. Im Rahmen eines ähnlichen Prozesses stellte das Kammergericht außerdem fest, dass die Satzung teilweise verfassungswidrig war. Von da an wurde der Verband vom Kartellamt nur noch unter der Auflage geduldet, den fraglichen Paragrafen schnellstmöglich zu ändern. Die vom BDB eilends einberufene Regelkommission, die die noch gültigen Statuten von 1957 überarbeiten sollte, kam aber jahrelang zu keinen Ergebnissen, was die Rechtsposition des Verbandes weiter schwächte. Das neue Regelwerk erschien dann tatsächlich erst neun Jahre später, und selbst da brachte es nur sportliche Regeländerungen. Gänzlich dumm hätte man da gestanden, wäre es irgend jemandem eingefallen, dagegen zu klagen, dass bis zum Ende der siebziger Jahre laut Statut keine Frau die Mitgliedschaft erlangen konnte.

Verbands-Statuten verfassungswidrig

All diese Umstände führten dazu, dass der BDB ein Spielball der Promoter war, wo er doch eigentlich regulierende Aufsichtsbehörde hätte sein sollen. Die verbandsinternen Wirren begannen Ende Juni 1960 bei der BDB-Jahrestagung in Hamburg. Auf diesen Sitzungen rückten die Promoter von Präsident und EBU-Vizepräsident Hans Laufersweiler ab, weil sie von dessen selbstherrlichem Führungsstil genug hatten. Laufersweiler, der im Hauptberuf Besitzer einer Boxerkneipe namens „Weißer Mohr“ in Berlin war, stand es laut Statut zu, jedem ohne Angabe von Gründen die BDB-Mitgliedschaft zu kündigen. Als er sich in den nächsten Monaten mit immer neuen Verzögerungen vor der Offenlegung der Kasse drückte, wurde er abgewählt und zum 1. April 1961 durch einen Notvorstand unter dem Hamburger Dr. Popper ersetzt.

Beschleunigt worden war diese Ablösung auch durch den Umstand, dass einer der Vorgängerverbände des BDB, der VDF, der eigentlich schon längst hätte aufgelöst sein sollen, sich in Berlin versammelte. Um den BDB zu entmachten, hatte sich die Opposition gegen Laufersweiler hier eingefunden und beratschlagte, wie man bei der EBU erreichen konnte, dass nicht länger der BDB, sondern der VDF die deutschen Boxer in Europa vertrat. Doch auch die Regelkommission des VDF trat auf der Stelle.

Im April kam es zum Eklat. Laufersweiler gründete Anfang des Monats den DBV (Deutscher Berufsbox-Verband), mit dem er seinerseits das Alleinvertretungsrecht der deutschen Profis bei der EBU beanspruchte. Die EBU entschied sich zunächst nicht, sondern wartete ab, wie sich das Verbandschaos in Deutschland weiter entwickeln würde.

Am 19. April schloss Popper Laufersweiler aus dem BDB aus. Schon einige Tage zuvor war Laufersweiler in Hamburg inhaftiert worden. Die Polizei war wegen seines Finanzgebarens aufmerksam geworden, und da gegen ihn noch eine Bewährungsfrist wegen Veruntreuung lief, wurde er festgesetzt und eine Durchsuchung seiner Privaträume beantragt. Diese fand am 26. April 1961 auch statt. Die BDB-Kasse, die sich noch immer bei Laufersweiler befand, wurde gefunden. Ihr Inhalt, der aufgrund der beim BDB laufend eingehenden Lizenzgebühren von Popper auf 50.000 Mark geschätzt wurde, betrug: eine Mark und siebenundachtzig Pfennige. Am 4. November 1963 wurde das Verfahren gegen Laufersweiler wegen „Untreue im Amt" und „Unterschlagung von Verbandsgeldern" eröffnet. Dieses Verfahren zog sich hin; letztlich endete es damit, dass Laufersweiler wegen Unterschlagung von 63.400 Mark zu einer Geldstrafe von 12.000 Mark verurteilt wurde.

Im Verbandsstreit hatte sich damit Popper mit seinem BDB durchgesetzt, der von nahezu allen Großpromotern unterstützt wurde. Am 28. Mai 1962 wurde Hein ten Hoff als Nachfolger von Popper gewählt. Als ehemaliger Europameister und anerkannter Promoter mit Visionen für die Fernseh-Vermarktung sollte er für einen Neubeginn sorgen. Unter den Promoter-Kollegen war er allerdings gerade deshalb nicht unumstritten. Der VDF war aber aus ihrer Sicht als Opposition nicht mehr notwendig und löste sich im Januar 1963 auf. Der BDB war damit unumstrittener Alleinvertreter der Profis in der EBU.

Ten Hoff versuchte, sich mit einem internen Befreiungsschlag einzuführen. Am 11. Juli 1962 erklärte er in Hannover, dass die neue, vom Kammergericht Moabit geforderte Satzung spätestens im Herbst fertig sein sollte. Doch trotz dieser Willenserklärung blieb die Regelkommission weiterhin inaktiv. Das einzig Nennenswerte, was in den nächsten Jahren beschlossen wurde, war eine Begrenzung der präsidialen Amtszeit auf zwei Jahre.

Als die Satzung im Oktober 1966 endlich erschien, war sie eine Enttäuschung. Die Neuerungen bestanden einzig darin, dass ein Gesundheitspass für die Kämpfer eingeführt wurde und der Gong sie nicht mehr vor dem K.o. rettete. Dopingkontrollen hingegen wurden als nicht notwendig eingeschätzt. Und statt die vielen strittigen administrativen Fragen zu klären, wurde ten Hoff eine Ehrennadel verliehen, die vor ihm nur Max Schmeling bekommen hatte.

Ten Hoff reichte es nun. Am 11. Juni 1967 gab er sein Amt ab – und die Ehrennadel gleich dazu. Niemand stellte sich zur Neuwahl, und so wählten die Delegierten einfach den einzigen Mann aus dem alten Präsidium, der nicht zurückgetreten war: den Nachtclub-Besitzer Louis Goldschmidt aus Köln, der zu diesem Zeitpunkt schon fast 70 war. Alle Stellvertreterämter hingegen gingen an Vertraute der Kritiker ten Hoffs. Dies waren vor allem die Promoter Fritz Wiene, Joachim Göttert und Jupp Thelen. Die Aktiven zeigten sich nach der Neuwahl laut „Boxsport" „entsetzt", und der „Sport-Informationsdienst" titelte: „Manager haben die Macht".

»Berufsboxsport ist ein kranker Patient«

Goldschmidt, der in den Fünfzigern auch Peter Müller promotet hatte – Müller war einmal für drei Monate gesperrt worden, weil er Goldschmidt einen „Drecksjuden" genannt hatte, der nur von ihm lebe –, konnte nicht mehr sein als ein Übergangspräsident. Der alte Mann starb am 28. September 1968. Schon Monate vorher hatte er erklärt, für keine weitere Amtsperiode mehr zur Verfügung zu stehen. Ihm folgte Dr. Dieter Hoffmann, ein Internist aus Berlin-Reinickendorf. Er war schon jahrelang Vertrauensarzt des BDB gewesen und in früheren Zeiten Hausarzt von Gustav Scholz. In seinem ersten Interview als Präsident sagte er: „Gar keine Frage: Der Berufsboxsport in Deutschland ist ein sehr kranker Patient." Heilen konnte ihn auch Hoffmann nicht: Bereits 1970 trat er zurück. Willi Klein, Promoter aus Köln, wurde sein Nachfolger. An Regulierung durch den Verband, an Kontinuität gar, war Ende der Sechziger nicht mehr zu denken.

Aufschwung und Niedergang im Ring

Trotz all dieser Querelen stand das deutsche Profiboxen zu Beginn des Jahrzehnts sportlich nicht schlecht da. 1960 gab es 35 Veranstaltungen in 13 Städten, an denen 78 deutsche Boxer teilnahmen. Das Jahr darauf brachte etwa die gleichen Zahlen: Zwar fanden 1961 nur noch 32 Veranstaltungen statt, dafür konnte man aber 83 Kämpfer vorweisen.

Mit Gustav Scholz (Mittel) und Erich Schöppner (Halbschwer) hatte der BDB zwei aktuelle Europameister in seinen Reihen, die auch im Weltmaßstab mithielten: In der Weltrangliste der NBA vom Februar 1960 belegte Schöppner den dritten, Scholz sogar den ersten Platz. Ein fleißiger alter Kämpe wie Peter Müller, der allein 1960 zwölf Kämpfe bestritt, sorgte zumindest in seiner Heimat weiter für volle Hallen. Am 1. Dezember 1960 etwa trat er gegen den späteren Mittelgewichtsweltmeister Joey Giardello (USA) in Köln an, der 1955 seine US- und Weltkarriere verhindert hatte, und gewann sogar nach Punkten. Bis zum Ende seiner Karriere scheute der 1927 geborene Müller selbst schwerste Gegner nicht. Noch 1966, im Alter von 39 Jahren, trat er in einem Nicht-Titelkampf gegen den aktuellen Weltmeister Dick Tiger an, der ihn in der dritten Runde k.o. schlug.

Und ein junges Talent fing an, auf sich aufmerksam zu machen: Der Kaiserslauterer Karl Mildenberger, Jahrgang 1937, hatte seine Profi-Karriere als 20jähriges Halbschwergewicht begonnen und eilte von Sieg zu Sieg; 1960 trat er zu zehn Kämpfen an, gewann alle und schlug dabei fünf Gegner k.o. Bald stieg er ins Schwergewicht auf. Er sprang auf Platz zwei der nationalen Rangliste hinter Hans Kalbfell und wurde von Joachim Göttert für die Saison 1961 zum Hauptkämpfer auserkoren.

Auch vom Zuschauerschwund war in den ersten Monaten des neuen Jahrzehnts zunächst nichts zu merken. Am 27. März 1960 boxte Hans Kalbfell vor 16.000 Zuschauern in der Dortmunder Westfalenhalle gegen den Europameister Dick Richardson um den Titel und unterlag durch technischen K.o. in der 13. Runde. Gut eine Woche zuvor bedurfte es nicht einmal eines Titelkampfes, um diese Zahl in der Berliner Deutschlandhalle noch zu überbieten. Am 19. März trat dort nämlich Gustav Scholz gegen Mike Holt aus Südafrika, die Nummer vier der Weltrangliste im Halbschwergewicht, an und gewann nach Punkten. Außerdem wurden die Kampfabende immer wieder dadurch aufgewertet, dass namhafte US-Profis nach Deutschland geholt werden konnten. So verpflichtete etwa Hein ten Hoff 1960 den Schwergewichts-Weltmeister Floyd Patterson für einige

Sieger trotz Cut: Gegen den Franzosen Paul Roux (links) verteidigte Erich Schöppner 1961 seinen EM-Titel.

Schaukämpfe. Auch Boxer wie Pete Rademacher und Frankie Daniels wurden auf diesem Wege dem deutschen Publikum präsentiert. Über den sportlichen Wert dieser Veranstaltungen konnte man allerdings streiten. Angesichts eines furchtbaren K.o.-Sieges von Patterson gegen seinen Landsmann Jackson am 1. Oktober 1960 in Dortmund schrieb die niederländische Zeitung „Het Petrol“: „Die Westfalenhalle in Dortmund hat, was Boxen betrifft, keinen Ruf mehr zu hüten. Arglose Niederländer, die den halb blind durch den Ring strauchelnden Jungen sahen, sind für immer von der Meinung, nach Deutschland zu fahren, um 'gutes‘ Boxen zu sehen, kuriert.“

Der Beginn des Niedergangs

Der Niedergang des deutschen Berufsboxens begann. In den ersten Jahren schleichend und fast unmerklich, jedoch an so vielen Fronten, dass er spätestens in der zweiten Hälfte des Jahrzehnts nicht mehr aufzuhalten war. Ein wichtiger Faktor bestand darin, dass die entscheidenden Kämpfe, die deutsche Boxer in der Weltspitze hätten etablieren können, verloren wurden. Oder gar nicht erst zustande kamen. Im April 1960 z.B. erhielt Erich Schöppner als damaliger Pflichtherausforderer vom Management des Halbschwergewichts-Weltmeisters Archie Moore das Angebot, für eine Garantiesumme von 50.000 Dollar um den Titel zu kämpfen. Endlose Verhandlungen ums Geld und den Termin, letztlich wohl auch Moores Bedenken bezüglich der Stärke des Gegners, verhinderten den Kampf jedoch. Schließlich nahm Moore sogar in Kauf, dass ihm der NBA-Titel im Januar 1961 aberkannt wurde und er nur noch bei der NYSAC (New York State Athletic Commission) als Champion geführt wurde.

Zudem erreichten die alten Kämpfer, die den Boom der fünfziger Jahre entscheidend geprägt hatten, das Ende ihrer Karrieren. Peter Müller erklärte seinen Rücktritt erstmals im April 1963. Zwar kehrte er noch mehrfach in den Ring zurück, kämpfte sogar noch – wie am 16. Oktober 1965 gegen den Italiener Bruno Visintin – erfolglos um den EM-Titel im Superwelter-Gewicht. Aber seine Zeit war abgelaufen.

Bubi Scholz – Entertainment statt Boxen

Auch die Zeit von Gustav Scholz ging vorbei. Er orientierte sich immer mehr in Richtung Entertainment, besang Schallplatten wie „Sie trägt Blue Jeans“ und agierte im Juni 1960 in dem Film „Marina“. Obwohl er sowohl Europa- als auch Deutscher Meister war, vergaß er darüber das Training und bekam immer häufi-

Mit Schallplatten in den Charts, mit Gewichtsproblemen im Ring: Bubi Scholz in seinen letzten Karrierejahren.

ger Gewichtsprobleme. Als er am 7. April 1962 – in einem Vorbereitungskampf auf den Halbschwergewichts-WM-Fight gegen Harold Johnson – in der Deutschlandhalle durch Aufgabe in der siebten Runde gegen Jesse Bowdry siegte, klagte die „Boxsport“: „Scholz sah um die Rippenpartie etwas fett aus.“ Außerdem war er nicht mehr bereit, jeden schweren Gegner zu akzeptieren. Ein Kampf gegen Laszlo Papp zum Beispiel wurde ab Februar 1961 immer wieder von der EBU angesetzt, kam aber nie zustande. Trotz dieser eindeutigen Zeichen versuchte auch Scholz, das Alter noch einmal zu überwinden. Am 23. Juni 1962 stellte er sich für 100.000 Mark Gage im Berliner Olympiastadion vor 38.000 Zuschauern dem Halbschwergewichts-Weltmeister Harold Johnson (USA) und verlor nach Punkten.

Das Fernsehen übertrug diesen Kampf übrigens nicht. Ursprünglich hatte es geheißen, Johnson bekäme zusätzlich zu seiner Börse 9.000 Dollar aus den Fernseheinnahmen. Doch Promoter Gretzschel erklärte wenige Tage vor dem Kampf, „dass weder eine Vereinbarung über eine Direkt-Sendung noch über eine spätere Übertragung eventueller Aufzeichnungen getroffen worden ist und demzufolge keine Vereinbarung über Fernsehhonorare vorliegt“. Dennoch hatte der Kampf einen Gesamt-Etat von 600.000 Mark. Ringplätze waren für 100 Mark zu haben, die mittleren Plätze kosteten 40 Mark, für damalige Verhältnisse unvorstellbar viel.

Nach einigen gewonnenen Aufbaukämpfen nach der WM-Niederlage konnte Scholz sich noch einmal zu einem großen Kampf aufraffen. Am 4. April 1964 traf er in der Dortmunder Westfalenhalle auf den Italiener Giulio Rinaldi. Scholz siegte in der achten Runde durch Disqualifikation und wurde damit Europameister im Halbschwergewicht. Dann aber mochte er sich nicht mehr schinden. Obwohl Göttert und Englert ihm 120.000 Mark Börse für einen Rückkampf boten, zogen sich die Verhandlungen mit dem unwilligen Scholz bis ins nächste Jahr. Am 4. Februar 1965 – wenige Wochen vor seinem 35. Geburtstag – nutzte er eine Live-Diskussionssendung des Südfunk Stuttgart über die Lage des Profiboxsports, die zur besten Sendezeit gleich nach der Tagesschau gezeigt wurde, um seinen Rücktritt vom aktiven Sport zu erklären. Rinaldi wurde mit 60.000 Mark entschädigt.

Während Scholz fast ausschließlich in Europa boxte – nur 1954 trat er einmal in New York an – war mit William Besmanoff ein anderer deutscher Kämpfer in die USA gegangen. Der in Berlin geborene Schwergewichtler nahm 1957 die amerikanische Staatsbürgerschaft an und boxte gegen beinahe alle Großen des Schwer- und Halbschwergewichts. Nach seinem US-Debüt hatte ihn die „New York Times“ als „einen aggressiven deutscher Schwergewichtler“ gelobt. Er verlor als angesehener Aufbaugegner u.a. gegen Sonny Liston, Archie Moore und am 29. November 1961 gegen Muhammad Ali, der damals noch seinen Geburtsnamen Cassius Clay trug. „Besmanoff must fall in seven", prognostizierte dieser, und Besmanoff, der mal mit dem Vornamen William, mal als Billie und mal als Willie angekündigt wurde, ging auch in der siebten Runde k.o.

Während Besmanoff jahrelang gegen die Großen im Ring stand, hatte ein anderer deutscher Schwergewichtler in den USA weniger Glück. Albert Westphal, der im Dezember 1961 gegen Sonny Liston k.o. ging, erhielt bald den Beinamen Albert „Quick Fall" Westphal verpasst.

Erfolg bei den »leichten Männern«

Zwei leichte Männer nahmen die Herausforderung auf internationalem Parkett ernster und machten so auf sich aufmerksam: Der eine war Willi Quatuor aus Dortmund, der als Deutscher Meister im Federgewicht 1958 erstmals ins Rampenlicht getreten war und bis Ende der Sechziger ins Superleichtgewicht aufstieg. Der andere hieß Conny Rudhoff, kam aus Rüsselsheim und kämpfte während seiner von 1957 bis 1968 dauernden Profikarriere zwischen Leicht und Welter. Bereits im

Willi Quatuor (rechts) im Kampf gegen den finnischen Superleichtgewichtler Olli Maeki.

Winter 1959/60 brachen beide zu einer Australienreise auf. Das geschah allerdings eher gezwungenermaßen, da es für leichte Männer in Deutschland traditionell kaum Geld zu verdienen gab. In Australien hingegen, wie auch in Italien, Skandinavien und Südamerika, war das anders. Insbesondere Quatuor entwickelte sich in den nächsten Jahren zum wahren Weltenbummler. 1961 war er schon wieder in Australien, wo er u.a. am 20. Januar den Einheimischen David Floyd k.o. schlug. Im April 1962 tauchte er in Finnland auf, wo er dem Weltklassemann Olli Maeki ein Unentschieden abtrotzte. In späteren Jahren kämpfte er in Italien und in Japan. Dieses kontinuierliche Kräftemessen mit der Weltspitze tat Quatuors Fähigkeiten sichtbar gut. Im Laufe des Jahres 1963 schaffte er den Sprung sowohl in die WBA-Weltrangliste als auch in die der monatlich erscheinenden, angesehenen Fachzeitschrift „The Ring". Zwei Jahre später war er reif für große Titel. Am 8. Mai 1964 besiegte er im halbleeren Berliner Sportpalast den Italiener Michele Gulotti in der 14. Runde durch K.o. und wurde Europameister. Die 6.000 Zuschauer zeigten sich angesichts des Titelgewinns im Leichtgewicht erfreut, wie die „Boxsport" zu berichten wusste: „Tosender Beifall kam auf, und die Menge sang begeistert den Karnevalsschlager 'Humba Humba Tätäräà'." Im Februar 1965 gab er den Gürtel freiwillig ab, um in höheren Gewichtsklassen anzutreten. Tatsächlich errang er den EM-Titel im Superleichtgewicht, als er im Dezember 1965 im Sportpalast den spanischen Champion Juan Albornoz nach Punkten schlug. Diesen Titel stellte er im Dezember 1966 ebenfalls zur Verfügung. Aber auch Quatuor verlor den wichtigsten Fight seines Lebens: Am 16. November 1967 unterlag er im WM-Kampf dem US-Japaner Paul Fuji in Tokio durch K.o. in der vierten Runde. Bis 1970 kämpfte Quatuor noch gegen Boxer aus der Weltrangliste, bekam aber nie wieder eine Titelchance.

Die Karriere von Conny Rudhoff war nicht ganz so eindrucksvoll, aber dennoch erwähnenswert. Im Rüsselsheimer EM-Kampf vom 28. September 1963, der live im Fernsehen gezeigt wurde, gewann er den Leichtgewichtstitel gegen den Italiener Giordano Campari. Statt diesen Gürtel zu verteidigen, strebte er den im Superleicht an. Vergeblich: Am 15. Februar 1964 unterlag er in Helsinki dem Finnen Olli Maeki. 1967 wurde er dann doch noch für kurze Zeit EM-Titelträger im Superleicht.

Trotz ihrer unbestrittenen Erfolge gelang es den beiden leichten Männern aber nicht, zu prägenden Persönlichkeiten des deutschen Profiboxens zu werden. Nach Ende ihrer Karrieren waren sie, die während nahezu der gesamten sechziger Jahre einen interessanten Zweig des deutschen Profiboxens besetzt hatten, bald vergessen.

Jupp Elze – Tod durch Aufputschmittel

1964 erreichte die Zahl der Veranstaltungen im deutschen Profiboxen einen – vorerst letzten und allenfalls relativen – Höhepunkt. 92 Aktive waren auf 40 Kampftagen zu sehen. Das war mehr als in den Jahren zuvor, wenn auch weit entfernt von den Rekordergebnissen der unmittelbaren Nachkriegszeit, als pro Jahr bis zu 250 Kampftage stattgefunden hatten. Danach setzte ein rasanter Schwund ein. 1969 gab es nur noch 19 Kampftage, und die 62 Aktiven des BDB trugen lediglich 155 Kämpfe aus. Die Qualität der deutschen Kämpfer verschlechterte sich im selben Tempo. Hatten Anfang des Jahrzehnts noch Quatuor, Rudhoff und andere im Ausland reüssieren können, setzte es wenige Jahre später nur noch Prügel. 1969 traten Deutsche zu insgesamt 49 Fights in ausländischen Ringen an. Die niederschmetternde Bilanz: Sieben Siege, zwei Unentschieden bei 40 Niederlagen.

Der BDB versuchte ebenso frühzeitig wie erfolglos gegenzusteuern. Als 1964 der mittlerweile 38jährige Conny Rux nach Beendigung seiner Catcher-Karriere erneut eine Profilizenz beantragte, setzte der BDB das Höchstalter für Lizenzträger auf 35 Jahre fest. Eine Regel, die aber z.B. im Fall Peter Müller, der 1966 noch mit 39 Jahren zu einem DM-Kampf gegen Jupp Elze antrat, immer wieder gern vergessen wurde. Außerdem teilte der BDB seine Kämpfer pro Gewichtsklassen in drei verschiedene Qualitätskategorien ein und verschickte diese Listen alle drei Monate an die EBU, damit ausländische Promoter einschätzen konnten, ob sie von ihren deutschen Manager-Kollegen Fallobst verpflichteten. Vorstandsmitglied Popper erklärte diese Maßnahme: „Es ist in den letzten Jahren zu oft vorgekommen, dass unsere Boxer in ausländischen Ringen gekämpft haben, ohne eine reelle Chance gehabt zu haben; das muss verhindert werden.“

Einen ersten Tiefpunkt erreichte das deutsche Profiboxen am 28. Mai 1962. Auf einer EBU-Sitzung in Brüssel wurde Erich Schöppner der EM-Titel im Halbschwergewicht aberkannt, weil er ihn aufgrund einer Knieverletzung zu lange nicht hatte verteidigen können. Zum ersten Mal seit vielen Jahren stand der BDB ohne einen internationalen Titel da. Dennoch gab es Nachwuchsleute, die allmählich auf sich aufmerksam machten.

Der Kölner Mittelgewichtler Jupp Elze etwa fiel 1962 mit einer Reihe kurzrundiger K.o.s auf, die begeisterte Journalisten dazu veranlassten, in ihm den Nachfolger von Peter Müller zu sehen. Als sein Siegeszug nicht enden wollte, titelte auch die „Boxsport“ Ende 1963: „Bomber Josef Elze“. Tatsächlich wurde der Bomber am 30. Mai 1964 zunächst in Köln gegen Manfred Hass deutscher Meis-

Mit 39 Jahren trat Peter Müller (links) zum Meisterschaftskampf gegen den jungen „Bomber" Jupp Elze an, zwei Jahre vor dessen tragischem Tod.

ter im Mittelgewicht und rückte in der EBU-Rangliste stetig nach vorn. Im Juni 1965 erreichte er Platz zwei.

Sein erster Anlauf zum EM-Titel misslang allerdings. Am 14. Mai 1966 unterlag er dem Italiener Nino Benvenuti in der Berliner Deutschlandhalle vor 11.000 Besuchern durch technischen K.o. in der 14. Runde. Danach versuchte Elze mit wechselhaftem Erfolg einen Neuaufbau. Er verlor in Oslo gegen Floyd Pattersons kleinen Bruder Ray und in West Palm Beach gegen Charley Jordan, an dem er später in Deutschland Revanche nahm. Am 8. September 1967 verteidigte er seinen nationalen Titel im Mittelgewicht in Köln erfolgreich gegen Horst Wieczorek durch K.o. in Runde sieben.

Im Januar 1968 benannte die EBU Elze als Herausforderer des italienischen Europameisters Carlos Duran. Dieser Kampf – ausgetragen am 12. Juni 1968 vor nur 5.000 Zuschauern in der Köln-Deutzer Halle – wurde zur Tragödie. Elze begann in fulminantem Tempo und dominierte trotz klarster Kopftreffer seines Gegners über weite Strecken. In der 15. und letzten Runde dieser Schlacht gab er auf und brach noch im Ring zusammen. Unter einer Sauerstoffmaske wurde er abtransportiert. Erste Diagnose: Blutgerinnsel im Hirn. Am 21. Juni 1968 starb Jupp Elze im Krankenhaus. Die Autopsie ergab deutliche Spuren des Aufputschmittels Methamphetin. Jupp Elze war der erste Dopingtote des deutschen Sports.

Der erste Dopingtote

Muhammad Ali: Boxen im Pop der Sixties

Währenddessen gab es in der Organisation des Welt-Profiboxens gravierende Umstrukturierungen. 1962 ging aus der alten NBA ein neuer Verband namens World Boxing Association (WBA) hervor, der seinen Sitz in Panama nahm. Die WBA brachte eigene Weltranglisten heraus, die zunächst weitgehend ignoriert wurden. Wie die alte NBA war sie in den ersten Jahren amerikanisch dominiert. Ziemlich zügig zog sie eine Gegengründung nach sich: Schon am 14. Februar 1963 sammelte der US-amerikanische Promoter George Parnassus Vertreter aus 16 Nationen in Mexiko-Stadt, um kurze Zeit später das World Boxing Council (WBC) zu gründen, das sich zunächst als Vertretung der lateinamerikanischen Boxer verstand. Nun hatte es in der Geschichte schon immer Neugründungen von Verbänden gegeben. Die WBC in ihren Anfangsjahren bezeichnet der amerikanische Journalist Thomas Hauser als „nicht mehr als einen korrupten Scherz". Aber dieser Scherz war langlebiger. Bis heute sieht sich die WBC mit mittlerweile 104 Mitgliedsverbänden als die Vertretung der Dritten Welt im Profiboxgeschäft. Wichtigste Akteure der WBC sind der bis heute amtierende Präsident José Suleiman (Mexiko) und der US-Amerikaner Don King als Hauptpromoter. Und auch die WBA unter Präsident Gilberto Mendoza und mit Promoter Bob Arum wurde zur festen Größe. Seit Mitte der Sechziger gab es endgültig keine einheitlichen Weltmeister mehr. Die Saat, aus der Verbände wie die International Boxing Federation (IBF, 1984) und die World Boxing Organization (WBO, 1988) ebenso hervorgingen wie schlechte Witze namens WBF, WAA oder IBL, war ausgestreut.

APO, Rock und Schwarze Faust

Ende der sechziger Jahre hatten tief greifende gesellschaftliche Veränderungen in den westlichen Staaten auch den Sport erreicht. Nicht nur in der Bundesrepublik formierte sich die überwiegend von Studenten getragene Außerparlamentarische Opposition (APO); Demonstrationen gegen Notstandsgesetze und Vietnam-Krieg beherrschten die Schlagzeilen. Die Rockmusik mit neuen Helden wie den Rolling Stones, Janis Joplin, Jimi Hendrix, Bob Dylan und den Doors drückte den Aufstand gegen Autoritäten aus.

Muhammad Ali, ein rebellischer Weltstar.

In den USA wurde der Schwergewichts-Weltmeister Muhammad Ali, der sich wegen seiner Zugehörigkeit zur „Nation of Islam“ weigerte, seinen Wehrdienst anzutreten, zu einer Haftstrafe verurteilt. Auch sein WM-Titel wurde ihm aberkannt, und u.a. um Ali wieder zu seinem Titel zu verhelfen, drohte die Mehrzahl der schwarzen US-Sportler mit einem Boykott der Olympischen Spiele 1968 in Mexiko.

Einer der wenigen schwarzen US-Sportler, die bei diesen Spielen ihre Goldmedaille statt mit geballter „Black-Panther“-Faust lieber mit dem Schwenken der US-Flagge feierten, war der Schwergewichtler George Foreman, in den siebziger Jahren einer der härtesten Ali-Gegner. „Ich glaube nicht, dass Muhammads Konversion eine religiöse Erfahrung war“, sagte der spätere christliche Prediger Foreman dem amerikanischen Journalisten Thomas Hauser in dessen Ali-Buch. „Ich glaube bis zu dem Tag, an dem ich sterbe, dass es ein soziales Aufwachen war, das ihn zur muslimischen Religion brachte. Es war etwas, das er zu dieser Zeit brauchte. Das ganze Land brauchte das.“

Alis politische Begründung seiner Verweigerung – „Man, I ain’t got no quarrel with them Vietcong“ – hatte Pop-Qualität. Mit Muhammad Ali hatte der Boxsport einen rebellischen Weltstar gefunden, der dem Denken des Großteils einer Generation boxerischen Ausdruck gab.

Einen Ali fand man im deutschen Berufsboxen nicht, aber die Zeichen der neuen Zeit, der rebellierenden Jugend, fanden sich auch in deutschen Ringen. Einer der Neuerer war Gerhard Zech aus Berlin. Der in sich gekehrte Mann, seit 1963 Deutscher Meister, war einer, der inmitten des deutschen Turnhallenmiefs mit asiatischen Meditationstechniken sein Training unterstützte. Insbesondere im Winter 1964/65 bildete ihn die „Boxsport" fast ungläubig in mehreren Ausgaben in unterschiedlichen Yoga-Positionen ab.

Trotzdem stand der ruhige Mann immer im Schatten von anderen: Mal war Ex-Amateurmeister Jürgen Blin – der gegen Ende seiner Karriere sogar gegen Ali kämpfen durfte – populärer, meistens der Weltklassemann Mildenberger, und oft Norbert Grupe. Den Kampf, der Zech hätte berühmt machen können, verlor er: Am 29. Juni 1966 schlug Sonny Liston ihn in Stockholm in der siebten Runde k.o.

Prinz von Homburg – der verhinderte Ali

Am ehesten vergleichbar mit den Pop-Qualitäten Alis – freilich nicht mit seinen boxerischen Qualitäten – war Norbert Grupe, der sich selbst „Prinz von Homburg" nannte und zwischen Schwer- und Halbschwergewicht pendelte. Auf jeden Fall war der Prinz von Homburg das Glamouröseste, was das deutsche Profiboxen jemals hervorgebracht hat. Er trat als das genaue Gegenteil des esoterisch umflorten Zech auf. Grupe verkörperte den Rock'n'Roll im Ring. In seiner Jugend hatte er zusammen mit seinem Vater Richard – ein ehemaliger deutscher Profiboxer und späterer Catcher – in Kalifornien das Catch-Duo „The Vikings" gebildet. Außerdem wurde er für kleine Rollen als Bösewicht in Hollywood-Filmen verpflichtet. Der seit Jahrzehnten erfolglos in den USA agierende Promoter Baron Heinrich Stumme nahm ihn unter Vertrag, und Grupe schlug sich in Kleinringen äußerst erfolgreich.

1964 kam er nach Deutschland und brach über das Schwergewicht herein. Binnen kurzer Zeit wurde er zum public enemy, zu demjenigen, für den man Eintritt bezahlt, um ihn im Staub zu sehen. Grupe war kaum besser als seine Kontrahenten und erreichte niemals einen Titel oder gar die Klasse eines Karl Mildenberger, aber er lieferte eine Show, wie sie in braven deutschen Boxhallen noch nicht gesehen worden war. Sein Motto war erklärtermaßen: „Alles ist vergänglich, außer lebenslänglich". Nach einigen Siegen, kaum war das Publikum auf ihn aufmerksam geworden, ging er für kurze Zeit zurück in die USA, um unter Regisseur Bernhard Wicki mit Marlon Brando und Yul Brynner in dem Film „Morituri" zu spielen. Als er danach in nur drei Runden den recht populären Paul Kraus in der Kieler Ostseehalle ausknockte und in die erste Leistungskategorie des nationalen Schwergewichts aufrückte, nannten ihn die Medien wegen seiner (damals noch verpönten) nackenlangen Haare gehässig „den Beatle“. Grupe tat alles, um dem Pop-Image gerecht zu werden. Nachdem er Ende 1964 im Interview verkündet hatte: „Mildenberger ist keiner“, schäumte dessen Manager Bruno Müller: „Die von Grupe gezeigte Art vor und nach den Kämpfen muss ich auf das Schärfste ablehnen – das ist Rummel. Mildenberger behält sich übrigens vor, wegen Beleidigung und Geschäftsschädigung entsprechende Schritte zu unternehmen.“

Grupes „Rummel“ bestand vor allem darin, Journalisten, Kollegen und Funktionäre bis aufs Blut zu reizen. Am 9. März 1965 etwa vermeldete die „Boxsport“ empört: „Der Hallendirektor bekam in Hannovers neuer Sporthalle beinahe einen Herzinfarkt. In der Arena, in der Rauchen polizeilich verboten ist, erschien Grupe mit brennender Zigarre im Ring.“

Letztlich aber reichte Grupes Können nicht aus, um über Deutschlands Grenzen hinaus Bedeutung zu erlangen. In seinem EM-Kampf im Halbschwergewicht am 19. November 1966 unterlag er durch Disqualifikation in der elften Runde gegen Piero del Papa (Italien) in der Deutschlandhalle. Neutrale Beobachter ärgerten sich allerdings über die nichtige Unsauberkeit, für die der haushoch führende Grupe aus dem Kampf genommen wurde. Ab 1967 begannen sich die Hallen zu leeren, wenn er auftrat, und ab Ende des Jahrzehnts machte er nur noch mit Skandalen auf sich aufmerksam. Nachdem er am 20. Juni 1969 im Berliner Sportpalast nach drei Runden gegen den Argentinier Oscar Bonavena aus dem Kampf genommen wurde, verweigerte er wenige Tage später im „Aktuellen Sportstudio“ des ZDF seinem Interviewer Rainer Günzler jede Aussage. Die lebenslange Sperre, die der BDB nach diesem Abend gegen ihn aussprach, wurde allerdings bald wieder zurückgenommen.

Stummer »Prinz« im Sportstudio

Im Jahr darauf drohten Grupe und sein Manager Zeller mit Klage vor einem Zivilgericht, falls ein Startverbot, das vor einem geplanten Kampf mit Jürgen Blin von ärztlicher Seite ausgesprochen wurde, nicht umgehend zurückgenommen würde. Der Vorstand des BDB lenkte ein, woraufhin Präsident Hoffmann und etliche Vertrauensärzte von ihren Ämtern zurücktraten.

Insgesamt brachte Grupe es auf 30 Siege, sechs Unentschieden und elf Niederlagen. Fast 30 Jahre später porträtierte der deutsche Regisseur Gerd Kroske Norbert Grupe noch einmal für den Dokumentarfilm „Der Boxprinz“ (D, 1999).

Der Prinz von Homburg – in Lack deutlich schöner als gegen Jürgen Blin.

Karl Mildenberger – Scheitern an Ali

Der einzige der schweren Männer, der sich kontinuierlich zur Weltspitze vorarbeitete, war Karl Mildenberger. Nachdem er am 20. Januar 1962 den US-Kämpfer Pete Rademacher – 1956 Olympiasieger – besiegt hatte, bekam er seine erste internationale Titelchance. Dieser Versuch ging noch schief: Am 24. Februar 1962 schlug ihn der Waliser Dick Richardson in nur zwei Minuten und 35 Sekunden k.o. Doch schon nachdem er im selben Jahr den wesentlich schwereren Howard King in Frankfurt nach Punkten besiegte, wurde er zum neuen Idol der deutschen Fans. Die „Frankfurter Rundschau" fragte: „Sah Frankfurt einen neuen Schmeling?"

Wie Max Schmeling tat sich allerdings auch Mildenberger in seinen frühen Jahren schwer, Begeisterung auszulösen. Dazu war sein defensiver Stil zu wenig spektakulär. Unter der Ägide seines wichtigsten Trainers Bruno Müller, der ihn von 1960 bis 1966 coachte, gelangen ihm in 22 Kämpfen lediglich vier K.o.-Siege.

Europameister in 55 Sekunden

Bereits am 5. September 1964 sollte Mildenberger gegen Europameister Henry Cooper um den Titel kämpfen. Als Cooper wegen einer Handverletzung nicht antrat, wurde ihm der Titel aberkannt. Mit dem italienischen Ersatzgegner Sante Amonti machte der Deutsche am 17. Oktober in der Berliner Deutschlandhalle, die mit 8.000 Zuschauern bei weitem nicht ausverkauft war, kurzen Prozess: Er schlug ihn nach 55 Sekunden k.o.

Nach einer Titelverteidigung – am 14. Mai 1965 gegen den Italiener Piero Tomasoni in Frankfurt – versuchte Müller seinen Schützling, der in der WBA-Rangliste ohnehin schon auf Platz vier geführt wurde, an die Weltspitze zu bringen. Die Ergebnisse dieser Bemühungen waren zwiespältig. Am 10. September desselben Jahres besiegte Mildenberger zwar in Hamburg den US-Amerikaner Dave Bailey nach Punkten, wurde nach einem Niederschlag in der ersten Runde aber nur deshalb nicht aus dem Kampf genommen, weil der Ringrichter zu langsam zählte. 1965 kam er ins Gespräch, den Sieger der Begegnung zwischen Eddie Machen und Ernie Terrell um die Weltmeisterschaft der WBA zu fordern. Die WBA erkannte Muhammad Ali, den Titelträger der WBC, nicht an. Mildenberger wurde aber letztlich als WBA-Herausforderer nicht akzeptiert. Am 3. Februar 1966, nach einem umstrittenen Sieg gegen Machen, der mittlerweile aus dem Geschäft um die WM ausgeschieden war, wuchs Mildenbergers Rekord auf stolze 47 Siege bei zwei Niederlagen und drei Unentschieden an. Fast nebenbei hatte er am 26. November 1965 Gerhard Zech in Frankfurt ausgepunktet und damit einmal

Vorbereitung auf den großen Fight gegen Ali: Karl Mildenberger im Trainingslager mit Conny Rudhoff (rechts).

Trotz der Niederlage wird Mildenberger wie ein Held gefeiert.

mehr die nationale Hackordnung im Schwergewicht bestätigt. Mildenberger war reif für die WM-Schlacht gegen Ali, doch die verlor er am 10. September 1966 in Frankfurt/Main durch technischen K.o. in Runde zwölf.

Nach der Niederlage im größten Kampf seines Lebens ging es mit Mildenberger bergab. Zwar verteidigte er noch den EM-Titel, z.B. am 21. März 1967 durch Abbruch gegen Billy Walker in London, der von seinen Landsleuten mit dem Schlachtruf „Blitz him, Billy!“ angefeuert wurde – eine unverhohlene Anspielung auf den Begriff „Blitzkrieg“. Auf Weltniveau hingegen gelang ihm nicht mehr viel. Da mittlerweile Muhammad Ali der Titel aberkannt worden war, hatte man ein Qualifikationsturnier um den vakanten Gürtel angesetzt, zu dem acht Boxer eingeladen wurden, u.a. auch Mildenberger. Doch der verlor am 16. September 1967 bereits beim ersten Kampf, der im Frankfurter Waldstadion ausgetragen wurde, gegen den Argentinier Oscar Bonavena nach Punkten. Fast genau ein Jahr später, am 18. September 1968, verlor er auch den EM-Titel in London gegen Henry Cooper durch Disqualifikation in Runde acht, nachdem er den Briten im Infight verletzt hatte.

Boxsport in der Krise

Nach dem Tod von Jupp Elze im Jahr 1968 reagierte der BDB mit hektischen Regeländerungen: Er verkürzte die Distanz für DM-Kämpfe auf zehn Runden und empfahl der EBU, die EM-Kämpfe auf zwölf Runden zu begrenzen. Außerdem sollte ab sofort mit Handschuhen von acht statt sechs Unzen Gewicht gekämpft werden, um die Schlagwirkung zu mindern.

Tatsächlich wurden diese Vorschläge – zumindest in Deutschland – zunächst auch realisiert. Der erste DM-Kampf nach dem Tod von Jupp Elze zwischen Gerhard Piaskowy und Werner Mundt im Superweltergewicht am 12. September 1968, wurde unter diesen Bedingungen ausgetragen. Doch schon zwei Jahre später kehrte man schleichend wieder zu den alten Regeln zurück. Die tragische Fußnote an der Affäre war, dass der BDB wenige Tage vor Elzes letztem Kampf, am 26. Mai 1968, neue Bestimmungen beschlossen hatte, um die Gesundheit der Kämpfer zu schonen: Es wurde eine Jahrespflichtuntersuchung eingeführt, bei der neben dem Allgemeinzustand auch EKG und EEG genommen sowie die Stabilität des Thorax getestet wurden. Bereits 1967 hatten die Vertrauensärzte des BDB erfolglos Dopingkontrollen gefordert. In diesem Jahr hatte es aber nur eine Neuerung gegeben. Seit Juni 1967 braucht man bei DM-Kämpfen auf den

Zetteln der Punktrichter nur noch einen Punkt Vorsprung – und nicht mehr drei – um zu siegen.

Die Rahmenbedingungen, unter denen Profiveranstaltungen in Deutschland stattfanden, wurden immer bescheidener. Am 12. März 1966 kam es in der Stadthalle Wuppertal-Elberfeld zu einem eher zweifelhaften Vergnügen. Peter Müller stieg gleich zweimal in den Ring. Zu Beginn der Veranstaltung trat er gegen Willi Niederau an. „In der Pause", verkündete das Programm, „singt Peter Müller seine Schlager."

Sowohl im Kongressgebäude der Dortmunder Westfalenhalle (ab 1964) als auch – ab 1. Dezember 1967 – wieder in der Berliner Hasenheide gab es Kleinringveranstaltungen, die als „ständige Ringe" bezeichnet wurden. „Ständig" war aber nur, dass sich lediglich wenige hundert Zuschauer in ihnen herumdrückten, wenn ein- bis zweimal jährlich gekämpft wurde. Ab 15. Dezember 1967 versuchte der neu ins Promoter-Geschäft drängende Willy Zeller aus Berlin, den Münchner Zirkus Krone mit einem Grupe-Kampfabend wiederzubeleben, was aber auch nur mäßigen Erfolg hatte und für sieben Jahre der letzte Versuch blieb. Das Trainer-Promoter-Brüderpaar Bruno und Wolfgang Müller plante ab März 1969 Kleinringveranstaltungen mit Hauptkämpfern wie „Karo" Brunnhölzl und „Mecki" Friedrich. Am 11. April stieg bei der 1. Kölner Kleinringveranstaltung im „Heider Hof" als Hauptattraktion der international unbedeutende Horst Dreyer in den Ring. Kein Wunder also, dass die Kampfbörsen ins Bodenlose sanken. 1969 betrugen sie durchschnittlich zwischen 250 und 1.000 Mark. Promoter Göttert klagte: „Es gibt keine Hauptkämpfer mehr."

Kampfbörsen sinken ins Bodenlose

Die Bemühungen der Veranstalter, Zuschauer in die Halle zu locken, wurden zusehends reißerischer. Am 31. Mai 1969 wurde ein Kampfabend in der Ostseehalle Kiel folgendermaßen angekündigt: „Die Boxsensation – 10 Runden Schwergewicht – Peter Weiland Deutscher Meister – Dave Bailey The Killer from USA (und weitere Kämpfe)". Immerhin gelang es dem braven Peter Weiland, der eher dick als stark war, im Winter 1969/70 für einige Monate den EM-Titel im Schwergewicht zu halten. Ihn als Star aufzubauen, misslang aber völlig. Weiland gab Autogrammstunden in norddeutschen Karstadt-Fillialen und ließ sich für einen EM-Kampf gegen den Basken José Manuel Urtain ein Toupet auf die Halbglatze legen.

Eigentlich gab es nur noch einen Mann, der zur Jahrzehntwende Ambitionen in Richtung Weltspitze entwickelte. Gerhard Piaskowy holte sich am 16. Juli 1969 die Europameisterschaft im Superwelter gegen den Spanier Remo Golfarini nach

15 Runden in Vibo Valentia. Doch statt ihn solide weiter aufzubauen, jagte sein Management ihn in schneller Folge in schwerste Kämpfe. Am 17. Oktober 1969 verlor er im Sportpalast gegen Ex-Weltmeister Denny Moyer (USA) nach Punkten. Trotz dieser Warnung trat er am 20. März 1970 zum WM-Titelkampf gegen Freddy Little an, den Weltmeister im Superweltergewicht aus den USA. Auch diesen Kampf verlor Piaskowy im Sportpalast nach Punkten. Da sein Management keine EM-Titelverteidigung in Deutschland zustande brachte, musste Piaskowy nach Barcelona reisen, wo er am 11. September 1970 vor 12.000 Zuschauern gegen José Hernandez in der 14. Runde durch technischen K.o. unterlag.

Natürlich gab es auch Ende der sechziger Jahre noch vereinzelte Erfolge. Lothar Stengel etwa besiegte am 2. Dezember 1967 den Italiener Piero del Papa in Frankfurt/Main in der fünften Runde durch K.o. und wurde Europameister im Halbschwergewicht. Doch schon bei seiner ersten Titelverteidigung unterlag er in Kopenhagen dem Dänen Tom Bogs. Alles in allem stand das deutsche Boxen dort, wo die „Boxsport" es schon am 15. November 1965 vermutet hatte, als sie titelte: „Deutscher Profisport vor Stunde 0?"

Hoffnungsträger der Boxszene: Ralf (links) und Graciano Rocchigiani.

»Trainer, es geht weiter!«

17. Dezember 1977

Alain Marion gegen Jörg Eipel. Europameisterschaft im Weltergewicht. Creil bei Paris

Als Jörg Eipel in der 15. Runde mit dem Genick zuerst auf die Seile stürzt, bricht Ringrichter Darkin endlich ab. Als Erster springt ein geistesgegenwärtiger Feuerwehrmann in den Ring und beginnt mit Mund-zu-Mund-Beatmung. Ringarzt Dr. Doremieux ist als Nächster bei dem Bewusstlosen. Seine Diagnose: Herz- und Atemstillstand. Er beginnt den Brustkorb des Titelverteidigers zu massieren und lässt eine Herzspritze aufziehen. Herausforderer Alain Marion steht mit entsetztem Gesicht und hängenden Armen in der neutralen Ecke. Eipels Sekundanten – Trainer Werner Papke, Manager Willy Zeller und Trainingskollege Frank Wissenbach – müssen von Ordnern zurückgedrängt werden. Sanitäter schaffen eine Trage und ein Sauerstoffgerät herbei. Die 4.200 im Zirkuszelt von Creil, einem Pariser Vorort, verfolgen das Geschehen mit bangen Blicken. Wird sich die lange Reihe der Toten im Profiboxen um einen weiteren Namen verlängern?

Der am 7. September 1957 geborene Berliner Jörg Eipel hat als eine der größten deutschen Boxhoffnungen in den talentarmen siebziger Jahren gegolten. Als 13jähriger ist er von seinem späteren Trainer Papke entdeckt worden. Wenige Wochen später zog Eipel, genau wie sein um ein Jahr älterer Stallgefährte Wissenbach, bei Papke ein. Die Kosten für die Wohngemeinschaft übernahm Willy Zeller, ein Berliner Pelzhändler. Eipel, der bereits mit 15 Jahren mit Profis gesparrt hat, wurde mit 18 gegen ein monatliches Fixum von 2.000 Mark Berufskämpfer. Bereits im neunten Profikampf hat er die deutsche Meisterschaft im Weltergewicht gewonnen. Zehn Fights später, am 6. August 1977 in der Berliner Deutschlandhalle, wurde er unter dubiosen Umständen Europameister im selben Limit: In Runde 13 stoppte der österreichische Ringrichter „Kid“ Rado den Kampf und disqualifizierte den perplexen, bis dahin hoch überlegenen Titelverteidiger Jorgen Hansen aus Dänemark wegen Kopfstoßens. Nahezu die gesamte Fachwelt spricht danach von Schiebung.

Die Vorbereitung auf die lukrative Titelverteidigung in Creil ist problematisch: Eipel befindet sich noch im Wachstum und ist mit seinen 1,80 Metern eigentlich viel zu groß fürs Weltergewicht, dem Limit bis 66,7 Kilogramm. Je näher der Kampftag kommt, desto größer werden seine Gewichtsprobleme. Zwei Tage vor dem Fight hört er auf zu essen. Beim Gang auf die Waage liegt er dennoch ein Kilo

Jörg Eipel

über dem Limit. Er musste binnen einer Stunde noch mehr Gewicht verlieren. Die Experten geben dem unerfahrenen, untergewichtigen Mann nicht die Spur einer Chance.

Umso überraschender ist der Kampfverlauf in den ersten Runden. Trotz der katastrophalen Begleitumstände ist der Titelverteidiger von seinem Trainer taktisch optimal eingestellt. Eipel macht sich seine immensen Reichweitenvorteile zunutze. Er deckt den 23jährigen, zwölf Zentimeter kleineren Marion mit kurzen, beherzten Serien aus der Distanz ein und tänzelt weg, wenn der schlagstarke Franzose zum Gegenangriff ansetzen will. In ihren Zwischenberichten an die Redaktionen vermeldet die „Deutsche Presseagentur" nach sieben Runden einen Vorsprung von drei Punkten für den Berliner.

Doch zur Hälfte des Kampfes schwinden Eipels Kräfte. Er zeigt deutliche Symptome von Dehydrierung: Seine Bewegungen werden ungenauer, seine Schläge treffen nicht mehr. Ab Runde neun beginnt Marion die Schwäche seines Kontrahenten zu spüren. Zwei schwere Rechte schütteln Eipel durch. Drei Runden später muss der Berliner wieder eine schwere Rechte nehmen. Ein Riss unter seiner rechten Augenbraue kann nicht mehr geschlossen werden und nimmt ihm die Sicht. Eipels Ecke müsste das Handtuch werfen. Doch das geschieht nicht: Noch immer zehrt der Titelverteidiger von seinem Punktevorsprung, und ein Unentschieden – das ihm den Titel lassen würde – liegt noch im Bereich des Möglichen.

In der letzten Runde kommt es zur Katastrophe: Nach einer fürchterlichen Geraden stürzt Eipel mit dem Hinterkopf zuerst auf den Ringboden. Als er mit glasigen Augen, erkennbar orientierungslos wieder auf die Beine kommt, gibt Ringrichter Darkin den Kampf unverständlicherweise noch einmal frei. Mit zwei Sätzen ist Marion am Gegner. Die nächste Rechte lässt Eipel wieder rücklings stürzen. Diesmal schlägt er mit dem Genick zuerst auf die Seile.

Nach einigen Minuten Akut-Behandlung erlaubt Ringarzt Doremieux den Sanitätern, Eipel auf die Trage zu legen. Die Spritze lässt sein Herz wieder schlagen, das eilends aufgesetzte Sauerstoffgerät übernimmt seine Atmung. Im Rettungswagen fährt man ihn ins Pariser Krankenhaus Beaujon, wo er auf die neuro-chirurgische Abteilung gelegt wird. Vier Tage später öffnet er zum ersten Mal die Augen und scheint für einen kurzen Moment seinen Trainer zu erkennen, der am Krankenbett steht. Doch erst weitere drei Wochen später wacht Eipel endgültig aus dem Koma auf. Seine ersten Worte soll er an Papke gerichtet haben: „Gib mir den Mundschutz, Trainer. Es geht weiter!"

Der mutige Dagge, ein junger Rocky und doch der große Niedergang: Berufsboxen in der Krise

Zu Beginn der siebziger Jahre boxten nur noch wenige deutsche Kämpfer auf internationalem Niveau. Lothar Abend gewann den Europameister-Titel im Superfedergewicht am 13. Oktober 1972 gegen den Italiener Domenico Chiloiroi in Hamburg. Im Februar 1966 war er noch an dem Franzosen Maurice Tavant in Kiel gescheitert (K.o. 10. Runde) und im Juli 1971 an Tomaso Galli (nach Punkten). Nun aber verteidigte der Kieler Abend seinen Titel wacker ein ums andere Mal, bis er schließlich am 7. Mai 1974 in Oslo dem Norweger Sven Erik Poulsen – in dessen erst 13. Profikampf – durch K.o. unterlag.

Auch Conny Velensek (Halbschwer) und Jürgen Blin (Schwer) konnten in den Jahren 1971 und 1972 einige EM-Kämpfe gewinnen. Die erfolgreichsten Fighter der sechziger Jahre aber kamen nicht mehr in den Ring. Obwohl es immer wieder Comeback-Gerüchte gab, hatte der Schwergewichtler Karl Mildenberger aus Kaiserslautern seine Karriere de facto beendet, und Superleichtgewichtler Willi Quatuor aus Dortmund erlitt – nach endlosem Warten auf eine neue WM-Chance – im Training eine Verschiebung der Lendenwirbel und beendete seine Karriere.

Das Rotlichtmilieu wird mächtig

Die BDB-Jahreshauptverhandlung am 7. März 1970 in Köln brachte die durch die wirtschaftliche Krise auflebenden Rivalitäten deutlich zu Tage: Zwei Gruppen, die eine unter dem Kölner Promoter Willi Klein, die andere unter den Hamburger Promotern Fritz Wiene, Theodor Wittenbrink und dem Juristen Dr. Eisenführ, stritten sich heftig um die Macht im Verband. Letztlich wurde Klein zum neuen Präsidenten gewählt, aber die Konflikte schwelten weiter. In den Streit schaltete sich auch das Bundesinnenministerium ein: Der BDB sollte endlich verbindliche Schutzmaßnahmen für Profiboxer in seine Statuten aufnehmen. Neben jährlichen Untersuchungen durch den Vertrauensarzt und einem zusätzlichen Check vor und nach dem Kampf sollte auch endlich ein Dopingverbot dazugehören.

In welche Gefilde das deutsche Profiboxen abdriftete, zeigte sich deutlich an einer Affäre um den Promoter Willy Zeller. Der Pelzhändler und technische Leiter der Deutschlandhalle baute in Berlin einen vergleichsweise guten Stall auf, zu dem der spätere deutsche Meister im Mittelgewicht Frank Reiche, Schwergewichtsmeister Horst Benedens und Europameister Conny Velensek zählten. Als Zeller im Winter 1971/72 Pelze gestohlen wurden und er wenige Tage später von einem Discothekenbesitzer aus Berlin-Friedenau das Diebesgut zum Kauf angeboten bekam, erschien der erboste Promoter mit all seinen Boxern zum Treffen. Was genau passierte, wurde nie geklärt. Auf jeden Fall nahm die Polizei alle vier Männer kurz darauf fest und steckte sie in U-Haft. Zeller wurde zu acht Monaten Gefängnis auf Bewährung verurteilt, Benedens bekam 600 Mark Geldstrafe, weil er einen Zeugen geohrfeigt hatte.

Aufruhr um Pelzdiebstahl

Für Horst Benedens war es nicht die erste Verurteilung. An seinem Beispiel lässt sich zeigen, dass der Boxsport sich in Zeiten sportlicher Rezession ins Rotlichtmilieu zurückzieht, wo die Kämpfer von ihren treuesten Fans Jobs angeboten bekommen. Benedens war bereits Ende der sechziger Jahre zweiter Geschäftsführer zweier Discotheken in Berlin, wo er faktisch als Rausschmeißer arbeitete. In dieser Funktion beging er diverse Körperverletzungen, für die ihn das Amtsgericht Moabit im Juli 1971 zu 4.000 Mark Geldstrafe oder ersatzweise 125 Tagen Haft verurteilte. Die „Boxsport“ berichtete über das Verfahren: „In den Jahren 1966/67 war Benedens in drei Fällen angeklagt, gegen alkoholisierte oder provokatorisch auftretende Gäste handgreiflich geworden zu sein.“ Unter anderem hatte Benedens einen Gast geohrfeigt, der sich weigerte, für die Toilettenbenutzung 20 Pfennig zu bezahlen. Ein anderes Opfer war ein Student, der angetrunken die Toilettentür mit der Küchentür verwechselte und deshalb von Benedens mehrere Rippen gebrochen bekam.

Neben solchen Skandalen litt das Berufsboxen auch daran, dass viele der besten Amateure nicht mehr auf dem Höhepunkt ihres Könnens zu den Profis wechselten. Der Weltklasse-Schwergewichtler Peter Hussing etwa widmete sich in den frühen Siebzigern lieber seinem Architekturstudium, als das Risiko einer Profilaufbahn einzugehen. Auch Kämpfer wie Dieter Kottysch, der 1972 Olympiasieger wurde, oder später René Weller kamen nicht bzw. erst dann zu den Profis, als sich ihre Karriere schon dem Ende zuneigte. Das lag auch daran, dass seit 1971 die Amateur-Bundesliga bestand. Deren Mäzene zahlten inoffiziell so viel Handgeld, dass die Kämpfer Amateure blieben, während die Börsen der Profi-Vorkämpfer Mitte der Siebziger bis auf 100 Mark pro Kampf absackten. In dieser Situation setzte der BDB auf Kooperation. Er bat seine Promoter, bis zu den Olympischen Spielen 1972 keine Kämpfer aus dem Amateurlager abzuwerben. Der DABV reagierte nicht, da man solche Anbiederungen gewohnt war. Bereits im Mai 1968 war BDB-Vize Artur Werner bei den Amateuren vorstellig geworden, um gemeinsame Veranstaltungen anzuregen. Auch damals hatte der DABV die kalte Schulter gezeigt. „Immer wenn den Profis das Wasser am Hals steht, kommen sie zu uns", hatte es geheißen.

Amateure zeigen es den Profis

Wie die Kräfteverhältnisse zwischen Amateuren und Profis Anfang der Siebziger aussahen, zeigte sich am 18. Mai 1972 in Bad Lauterbach. Jürgen Blin, der sich auf einen EM-Kampf vorbereitete, vereinbarte ein Sparring mit Deutschlands bestem Amateur-Schwergewicht Peter Hussing, der mitten in der Olympia-Vorbereitung steckte. Am dritten Tag brach Blin, nach einigen harten Runden, das Training ab. „Sonst komme ich in Frühform", lautete seine schwache Begründung.

Im Jahr 1971 erreichten die Turbulenzen im BDB einen weiteren Höhepunkt. Am 5. Januar trat Präsident Willi Klein zurück, weil er keine Möglichkeit sah, die Veranstalter zu kontrollieren. Anlass für diese Entscheidung war ein Kampfabend drei Tage zuvor in Hamburg gewesen, als Promoter Joachim Göttert in letzter Minute den Hauptkämpfer ausgetauscht hatte.

Am 25. September wurde der Hamburger Veranstalter Theodor Wittenbrink zum nächsten Präsidenten gewählt. Mit ihm kehrte wenigstens personelle Kontinuität ein. Er blieb 13 Jahre lang im Amt, bis er sich 1984 aus gesundheitlichen Gründen nicht mehr zur Wiederwahl stellte.

Geboxt wurde auch noch. Das Halbschwergewicht Rüdiger Schmidtke stieß in die Europarangliste vor und hielt den EM-Titel von 1972 bis 1973. Ein weiteres Talent war Charly Graf aus Mannheim, Kind einer Deutschen und eines schwarzen US-GIs. Schon als 18jähriger machte der Schwergewichtler 1970 durch eine Reihe kurzrundiger K.o.s auf sich aufmerksam und wurde als „Muhammad Ali von Waldhof" gefeiert. „Der sieht aus wie eine Million Dollar", schwärmte Joachim Göttert. Nach seiner ersten internationalen Bewährungsprobe – er unterlag dem erfahrenen Jugoslawen Ivan Prebag – wurde Graf im April 1971 zur Bundeswehr eingezogen. Dort aber entfernte er sich häufig eigenmächtig von der Truppe. Später jobbte er als Rausschmeißer im Mannheimer Rotlichtmilieu. Rund die Hälfte des Jahrzehnts verbrachte er wegen Körperverletzung und Drogendelikten im Gefängnis. Seine Karriere war beendet, bevor sie recht begonnen hatte. Erst zu Beginn der Achtziger sollte Charly Graf noch einmal sportlich erfolgreich werden.

Die Kampfabende pendelten sich auf sehr niedrigem Niveau ein. Am 31. Juli 1971 etwa fühlten sich die Zuschauer in Ruhpolding sogar geprellt. Für einen Kampftag mit Europameister Conny Velensek und Georg Steinmetz als Hauptkämpfern hatte der niederländische Geschäftsmann Henk Ruhling fünf Jugoslawen en bloc als Gegner für die deutschen Boxer vermittelt. Einer von ihnen erschien nicht, die anderen vier waren untrainiert und/oder ließen sich ziemlich zügig fallen. Die „Boxsport" berichtete, der Abend „entpuppte sich als Enttäuschung für den Promoter, den BDB, die Zuschauer in der Halle und wohl auch vor den Bildschirmen". Auf jeden Fall war mit dieser Veranstaltung ein Trend geboren, der bis heute anhält: Um eine Veranstaltung kostengünstig zu halten und die Rekorde der eigenen Kämpfer zu schönen, wird Fallobst im Paket angekauft. Damals aus Jugoslawien, heute eher aus der Slowakei oder Ungarn.

Versuche mit »Dinnerboxen« enden kläglich

Immer stärker setzte sich auch die Form des „Dinnerboxens" durch, bei dem die Zuschauer um den Ring ein mehrgängiges Menü verzehren, während die Kämpfe laufen. In England hat diese Veranstaltungsart eine große Tradition; in Deutschland hingegen endeten die Versuche, sie zu etablieren, eher kläglich. Am 28. September 1972 präsentierte Fritz Wiene im Hamburger Hotel „Norge" die Deutsche Meisterschaft im Mittelgewicht zwischen Titelverteidiger Hans-Dieter Schwarz und Herausforderer Klaus-Peter Tombers. Nur 184 Zuschauer waren bereit, die 100 Mark Eintritt zu zahlen.

Faszination Muhammad Ali

Der spektakulärste Kampf mit deutscher Beteiligung in dieser Zeit fand am 26. Dezember 1971 in Zürich statt. Muhammad Ali, der sich wieder in die Weltelite hochboxte, traf auf Jürgen Blin. An das Spektakel von 1966 in Frankfurt mit Karl Mildenberger konnte dieser Kampf aber schon aufgrund der Voraussetzungen nicht heranreichen. Ali hatte im Jahr 1967 wegen seiner Weigerung, dem Einberufungsbefehl zur Armee Folge zu leisten, den Titel abgeben müssen. Nach seinem Comeback war es am 8. März 1971 zu einem Titelkampf zwischen ihm und Joe Frazier gekommen, den Ali nach Punkten verlor.

Blin hielt in Zürich bis zur siebten Runde durch. Nach dem K.o. meinte Ali, Blin hätte sich gar nicht erst warmmachen müssen: „Es wäre besser für ihn gewesen, kalt ausgeknockt zu werden." Trotzdem brachte Promoter Fritz Wiene im Februar 1972 eine 24 Zentimeter hohe Plastikfigur von Blin auf den Markt, die

Keine Chance hatte Jürgen Blin gegen Muhammad Ali: K.o. in der siebten Runde.

sich allerdings nicht allzugut verkaufte. Bereits sieben Monate nach dem Kampf erwarb Blin von BDB-Präsident Wittenbrink einen Bahnhofsimbiss in Hamburg. Am 5. Oktober 1972 trat Blin in Denver gegen den US-Amerikaner Ron Lyle an und verlor bereits in der zweiten Runde durch K.o. In späteren Interviews beteuerte er, es sei ihm nicht um ein Comeback gegangen, sondern vor allem darum, noch einmal eine gute Börse einzustreichen.

Blin ging es wie dem gesamten deutschen Berufsboxsport: Mit dem Auftauchen von Muhammad Ali war die Weltspitze entrückt. Versuche, Anschluss zu halten, waren gescheitert, egal ob sie von Karl Mildenberger, von Jürgen Blin oder – nicht in einem boxerischen, sondern einem kulturellen Sinn – vom Prinzen von Homburg versucht wurden. Der Anschluss fand lediglich vor dem Fernseher statt: Spätestens mit Ali wurde Profiboxen wirklich Weltsport.

1960 war er in Rom Olympiasieger im Halbschwergewicht geworden, 1964 wurde er durch einen technischen K.o. über Sonny Liston Weltmeister – Liston blieb einfach nach der sechsten Runde hocken, im Februar 1967 besiegte er Ernie Terrell, den Champ der WBA, und war damit Weltmeister aller Klassen und Verbände.

Nach seiner Weigerung, in die Armee einzutreten, war der Weltmeister zu fünf Jahren Gefängnis verurteilt worden, wovon er aber nur wenige Wochen absaß. Aber als Boxer blieb Ali ab 1967 gesperrt. Er verdiente sich seinen Lebensunterhalt, indem er Vorträge vor rebellierenden Studenten hielt. 1969 trat er in einem Broadway-Stück auf, und – endlich – 1970 erhielt er seine Boxlizenz zurück.

Doch in der Zeit seines „Exils", wie Ali die erzwungene Abwesenheit vom Ring nennt, hatte sich viel geändert. Die WBA führte Jimmy Ellis als Weltmeister, die mächtigere WBC gab den Titel seit dem März 1968 an Joe Frazier. Ali boxte sich ab 1970 wieder an die Weltspitze heran: Nach zwei Kämpfen – jeweils technische K.o.-Siege über Jerry Quarry und Oscar Bonavena – bekam Ali schon die Herausforderungschance gegen „Smokin'" Joe Frazier. Seine Punktniederlage am 8. März 1971 im New Yorker Madison Square Garden war der erste von drei sogenannten Jahrhundertkämpfen.

»Rumble in the Jungle«

Am 30. Oktober 1974 forderte Ali im unabhängigen Zaire den Frazier-Bezwinger George Foreman. Es wurde der „Rumble in the Jungle", einer der besten Kämpfe der Boxgeschichte. Ali hatte den Kampf mit aller denkbaren Symbolik inszeniert: Im Boxring wiederholte sich der Vietnam-Krieg. Foreman, dessen Punch als härtester der Welt galt, repräsentierte die US-Army mit ihrer übermächtigen Präsenz in Vietnam. Um seinen Titel zu verteidigen, musste Foreman in das Dritte-Welt-Land Zaire reisen, wie auch die USA ihre Führungsrolle in der Welt im vietnamesischen Hinterland verteidigen mussten.

In dem Dokumentarfilm „When We Were Kings" von Leon Gast über diesen legendären Kampf (USA, 1997) gibt es eine Szene, in der zairische Ali-Fans davon berichten, wie sehr sie sich gewundert hatten, dass aus dem Flugzeug, in dem George Foreman in das afrikanische Land geflogen kam, ein Schwarzer ausstieg. Sie hatten fest mit einem Weißen, einem Repräsentanten des hässlichen Amerika, gerechnet.

Foreman verlor den Kampf, Ali wurde wieder Weltmeister, und der Kampfverlauf entsprach der Symbolik: Wie die USA in Vietnam den Gegner mit einem gigantischen Flächenbombardement überzogen, hatte Foreman in den meisten der sieben Runden auf Ali eingedroschen. Und wie der Vietkong mit überlegener Taktik und ungeheurer Leidensfähigkeit operierte, hing Ali mit einer eigens für diesen Kampf und, wenn man ihm glauben darf: erst im Übergang von der ersten zur zweiten Runde erfundenen Taktik des „Rope-A-Dope" in den Seilen und zermürbte den an Schlagkraft überlegenen Gegner, dem letztlich die Mittel ausgingen. In der achten Runde setzte Ali die entscheidende rechte Gerade, Foreman ging zu Boden.

Auch Alis dritter „Jahrhundert-Kampf" – am 1. Oktober 1975 besiegte er im „Thrilla of Manila" Joe Frazier – erlebte weltweit eine ähnlich große Resonanz.

Am 24. Mai 1976 boxte Ali wieder einmal in Deutschland – er verteidigte seinen Titel in München gegen den Engländer Richard Dunn, den er in Runde fünf durch technischen K.o. schlug. In Deutschland selbst fand sich aber niemand, der auch nur annähernd das Zeug gehabt hätte, Ali herauszufordern. Es kam lediglich in Düsseldorf und Augsburg zu zwei Schaukämpfen gegen den alten Herausforderer Karl Mildenberger. Ali hat für das deutsche Profiboxen vor allem Fernsehbedeutung gehabt: Er lehrte die nachts vor den Fernsehern sitzenden Deutschen wie alle übrigen Nationen, was Boxen auch sein kann.

Eckhard Dagge – Weltmeister zur falschen Zeit

Im Juli 1972 kam Bewegung in die deutsche Szene. In Berlin nahm Fritz Gretzschel, einst Manager von Gustav Scholz, seine Tätigkeit als Promoter wieder auf. Offenbar war er wild entschlossen, das deutsche Profiboxen zu beleben. Im November kündigte er an, im Jahr 1973 gleich 16 Veranstaltungen durchführen zu wollen und dafür 500.000 Mark zu investieren. Um dieses Ziel zu erreichen, stellte er einen Stall aus vier Boxern zusammen, die zu diesem Zeitpunkt alle noch Amateure waren: Die Schwergewichtler Hartmut Sasse und Bernd August, den Halbschweren Leo Kakolewicz und Eckhard Dagge, der zwischen Mittel- und Superweltergewicht pendelte. Dagges Profidebüt fand am 2. März 1973 in der Berliner Deutschlandhalle statt, mit einem K.o.-Sieg in der ersten Runde. Drei Monate und vier Kämpfe später – einer davon hatte in der Berliner „Neuen Welt" stattgefunden, und auch hier waren wieder Jugoslawen im Paket verpflichtet worden – bekam Dagge seine Chance auf die deutsche Meisterschaft im Mittelgewicht und nutzte sie: Am 3. Juni 1973 siegte er vor 6.000 Zuschauern in der Berliner Waldbühne gegen Titelverteidiger Klaus-Peter Tombers in der fünften Runde durch technischen K.o.. Auch Gretzschels übrige Kämpfer siegten, doch ihr Aufbau ging langsamer voran. Dagge wurde zum neuen Star des deutschen Boxens. Die „Boxsport" nannte ihn „Komet am Boxhimmel". So schnell wie möglich sollte er auf internationales Niveau geführt werden.

Das schien rasant zu gelingen. Dagge, gut trainiert vom Berliner Gerhard „Bubi" Dieter, besiegte jeden, den Gretzschel für ihn aussuchte: Am 31. August 1973 in Lübeck Shaco Mamba aus dem Kongo; am 28. September in Berlin den US-Fighter Donovan; am 9. November den Franzosen Francis Vermandere in der

Deutschlandhalle; am 20. Februar 1974 am gleichen Ort den Amerikaner Denny Moyer, einen alternden Ex-Weltmeister im Superweltergewicht.

Doch Dagge hatte ein großes Problem: Er war Alkoholiker. Wenn er am Morgen sein Training im Nachtlokal „Ritze" auf St. Pauli begann, war er die erste Zeit damit beschäftigt, den Restalkohol auszuschwitzen. Gegen Ende seiner Karriere formulierte er seinen berühmten Satz: „Es gibt viele Weltmeister, die Alkoholiker geworden sind, aber ich bin der erste Alkoholiker, der Weltmeister geworden ist". Die Skandale ließen nicht lange auf sich warten. Im März 1974 titelte die „Bild": „Dagge schlug Bardame zusammen". In einem Berliner Bordell hatte der Superweltergewichtler eine Prostituierte derart ruppig verjagt, dass Manager Gretzschel kleinlaut zugeben musste: „Möglich, dass die Dame von Dagge etwas unsanft zum Verlassen des Tisches aufgefordert wurde".

»Erster Alkoholiker als Weltmeister«

Trotz aller privater Probleme stieg Dagge zügig in die Weltspitze auf. Am 3. September 1974 unterlag er noch dem Europameister im Superweltergewicht, José Duran, durch technischen K.o. in der elften Runde. Der Spanier konnte eine technische Schwäche des Gegners nutzen: Dagge hatte, wie bei allen Kämpfen vorher auch, die Deckung vernachlässigt und seine Linke immer wieder bis unter die Gürtellinie fallen lassen. Um sich technisch weiterzubilden, ging er danach für einige Zeit in die USA zu Trainer Eddie Futch, der auch Joe Frazier und Ken Norton trainierte. Für einen Rückkampf gegen Duran am 24. Juni 1975 in der Deutschlandhalle vor 5.000 Zuschauern ließ er extra den Trainer Henry Davis aus Los Angeles einfliegen. Dagge siegte durch Aufgabe in Runde neun. Ihm gelang eine erfolgreiche Titelverteidigung, nämlich in Wien am 4. November 1975 gegen den Österreicher Franz Czandl durch technischen K.o. in Runde sieben. Dann aber, am 16. Januar 1976, wurde Dagges internationale Karriere unterbrochen: Er unterlag in Berlin dem italienischen Herausforderer Vito Antuofermo in 15 Runden nach Punkten und war seinen Titel los.

Dagges Erfolge konnten nicht verdecken, dass es ansonsten mit dem Boxgeschäft in Deutschland weiter abwärts ging. Der Hamburger Promoter Wilfried Schulz stellte angesichts der schwachen Besetzung des deutschen Profiboxens seine Veranstaltungen in Hamburg ein und empfahl seinen Kämpfern, besser im Ausland anzutreten.

Doch Fritz Gretzschel hatte wieder einmal eine Idee: Für die Deutsche Meisterschaft im Mittelgewicht am 22. Oktober 1974 zwischen dem Berliner Frank Reiche und dem Frankfurter Jean-André Emmerich in der Berliner „Neuen Welt" – Dagge hatte seinen Titel mittlerweile kampflos abgegeben – verpflichtete er den

Eckhard Dagge, der erste deutsche Weltmeister seit Max Schmeling.

Türken Cemal Kamaci. Er ließ Plakate in türkischer Sprache in Kreuzberg aufhängen und mobilisierte so zum ersten Mal die Gastarbeiter als Kunden. Der Erfolg war überwältigend. Die „Boxsport" berichtete: „Der 1.800 Zuschauer fassende Saal der 'Neuen Welt' erwies sich als zu klein für die Türkeninvasion." Nur mit Hilfe der Polizei gelang es, einen Tumult an den Kassen zu verhindern. Nach diesem Tag veranstaltete Gretzschel noch mehrfach „Türkenkämpfe" in Berlin. Ähnliche Veranstaltungen gab es auch im Rheinland, zum Beispiel am 31. Oktober 1975 in Köln.

Im September 1975 übernahm Willy Zeller die Geschäfte von Fritz Gretzschel, weil der Gesundheitszustand des alten Mannes sich rapide verschlechterte. Es wurde immer klarer, dass weder die Gretzschel-Schützlinge um Bernd August noch Zellers bester Mann Frank Reiche mit Dagge konkurrieren konnten.

Zum allgemeinen Niedergang passt, dass es im März 1976 ernsthafte Verhandlungen zu einem Schaukampf zwischen Karl Mildenberger – mittlerweile 38 Jahre alt – und Ugandas Diktator Idi Amin (52) gab. Er sollte im Rahmenprogramm des WM-Kampfes John Conteh gegen Alvaro Lopez am 11. April 1976 in der ugandischen Hauptstadt Kampala stattfinden. Conteh brach sich in der Vorbereitung die rechte Hand, so dass der Kampftag abgesagt wurde.

Am 18. Juni 1976 stellte Eckhard Dagge in der Berliner Deutschlandhalle unter Beweis, dass er immer noch der einzige Deutsche war, der auf internationalem Niveau mithalten konnte. Vor 5.500 Zuschauern schlug er Elisha Obed von den Bahamas und wurde WBC-Weltmeister im Superweltergewicht – der erste deutsche Weltmeister nach Max Schmeling. Dagge antwortete Kritikern, die ihm das Schmelingsche Format absprechen wollten, so: „Schmeling hat seinen Titel im Liegen gewonnen, ich immerhin im Stehen." Seine technischen Schwächen hatte Dagge allerdings noch immer nicht überwinden können: In der vierten Runde schlug ihn Obed über die hängende Linke hinweg zu Boden; außerdem führte er nach Punkten, als Dagge ihn in Runde zehn mit so harten Schlägen zum Körper traf, dass Obed Kreislaufbeschwerden bekam und aufgab.

Buh-Rufe gegen schwachen Dagge

Zweimal gelang es Dagge, seinen WM-Titel zu verteidigen. Einmal am 18. September 1976 in der Berliner Deutschlandhalle vor 7.000 Zuschauern gegen den mittlerweile 38jährigen Ex-Weltmeister Emile Griffith aus den USA. Der Deutsche siegte in 15 Runden nach Punkten, musste sich aber ausbuhen lassen, weil ihn die Punktrichter unverständlicherweise mit bis zu sechs Runden vorn hatten. Am 15. März 1977 gelang ihm an gleicher Stelle ein Unentschieden gegen den 25-jährigen Briten Maurice Hope. Auch hier waren die Zuschauer mit seiner Vorstellung bei weitem nicht zufrieden.

Hope blieb übrigens noch ein wenig in Deutschland und punktete am 7. Mai 1977 Willy Zellers neue Hoffnung im Mittelgewicht, Frank Wissenbach, in einem Superwelter-EM-Kampf aus. Im Hamburger Congress Center verloren sich 800 Zuschauer, und für das kulturelle Vorprogramm war der Schlagersänger Roberto Blanco verpflichtet worden.

Am 6. August 1977 musste Dagge seinen WM-Gürtel wieder hergeben. Der Italiener Rocco Mattioli schlug ihn in der fünften Runde im Ring der Deutschlandhalle k.o. Trotz weiterer Trainingseinheiten bei Trainer Davis gelang es Dagge nicht, seine Linke oben zu behalten. Ein linker Haken, gefolgt von einer rechten Geraden in diese Deckungslücke machten Mattioli zum Weltmeister.

Konsolidierung auf niedrigem Niveau

Dagge kämpfte zwar weiter, gewann auch gleich seinen nächsten Fight am 10. Dezember 1977 in der Berliner Eissporthalle gegen den US-Amerikaner Jimmy Savage, fand aber nie mehr ganz zu alter Klasse zurück. Willy Zeller dagegen blieb die dominierende Promoter-Figur in Deutschland. Denn bereits einige Jahre zuvor hatte Werner Papke für Nachschub gesorgt.

Papke selbst bezeichnete sich als Mitglied des Dagge-Trainerstabs, in späteren Interviews sogar als Trainer von Dagge. Der Ex-Weltmeister hingegen erinnert sich an Papke nur als einen Handtuchhalter, also einen Sekundanten in der Ecke. In den ersten Nachkriegsjahren wurde Papke der legendären Berliner Gladow-Bande zugerechnet. Diese war auf brutale Juwelenraube spezialisiert, bei denen mehrere Menschen starben. Papke soll der Stellvertreter von Bandenboss Werner Gladow gewesen sein, der 1950 in der Strafanstalt Frankfurt/Oder hingerichtet wurde.

»Nehmen Sie Ihren Sohn von der Schule«

Anfang der Siebziger tauchte Papke, der selbst Boxer gewesen war, verstärkt in der Profiszene auf. Vom Berliner Amateurverband bekam er Hallenverbot, weil er immer wieder versuchte, junge Kämpfer ins Profilager abzuwerben. Den am 15. Juli 1957 geborenen Jörg Eipel entdeckte er 1970 im Schwimmbad, erkannte dessen Bewegungstalent beim Fußballspielen und wandte sich kurz entschlossen an dessen Mutter: „Nehmen sie ihren Sohn von der Schule, ich finanziere alles.“ Gemeinsam mit dem ein Jahr älteren Frank Wissenbach, einem von vier boxenden Brüdern, der bereits mit sieben Jahren im Ring gestanden hatte, bildeten sie eine Art Boxer-Wohngemeinschaft in der Wohnung von Papke. In einem Bericht vom 13. Februar 1977 beschrieb der Berliner „Tagesspiegel“ Papkes Erziehung: „Kein Tropfen Alkohol, keine Zigarette – und keine Freundin. Denn Freundinnen, so meint der Trainer, sind für die Kondition äußerst schädlich. ‘Je länger man es ohne Frauen aushält, desto stärker wird man.’ Mädchen sind für die beiden Boxer also nur zum Anschauen da. Auch noch mit Blumenstrauß am Box-Ring – aber dann ist Schluss.“

Die Karriere von Eipel und Wissenbach – die zunächst vorrangig in der Berliner „Neuen Welt“ antraten – ging zügig voran. Insbesondere mit Eipel schien Zeller einen zweiten Star neben Dagge aufbauen zu können. Am 11. Juni 1976 wurde der Weltergewichtler in der „Neuen Welt“ Deutscher Meister gegen Horst Brinkmeier. Am 6. August 1977 gewann er die Europameisterschaft im selben Limit durch eine umstrittene Disqualifikation seines dänischen Gegners Jorgen Hansen in der Berliner Deutschlandhalle. Am 17. Dezember aber kam es in Creil bei Paris zur Katastrophe: Der Franzose Alain Marion schlug den Deutschen für 25 Tage ins Koma. Fortan weigerte sich Zeller, Eipel das monatliche Fixum von 2.000 Mark weiterzuzahlen, das laut Vertrag nur fällig geworden wäre, wenn dieser weiter in den Ring hätte steigen können. Da der Vertrag zwischen Eipel und Zeller ursprünglich auf zehn Jahre festgesetzt worden war, ging es dabei um eine Gesamtsumme von 168.000 Mark. Also machte Eipel den – in der Öffentlichkeit höchst umstrittenen – Versuch, für den 6. November 1978 eine Lizenz für einen Kampftag in der Deutschlandhalle zu bekommen. Als das scheiterte, machte er mit dem Boxen Schluss und wurde zunächst Schwimmmeister in Berlin.

Zellers Aktivitäten erstreckten sich aber nicht nur aufs Managen und Promoten. Im April 1977 scherte er – nach weiteren Streitereien im Vorstand – aus dem BDB aus und gründete, zunächst nur mit seinen Berliner Boxern, den Verband Deutscher Faustkämpfer (VDF) neu. Mit diesem Verband wollte er das Alleinvertretungsrecht bei der EBU erreichen und war im Gegenzug bereit, die staatlich geforderte Mitgliedschaft für Frauen einzuführen.

Der VDF wurde binnen kurzem zur ernsthaften Konkurrenz. Zwar hatte er Ende 1977 nur 30 lizensierte Boxer, der BDB hingegen 71 in seinen Reihen. Aber Zeller hatte den Star Dagge, während sich die meisten BDB-Boxer für Börsen zwischen 100 und 1.500 Mark schlugen. Am 3. November 1977 entschied die EBU, dass der BDB weiterhin die deutschen Boxer vertreten solle – unter der Bedingung etlicher Satzungsänderungen.

Der VDF löste sich dennoch nicht auf, sondern bestand bis 1982 weiter. Allerdings kam es schnell zu Annäherungen. So traten beispielsweise im April 1978 Kämpfer des BDB und des VDF bei einer gemeinsamen Veranstaltung in Kelkheim in den Ring.

Zu Beginn der achtziger Jahre ging es dem deutschen Profiboxen noch schlechter als zehn Jahre zuvor. Nach wie vor hatten weder BDB noch VDF einen internationalen Titelträger in ihren Reihen. Die Zahl der Kampftage pro Jahr sank bis auf zwölf. Nicht nur die Börsen der Vorkämpfer waren ins Bodenlose gesunken. Auch die nationalen Titel waren praktisch nichts mehr wert. Für den geplanten Kampf um die deutsche Meisterschaft im Schwergewicht im Februar 1980 zwischen Titelverteidiger Bernd August und Herausforderer Georg Butzbach – der aufgrund einer Armverletzung Butzbachs abgesagt werden musste – waren laut BDB-Präsident Theodor Wittenbrink für August 6.600 Mark, für Butzbach 3.300 Mark ausgelobt.

Aufschwung mit neuen Promotern

In der „Boxsport" beklagte 1980 ein Autor namens Jean-Marcel Nartz das geringe Interesse der Medien. Bezug nehmend auf den Mittelgewichtsmeister Frank Wissenbach sowie die Nachwuchskämpfer Erwin Heiber und Rüdiger Bitterling schrieb er: „Diese drei sollten von Presse, Funk und Fernsehen endlich unterstützt werden, denn so schlecht sind unsere Profis nun auch wieder nicht!" Im Laufe der achtziger Jahre sollte Nartz zu einer wichtigen Figur des deutschen Boxens werden. Der Boxfan und gelernte Koch trat ab Ende der Siebziger als gelegentlicher Autor des Fachblatts „Boxsport" auf. In den nächsten Jahren tat er sich als technischer Leiter von Kleinring-Veranstaltungen hervor, so z.B. bei einem Dinnerboxen in Gelsenkirchen im Dezember 1981, bei dem u.a. René Weller und Manfred Jassmann kämpften. Ende der Achtziger stieg Nartz zum Matchmaker und technischen Direktor der Sauerland-Promotion auf.

Neuer Promoter-Typ: Wilfried Sauerland.

Wilfried Sauerland war das erste neue Gesicht, das pünktlich zum neuen Jahrzehnt auftauchte. In den späten Siebzigern handelte der Wuppertaler Geschäftsmann in Afrika mit Brauereianlagen. 1977 wurde er „von der sambischen Regierung gebeten, das Management von Lottie Muale zu übernehmen, dem damals führenden Amateurboxer in Sambia", wie Sauerland in einem Interview erzählte. Er nahm das Angebot an und veranstaltete einige kleine Kampftage in Lusaka und London, bis er 1979 in Deutschland erschien. Im Mai des selben Jahres erzählte er in einem Interview von seinem „Jugendtraum, in Deutschland den Boxsport, den ich liebe, wieder nach oben zu bringen".

1980 unternahm er den ersten Schritt. Mittlerweile war er Manager afrikanischer Klasseboxer, u.a. von John Mugabi aus Uganda, und präsentierte einige seiner Kämpfer im September in den Kölner Satory-Sälen. Nur wenige Zuschauer kamen, und auch die folgende Sauerland-Veranstaltung im Dezember an gleicher Stelle war kaum erfolgreicher.

»Hammer-Schorsch« haut daneben

Die erste Chance, das deutsche Boxen in den Achtzigern wieder an internationales Niveau heranzuführen, bekam allerdings ein Boxer, der mit Sauerland nicht verbandelt war. Georg Steinherr, Kampfname „Hammer-Schorsch", Sohn eines schwarzen Amerikaners und einer Münchnerin, durfte am 14. Mai 1980 in der Münchner Olympiahalle den 32-jährigen, nordirischen Mittelgewichts-Europameister Kevin Finnegan herausfordern. Das war insofern erstaunlich, als Steinherr nur die Nummer zwei des deutschen Mittelgewichts hinter Frank Wissenbach war, gegen den er wenige Monate zuvor in einem DM-Titelkampf unentschieden geboxt hatte. Außerdem war Steinherr ein typischer Vertreter der zwielichtigen Boxszene der siebziger Jahre. Er wurde unter anderem von Walter Staudinger betreut, der sein Geld mit Bordellen und Peep-Shows verdiente, und Steinherr selbst hatte sich noch kurze Zeit zuvor in der U-Haft mit Schattenboxen fithalten müssen, nachdem er von seiner Ex-Freundin wegen Nötigung angezeigt worden war. Steinherr erreichte nur ein, freilich äußerst umstrittenes, Unentschieden. Der Kampf fand vor 2.500 Zuschauern statt. Der Schriftsteller und Boxfan Jörg Fauser urteilte: „Mit Steinherr hat der ganze deutsche Boxsport den Titel verfehlt, ist diese Republik dort geblieben, wo sie im Berufsboxsport schon so lange steht: draußen vor der Tür."

Auch Eckhard Dagge, ehemaliger Weltmeister im Superweltergewicht, versuchte ein Comeback. Am 13. Februar 1981 kämpfte er in Kiel gegen den Österreicher Esperno Postl und siegte durch technischen K.o. in der siebten Runde. 3.000 Zuschauer bildeten bei diesem Abend, den Wilfried Sauerland mitveranstaltete, die größte Kulisse, die das deutsche Boxen seit Jahren erlebt hatte. Am

10. April siegte Dagge erneut, diesmal in Köln, nach zehn Runden per Punktentscheid über den Briten George Walker. Als dessen Landsmann Brian Anderson aber Dagge am 6. November 1981 in nur zwei Runden durch technischen K.o. schlug, beendete der Ex-Weltmeister seine Karriere endgültig.

René Weller – Star in schlechten Zeiten

Eine politische Entscheidung spielte Sauerland zwei Kämpfer in die Hand, mit denen er einen Weg aus der tiefsten Krise antreten konnte. 1980 hatte die BRD – wie viele andere Nato-Staaten auch – die Olympischen Spiele in Moskau boykottiert. Etliche ältere Amateure mussten sich mit der Erkenntnis abfinden, dass sie nie mehr die realistische Chance auf eine Olympia-Medaille erhalten würden, und einige von ihnen wechselten ins Profilager. So unterzeichnete im Mai 1980 der Nationalstaffelmann Manfred Jassmann bei Sauerland. Jassmann, der 1979 wegen gefährlicher Körperverletzung zu zwei Monaten auf Bewährung verurteilt worden war, erhielt ein Handgeld von 25.000 Mark, ein Monatsgehalt von 2.500 Mark und brachte es 1982 zum Deutschen Meistertitel im Halbschwer- und 1987 im Schwergewicht. Außerdem kämpfte er in den Jahren 1983, 1984 und 1988 insgesamt viermal um die Europameisterschaft im Halbschwer-, Cruiser- und Schwergewicht, unterlag aber jedesmal.

Weitaus berühmter war der Mann, der im Mai 1981 mit Jassmann zusammen einen Profivertrag bei Sauerland unterzeichnete: René Weller, 1953 in Pforzheim geboren, wurde in der ersten Hälfte der achtziger Jahre für das deutsche Profiboxen ähnlich dominierend, wie es Eckhard Dagge Mitte der Siebziger gewesen war. Und das lag nicht nur daran, dass Weller wie Dagge auf St. Pauli in dem Nachtclub „Ritze" trainierte, wenn er sich in Hamburg aufhielt. Als Amateur hatte René Weller über 300 Kämpfe ausgetragen und die meisten davon gewonnen. Sauerland köderte ihn mit einem Monatsgehalt von 6.000 Mark sowie einem einmaligen Handgeld von 100.000 Mark. Schon vor seinem Übertritt ins Profilager hatte Weller auf sich aufmerksam gemacht, beispielsweise durch eine Schallplatte mit dem Titel „Knock ihn aus". Außerdem vertrieb er seine eigenen Lederjacken unter dem Label „Rewell" und handelte mit Schmuck und Lederhosen aus Krokodilleder. „Rewell" hieß auch seine Sportschule in Pforzheim, in der u.a. auch Georg Butzbach trainierte.

Der „schöne René" hatte auch das sportliche Potenzial, Titelkämpfe erfolgreich zu bestreiten. Bereits am 25. September 1981, in seinem erst dritten Profikampf, erstritt er gegen Dieter Schantz die Deutsche Meisterschaft im Leichtgewicht. Und er bewies zum ersten Mal, dass er das Zeug zum Zuschauermagnet hatte: 3.200 Zuschauer zahlten Eintritt.

Um ihn internationale Erfahrung gewinnen zu lassen, schickte Sauerland seinen neuen Star im Juni 1982 nach Las Vegas, wo er gegen Charles Lacour (USA) gewann. Zurückgekehrt, bekam er am 29. Juni 1983 seine erste EM-Chance im Leichtgewicht gegen den Italiener Lucio Cusma. Der in Brollo ausgetragene Kampf endete unentschieden.

Am 7. Oktober 1983 gelang Weller, der – neben seinem späteren EM-Titel – größte Coup der Karriere. In Frankfurt/Main schlug er den US-Amerikaner James Ortega in der ersten Runde durch technischen K.o. und wurde damit Weltmeister der World Athletic Association (WAA) im Superfedergewicht. Die WAA war damals der kleinste Weltverband und blieb so unbedeutend, dass der Deutsche seinen Titel nicht einmal verteidigte.

Weller sparrt bei Biolek

Darauf angesprochen, im Grunde genommen nur ein Operetten-Weltmeister zu sein, reagierte Weller im Interview cool: „Die WAA gibt mir als einzige die Chance." Auch in diesem Fall erwies sich Weller als medienwirksam: Im Vorfeld der WM war ein Sparring im Rahmen von Alfred Bioleks Fernsehshow „Bei Bio" öffentlich zu bewundern. Im Dezember 1983 spielte er in dem Actionfilm „Harte Fäuste" mit.

Doch immer wieder war René Weller wegen seiner Geschäfte in Prozesse verwickelt. 1984 etwa verurteilte ihn das Amtsgericht Pforzheim zu einer Geldstrafe von 15.000 Mark wegen Hehlerei – ein Urteil, das in der zweiten Instanz allerdings aufgehoben wurde. Ende der Neunziger wurde Weller wegen Kokainhandels zu einer mehrjährigen Gefängnisstrafe verurteilt.

Am 9. April 1984 kam es in der Frankfurter Festhalle zum Rückkampf Wellers gegen Cusma. Diesmal siegte Weller vor 7.500 Zuschauern in zwölf Runden nach Punkten und wurde Europameister im Leichtgewicht. Binnen der nächsten 13 Monate verteidigte er diesen Titel viermal erfolgreich. Doch am 10. Januar 1986 unterlag er im dänischen Randers dem Einheimischen Gert Bo Jacobsen durch technischen K.o. in der achten Runde, der allerdings durch eine Verletzung Wellers zustande kam. Noch einmal gelang es Weller, den Titel wiederzugewinnen: Er besiegte am 5. März 1988 in Karlsruhe den Franzosen José Maillot. Doch diesen Titel verteidigte er nicht mehr, sondern beendete seine Karriere.

Auf Verbandsebene kam es zu einer Annäherung. Noch 1980 hatten sich die beiden deutschen Profiorganisationen BDB (mit Präsident Theodor Wittenbrink) und VDF (mit Präsident Fritz Wiene) im Streit gegenüber gestanden.

Der „schöne René“ Weller gab sich sexy.

Doch bereits im September 1982 söhnten sich Wittenbrink und Wiene aus. Der Hamburger Geschäftsmann Wiene erwog sogar, seine Promoter-Tätigkeit in Hamburg mit René Weller als Hauptkämpfer wiederaufzunehmen. Kurze Zeit später löste sich der VDF auf, und der BDB war wieder der einzige deutsche Verband für Profiboxer.

1981 trat der BDB der WBC bei und glich sein Regelwerk dem des Weltverbandes an. Das hatte zur Folge, dass die Ringrichter mehr Rechte bekamen und ab 1. Januar 1982 für die Boxer ein Gesundheitspass eingeführt wurde, auf dem alle Kämpfe und alle schwereren Verletzungen eingetragen sein mussten. Im Mai 1984 stellte sich BDB-Präsident Wittenbrink nach 13 Jahren Amtszeit nicht mehr zur Wiederwahl. Der Mann, der in der Szene nur „Goldfinger“ genannt wurde und sich noch Ende der Siebziger damit gebrüstet hatte, unter dem Jackett stets eine Pistole zu tragen, machte Platz für den Hamburger Spielhallenbesitzer und

Gastronom Klaus-Peter Kohl, der das Amt im Oktober desselben Jahres übernahm und es bis 1989 innehatte.

Langsam begann es mit dem deutschen Profiboxen wieder bergauf zu gehen. War die Zahl der Kampfabende 1982 bis auf zwölf und die Zahl der Boxer im Jahr zuvor bis auf 37 gesunken, gab es 1984 bereits 16 Kampftage, und die Zahl der Aktiven stieg 1985 auf 59. Außerdem waren 1985 wieder zwölf Promoter aktiv. Unter ihnen war auch Eberhard „Ebby" Thust, der seine Karriere im Januar 1982 mit einem Dinnerboxen in der Tennisbar Bad Homburg begonnen hatte. Mitte der Achtziger veranstaltete Thust auch Boxabende und wirkte als technischer Leiter bei Sauerland, wo er unter anderem den EM-Kampf von Ralf Rocchigiani gegen Alex Blanchard in Berlin betreute. Später wurde er in dieser Funktion von Jean-Marcel Nartz abgelöst. Thust war auch oft als Co-Promoter tätig. Seine größte Publicity erreichte Thust allerdings erst Anfang der Neunziger. Da hatte seine Freundin Nicole Meissner eine Affäre mit Peter Graf, dem Vater der Tennisspielerin Stefanie Graf. Als Thust danach versuchte, den Mann zu erpressen, ging dieser zur Polizei, und der Promoter musste ins Gefängnis.

Neben dem Leichtgewichtler René Weller traten Anfang der achtziger Jahre auch im Schwergewicht interessante Kämpfer auf. Einer von ihnen war Reiner Hartmann. Der gebürtige Frankfurter begann seine Karriere Anfang der Achtziger in den USA, wo er auch lebte und von Angelo Dundee trainiert wurde, dem ehemaligen Coach von Muhammad Ali. Nach etlichen unbedeutenden Siegen kam er im September 1982 zu einem DM-Kampf nach Deutschland. Er unterlag gegen Meister Bernd August, gewann aber das Rematch am 5. November 1983 vor 2.500 Zuschauern in Mannheim durch K.o. in der sechsten Runde.

Von RAF-Mann geistig aufgebaut

Hartmann musste seinen Titel bald wieder abgeben. Charly Graf, der früh gefeierte und rasch gescheiterte „Muhammad Ali von Waldhof", hatte unter Trainer Eugen Gruber in der Strafanstalt wieder zu trainieren begonnen und bereits 1984 als Freigänger gekämpft. 1982 war Graf wegen „Rädelsführertum" bei einer Meuterei von der JVA Mannheim nach Stuttgart-Stammheim verlegt worden. Dort freundete er sich mit Peter-Jürgen Boock an, der wegen Beteiligung an der Entführung von Hanns-Martin Schleyer dort einsaß. „Der Boock hat mich geistig aufgebaut und ich ihn sportlich", sagte Graf einmal. Am 9. März 1985 traf er – mittlerweile 32 Jahre alt – vor 3.000 Zuschauern in Düsseldorf Reiner Hartmann in der siebten Runde so hart unter dem Auge, dass der Kampf wegen Verletzung abgebrochen werden musste. Hartmann gelang nach dieser Niederlage keine nennenswerte Fortsetzung seiner Karriere mehr. Schließlich ging er zurück in die USA.

Dritter im Bunde der beachtenswerten Schwergewichte war der Mann, gegen den Graf 1984 auf Freigang gekämpft hatte: Thomas Claaßen, der als einer der wenigen deutschen „Wohlstandsboxer" bezeichnet werden kann. Im Februar 1982 hatte er, der als Amateur Peter Hussing geschlagen hatte, von seinem Vater in Düsseldorf für 80.000 Mark ein eigenes Studio eingerichtet bekommen, damit er sich in Ruhe auf seine Profi-Karriere vorbereiten konnte. Am 10. September 1983 debütierte er als 21jähriger Profi im Sauerland-Stall. Sein erster Kampf gegen Charly Graf fand im Rahmen der EM zwischen René Weller und dem Briten George Feeney in Frankfurt statt und endete unentschieden. Das Rematch gewann der Jüngere am 29. November 1985 in Frankfurt nach Punkten. Diese beiden Kämpfe bildeten zugleich den Höhepunkt von Claaßens Karriere. Nachdem er Graf besiegt hatte und damit deutscher Meister im Schwergewicht geworden war, gab er bald darauf seinen Titel zurück. In späteren Jahren kämpfte er noch sporadisch gegen diverse ausländische Gegner, aber seine Karriere verlief im Sand.

Die eines anderen tat es zunächst noch nicht. Georg „Hammer-Schorsch" Steinherr bekam am 28. September 1984 seine zweite EM-Chance und nutzte sie. In München schlug er vor 1.500 Zuschauern den Briten Jimmy Cable über zwölf Runden nach Punkten und wurde damit Europameister im Superweltergewicht. Seine Börse betrug 50.000 Mark, doch Steinherr beteuerte, dass ihm davon nach Abzug aller Unkosten höchstens ein Zehntel bliebe. Am 30. März 1985 verteidigte er den Titel erfolgreich in Dortmund gegen Emilio Sole aus Spanien. Auch hier kamen 1.500 Zuschauer, auch hier gewann der Deutsche über zwölf Runden nach Punkten. Bemerkenswert war allerdings, dass der Veranstalter kurz vor Beginn der Kämpfe zugab, nicht genug Geld für die Börsen eingenommen zu haben. Kurzerhand griffen die Größen aus dem Rotlichtmilieu in ihre Brieftaschen, und nachdem mit René Weller sogar einer der Kämpfer für 50.000 Mark gebürgt hatte, konnte der Abend stattfinden. Kurz danach, im Frühsommer 1985, wurde ein Haftbefehl gegen Georg Steinherr ausgestellt. Man warf ihm vor, einen 23jährigen Metzger gewürgt und auf einen Glastisch geworfen zu haben, um Spielschulden von 100.000 Mark einzutreiben. 50.000 Mark Kaution reichten aus, um den Haftbefehl außer Kraft zu setzen. Kurze Zeit später wurde Steinherr deshalb vom BDB sein Deutscher Meistertitel im Mittelgewicht, den er zwischendurch gewonnen hatte, aberkannt. Als er wegen einer Verletzung seinen EM-Titel nicht fristgerecht verteidigen konnte, war er auch diesen Gürtel los.

Die Rocchigianis - vier Fäuste für den Aufschwung

Mitte der Achtziger bemühte sich Wilfried Sauerland darum, seinen Boxstall zu vergrößern, um auch über Deutschlands Grenzen hinaus reüssieren zu können. Seine wichtigsten Aktivitäten konzentrierten sich dabei – neben dem letztlich scheiternden Thomas Claaßen – auf die Berliner Brüder Ralf und Graciano Rocchigiani. Um den Übertritt der beiden erfolgreichen Amateure, Söhne einer Berlinerin und eines sardischen Eisenbiegers, ins Profilager – der ein Jahr jüngere Graciano war 1982 Deutscher Amateurmeister geworden – gab es schon im August 1982 Gerüchte. Die Rocchigiani-Brüder waren aber nicht nur starke Boxer. Am Rande der Amateur-EM 1983 deutete Sauerland der „Boxsport" gegenüber mögliche Probleme an: „Offenbar sind die Boxer, die sich nachts in Bars zeigen und dort rauchen, nicht gefragt."
Kurze Zeit später überwarfen sich die Brüder mit dem Amateurverband: Dessen Funktionäre hatten ihnen die Vermittung von Arbeitsplätzen zugesagt. Als nichts geschah, unterschrieben beide Profiverträge – Graciano bei Sauerland, Ralf zunächst bei Ebby Thust. Beide trainierten bei dem Berliner Gastwirt Wolfgang Wilke. Graciano erhielt 15.000 Mark Handgeld und ein Monatsgehalt von 3.000 Mark. Er debütierte am 10. September 1983 als 19jähriger gegen den Österreicher Esperno Postl, den er durch technischen K.o. in der zweiten Runde besiegte. Seinen ersten Titel erkämpfte er am 8. November 1985 in Düsseldorf. Vor 1.700 Zuschauern schlug er Rüdiger Bitterling in der dritten Runde und wurde damit deutscher Meister im Mittelgewicht.

Sein Bruder Ralf folgte mit seinem Debüt am 5. November 1983 mit einem Halbschwer-Kampf gegen Hans Gimborn. Ralf Rocchigianis Titelambitionen erfüllten sich zunächst nicht. Am 1. Dezember 1984 unterlag er Manfred Jassmann in Düsseldorf nach Punkten. „Ralf Rocchigiani zu respektvoll", urteilte die „Boxsport" in ihrem Bericht. Auch im Rematch konnte er Jassmann den Titel nicht abnehmen. Am 10. Mai 1985 trennten sich die beiden in der Berliner Sömmeringhalle unentschieden. Ralf Rocchigianis Stunde kam erst, als der BDB im Mai 1985 die Kategorie Cruisergewicht von der WBC übernahm. Im ersten nationalen Titelkampf dieses Limits besiegte er im August 1985 Josef Kossmann. Er erhielt 4.000 Mark Börse, und sein Gegner musste sich mit 1.000 Mark begnügen.

Sauerlands Plan, die Rocchigiani-Brüder an internationales Niveau heranzuführen, scheiterte zunächst. Am 3. Oktober 1986 bekam Ralf die Chance, in Berlin gegen den Halbschwer-Europameister Alex Blanchard aus den Niederlanden um den Titel zu kämpfen. Doch Ralf verlor über zwölf Runden nach Punkten. Er

Im ersten Anlauf gescheitert: Beim Kampf um den deutschen Halbschwergewichts-Titel unterlag Ralf Rocchigiani 1983 Titelverteidiger Manfred Jassmann (rechts).

scheiterte auch bei seinem zweiten Anlauf zu einem EM-Titel. Am 8. April 1988 kam er gegen den Niederländer Jan Lefeber in Berlin nur zu einem Unentschieden.

Ralfs jüngerer Bruder Graciano war erfolgreicher. Nach sorgfältigem Aufbauprogramm, währenddessen sich Graciano Rocchigianis Rekord auf 23 Siege in ebenso vielen Kämpfen steigerte, trat er am 11. März 1988 in der Düsseldorfer Philipshalle zum IBF-WM-Kampf im Supermittelgewicht gegen Vincent Boulware aus den USA an. Neben den Menschen in der Halle konnten auch die Zuschauer der seit Anfang der achtziger Jahre in Deutschland sendenden Privat-TV-Anstalt RTL miterleben, wie der Berliner durch technischen K.o. in der achten Runde siegte und damit Weltmeister wurde. Für seinen Erfolg erhielt er eine Börse von 100.000 Mark, Boulware reiste mit 80.000 Mark zurück in die USA.

Graciano wird Weltmeister

Bereits wenige Jahre zuvor hatte RTL mit der Übertragung von Boxkämpfen begonnen. Es waren internationale Profikämpfe, u.a. des Schwergewichts-Weltmeisters Mike Tyson (1986 bis 90), die für wenige tausend Dollar zu bekommen waren. Die technischen Umstände der Übertragung waren anfangs abenteuerlich.

Uli Potofski, damals Sportchef des Senders, berichtet, dass bei der Übertragung eines Kampfes aus Atlantic City die Satellitenbilder nur bis nach Paris gelangten, nicht aber zum Sender nach Luxemburg. Er war gezwungen, gemeinsam mit seinem Co-Kommentator René Weller, statt Boxbildern Musikvideos zu präsentieren. Als die Leitung endlich stand, gelang Tyson gerade der entscheidende Schlag, und der Kampf war wenige Sekunden später zu Ende.

Auch bei der Übertragung deutscher Kämpfe – neben den WM-Kämpfen von Graciano Rocchigiani zeigte RTL auch Fights von Ralf Rocchigiani und René Weller – gab es Schwierigkeiten. So stand zum Beispiel einen Tag nach dem Boulware-Kampf der Gerichtsvollzieher in der Zentrale des Senders, um im Auftrag des Berliner Promoters Willy Zeller diesem zustehendes Geld in Höhe von etwa 10.000 Mark einzutreiben. Dem üblichen Weg der Rechnungslegung vertraute Zeller nicht, und wollte auf Nummer sicher gehen. Der Geschäftsführung von RTL hingegen waren solche Geschäftspraktiken zu unseriös: Der Sender zog sich vorläufig von Box-Live-Übertragungen zurück.

In den nächsten Monaten nach dem Boulware-Kampf gelang es Graciano Rocchigiani, seinen Titel dreimal zu verteidigen, jedesmal in der Berliner Deutschlandhalle. Er besiegte den US-Amerikaner Nicky Walker am 3. Juni 1988 in 15 Runden nach Punkten, schlug dessen Landsmann Chris Reid am 7. Oktober in der elften Runde durch technischen K.o. und blieb am 27. Januar 1989 Punktsieger über den schwarzen Südafrikaner Thulane „Sugar Boy“ Malinga. Dieser Kampf wurde zum Politikum, weil das Fernsehen des Apartheidstaates die unüblich hohe Summe von 200.000 Dollar für die Fernsehrechte bezahlte, um auf diesem Weg Werbung für das international gebannte Land zu machen. Der Kampf, der in Deutschland von RTL übertragen wurde – die ARD-Anstalt SFB hatte die Rechte gehabt, wollte aber nicht – fand nach heftigen Protesten schließlich ohne Hymnen und Flaggen statt.

»Keen Bock uff Jequatsche«

Zum Helden für ein Massenpublikum taugte Graciano Rocchigiani trotz seiner Erfolge nie. Er weigerte sich schlicht, den Vorschlägen seines Managements Folge zu leisten oder irgendwelchen Erwartungen des Publikums gefällig zu sein. Als sein Berater Kurt Klein versuchte, ihn mit Berliner Prominenten wie Dieter Hallervorden oder Roland Kaiser zusammenzubringen, winkte er nur ab: „Allet Quark“. Ein Interview mit der „FAZ“ eröffnete er mit den Worten, er habe „keen Bock uff Jequatsche“. Und zu seinen Motivationen befragt, gab er zu Protokoll: „Boxen ist mir scheißegal. Was braucht der Mensch außer Glotze gucken, ‘n bisschen bumsen, ‘n bisschen Anerkennung?“

In Interviews aus dieser Zeit erklärte Sauerland, warum er seinen Star nicht in die USA gegen die stärksten Männer aus den anderen Verbänden – darunter Frank Tate, Sugar Ray Leonard und Thomas Hearns – antreten ließ. „Es ist viel sinnvoller, Graciano erst einmal diesseits des Teichs aufräumen zu lassen, ehe er dann nach Amerika fährt. Und so ein bisschen ist immer der Traum da, die Deutschlandhalle einmal bis auf den letzten Platz auszuverkaufen." Sauerland deutete auch an, dass ihn ein Jahrzehnt Promotertätigkeit für das deutsche Profiboxen mit nur mäßigen Erfolgen zermürbt hatten: „Ich will mich aus dem Geschäft zurückziehen. Aber ich habe immer gesagt, dass ich Graciano helfen werde, solange seine Karriere dauert. Ich will nicht mehr veranstalten."

1989 gab es einen neuen Wechsel an der Spitze des BDB. Klaus-Peter Kohl wollte – vielleicht inspiriert durch den schrittweisen Rückzug Sauerlands – ins Veranstaltergewerbe wechseln. Da solche Aktivitäten dem BDB-Präsidenten verboten waren – die EBU verlangte einen ideellen Präsidenten –, trat er zurück. Sein Nachfolger wurde Kurt Halbach. Der langjährige Ringrichter galt als einer, der den Interessen der Veranstalter nicht allzu viel Widerstand entgegensetzen würde. Bereits ein Jahr zuvor hatte die Generalversammlung des BDB entschieden, dass sich die Boxer regelmäßig einem Aids-Test unterziehen müssten. Allerdings nicht vor jedem Kampf, sondern einmal jährlich. Ad absurdum geführt wurde diese Schutzmaßnahme dadurch, dass die Kämpfer bei Kleinringveranstaltungen erst wenige Tage vor dem Kampf brieflich zu diesem Test aufgefordert wurden. So konnten sie sich noch der Untersuchung unterziehen, um den Anforderungen zu genügen. Das Ergebnis lag aber in der Regel noch nicht vor, wenn sie in den Ring kletterten.

Das Jahr 1989 brachte erneut einen Tiefpunkt im deutschen Profiboxen. Graciano Rocchigiani geriet in eine Krise. Er, der schon oft mit dem Gesetz in Konflikt gekommen war – u.a. hatte er einen Fensterputzer beleidigt; eine Bankangestellte verprügelt; seinem Fahrlehrer auf den Kopf geschlagen, weil er glaubte, die Prüfung nicht bestanden zu haben; zusammen mit seinem Bruder auf dem Berliner Kurfürstendamm mehrere Polizisten zusammengeschlagen – wurde unter dem Verdacht des Menschenhandels, der Zuhälterei und Erpressung festgenommen. Seine Mutter kommentierte das Verfahren mit den Worten: „Dazu ist der Junge viel zu doof". Tatsächlich wurde Rocchigiani von den Vorwürfen wegen erwiesener Unschuld freigesprochen, doch durch die vielen Ablenkungen verlor er seine Form. Zur geplanten Titelverteidigung am 19. Oktober 1989 gegen Frank Tate (USA) konnte er das Gewicht nicht bringen und sagte ab. Sein Management

»Dazu ist der Junge zu doof«

tobte. Jean-Marcel Nartz warf ihm „Kuchenfresserei, Biersaufen, Bacarditrinken“ vor. Manager Sauerland sagte der „FAZ“: „Er trinkt, er raucht – und nicht nur Zigaretten“ und drohte, den Vertrag aufzukündigen.

Graciano Rocchigiani stieg ins Halbschwergewicht auf. Seinen ersten Kampf bestritt er bei einer „Box-Gala“ im Berliner „Hotel Intercontinental“ am 4. Dezember 1989. Für 400 Mark Eintritt bekamen die Gäste neben einem Menü und reichlich Sekt einen Kampf des Berliners gegen einen US-Amerikaner namens John Keys zu sehen, der sich in der zweiten Runde vor dem verdutzten Rocchigiani zu Boden warf. In den Vorkämpfen gingen in den Ring: der 37-jährige Münchner Werner Pelz, der 37-jährige deutsche Schwergewichtsmeister Manfred Jassmann aus Berlin und der 40-jährige Düsseldorfer Klaus Winter.

1990 bis 2000

Henry Maske attackiert Graciano Rocchigiani.

»Wessi haut Ossi auf die Schnauze«

27. Mai 1995

Henry Maske gegen Graciano Rocchigiani. WM-Kampf im Halbschwergewicht (IBF) in Dortmund, Westfalenhalle

„Du bist besser!" Christine Rocchigiani stellt sich auf den Stuhl und ruft es in den Ring. Ihr Mann Graciano treibt Henry Maske vor sich her. Es findet gerade die neunte Runde statt, und Maske, der IBF-Weltmeister, ist kurz vor dem K.o. Und zwar stehend. In der zwölften und letzten Runde wiederholt sich die Situation. Maske kann einfach nicht mehr.

„Mach ihn platt, du musst vorwärtsgehen!" ruft Christine Rocchigiani in den Ring, noch immer auf dem Stuhl stehend, und Graciano gibt vor 13.000 Zuschauern in der ausverkauften Dortmunder Westfalenhalle alles. Er will den K.o., doch der Titelverteidiger wehrt sich tapfer.

Graciano Rocchigiani ist Herausforderer des Weltmeisters Henry Maske. Rocchigiani aus dem Westen, Maske aus dem Osten. Rocchigianis Berufsausbildung ist die abgebrochene Gebäudereinigerlehre, Maske war Offizier der Nationalen Volksarmee im Rang eines Oberleutnants. Rocchigiani boxt nur fürs Geld, dafür steht er. Maske hingegen gilt als Symbol einer gelungenen Wiedervereinigung. „Ich bin eine Mixtur aus preußischem Sozialismus und Kleinbürgertum, gespickt mit einem Schlag Kapitalismus", ist ein Zitat von ihm. Im ganzen Land hängen Plakate, wie er Max Schmeling die Hand reicht. „Kaum war die Mauer geöffnet, haben wir Freundschaft geschlosssen", verkünden die beiden darauf. Rocchigiani kann mit so etwas nichts anfangen: „Wenn ick die Leute auf der Straße reden höre, heißt es entweder 'Hau dem Wessi auf die Schnauze' oder 'Hau' dem Ossi auf die Schnauze'." „Diese Problematik sehe ich nicht", antwortet Maske etwas gestelzt auf der Pressekonferenz vor dem Kampf, und fängt sich Rocchigianis Konter: „Det Volk sieht det so, det is nun mal so."

Rocchigiani, von den Fans „Rocky" gerufen, von seinen Freunden „Gratze" genannt, legt in Runde eins los, wie er auf der Pressekonferenz aufgehört hat: Mürrisch, aber Treffer setzend. Maske sucht noch das Distanzgefühl zum Herausforderer, da hat er schon einen Aufwärtshaken kassiert. Die ersten drei Runden gehen klar an Rocchigiani.

Der Berliner sieht sich als Underdog. Mit beiden deutschen Großpromotern, dem Hamburger Klaus-Peter Kohl und dem Maske-Manager Sauerland, hat er sich überworfen, statt eines professionellen Managements führt seine Frau die

Dank an den Trainer: Manfred Wolke und Henry Maske nach dem Kampf.

Geschäfte. Trainiert wird er von Wolfgang Wilke, einem Kneipier aus dem Berliner Wedding, und für den Wiedervereinigungsgewinnler Maske hat Rocky nur Verachtung übrig. „Anpassung, det Fach hat der Typ doch studiert."

Erst ab Runde vier gelingt Maske, was ihn seit 1993 als Weltmeister auszeichnet. Er kann dem Gegner seinen Amateurstil aufdrängen. Mit großer Reichweite die rechte Führhand stehen lassen, den Gegner damit auf Distanz halten, und vor allem auf sauber vorbereitete Geraden vertrauend. Möglichst als Doublette geschlagen. Boxen wie aus einer Dienstvorschrift der Nationalen Volksarmee, Boxen wie es Maskes Trainer, Major a.D. und Ex-Olympiasieger Manfred Wolke, all seinen Schützlingen beibringt. Eine seiner Lehrbuch-Geraden trifft in Runde acht Rockys Augenbraue. Der Berliner wird durchgerüttelt. Seine Braue platzt. Doch Rocchigiani reagiert: Ab Runde neun treibt er den völlig verunsicherten Weltmeister vor sich her, setzt einen Wirkungstreffer nach dem anderen. Nur der entscheidende Punch will ihm nicht gelingen.

In der zwölften und letzten Runde geht Rocky erneut auf den Weltmeister los: Wieder trifft er gut, wieder wackelt Maske, diesmal gelingt Rocchigiani sogar ein Niederschlag. Mit tiefer Verachtung im Blick wartet er, bis Maske, der nicht angezählt wird, wieder oben ist. Selbst das „Neue Deutschland" wird später im Kampfbericht schreiben: „Der Schlußgong rettete den Champion vorm K.o. – und ihm den Weltmeistergürtel."

Über 13 Millionen Fernsehzuschauer sehen Maskes umstrittenen Punktsieg, den RTL unter das Motto „Eine Frage der Ehre" gestellt hat. Die Frage wird von den Kontrahenten sehr unterschiedlich beantwortet. Maske sagt später, es sei zwar sein härtester Kampf gewesen, „der schwerste war es aber nicht". Generös fügt er hinzu: „Er hat eine Revanche verdient."

Rocchigiani jedoch sieht sich als klaren Sieger, „Ick habe den Kampf gewonnen, det hat doch jeder jesehen. Det Urteil ist ein Witz."

Der Gentleman, Axel bei Foreman und vor allem RTL: Boxen als Showevent im Privatfernsehen

Am 14. November 1989, wenige Tage nach der Maueröffnung, erschien die „Bild"-Zeitung mit der Schlagzeile „Im Osten leben, im Westen boxen. DDR-Olympiasieger Maske will Profi werden". Als derjenige, der die Pläne des Olympiasiegers, Europa- und Weltmeisters der Amateure aus Frankfurt/Oder eingefädelt hatte, wurde der Westberliner Gastronom Wolfgang Wilke genannt, Trainer von Graciano Rocchigiani. Wilke brachte sofort auch einen Managernamen ins Spiel: „Dafür kommt nur Sauerland mit seiner internationalen Erfahrung in Frage."

Wilfried Sauerland hatte in den achtziger Jahren etliche Versuche unternommen, das deutsche Berufsboxen wieder zu einem anerkannten und profitablen Geschäftszweig zu machen. Wenige Monate vor der Maueröffnung aber hatte der Manager erklärt, er wolle sich künftig nur noch um sein Geschäft, den Export von Brauereianlagen, kümmern, nicht mehr ums Boxen.

Sein Interesse am Berufsboxen wurde wieder geweckt – durch Maske. „Das Thema Profiboxen war für mich abgeschlossen", erzählte er einmal in einem Interview, „als meine Frau daheim in der Schweiz in einer Zeitung etwas über Maske sah. Wenn du es überhaupt nochmal mit einem versuchst, dann mit dem, sagte sie. Frauen haben halt den besonderen Instinkt."

Henry Maske – langsamer Karrierestart

Nach dem Mauerfall hatten sich etliche Manager um Henry Maske, den erfolgreichsten der erfolgreichen DDR-Boxer, bemüht: Die Berliner Willy Zeller und Michael Pohl versuchten mit Telegrammen in Verhandlungen zu kommen, der Hamburger Klaus-Peter Kohl traf sich im Januar 1990 mit Maske, doch Sauerland bemühte sich am intensivsten.

Von Maske wurde aber immer noch ein Interview-Satz vom November 1988 zitiert: „Amateur- und Profiboxen unterscheiden sich wie Feuer und Wasser. Ich verabscheue, dass der Mensch zur Ware wird."

Sein Amateurtrainer Manfred Wolke, wie Maske Olympiasieger und als Offizier im Dienst der Nationalen Volksarmee, wollte gerne Proficoach werden. „Bei Wolke hatte ich den Drang zum Profiboxen schon lange gespürt", erinnert sich Günter Debert in einem Buchbeitrag. Debert, in der Nachkriegszeit selbst Berufsboxer, war zwei Jahrzehnte lang Cheftrainer der DDR-Olympiaboxer gewesen und kannte Wolke gut.

1989 erhielt Maske von Generaloberst Brünner den Kampforden der Nationalen Volksarmee.

Maske und Wolke betrieben den Übergang ins Profilager mit sorgfältiger Planung. Im Januar 1990 trat Maske aus der SED aus, beide reichten zum 31. März ihre Kündigung bei der Nationalen Volksarmee ein, und im Februar 1990 teilte Wolke dem Deutschen Box-Verband der DDR in gestelzten Worten mit: „Es besteht die Absicht, dass beide Sportfreunde (Maske und Wolke, d.A.) in das Lager der Professionals überwechseln." Der DBV verweigerte Wolke das erhoffte Verständnis, woraufhin Wolke wetterte, dahinter stecke der „Alt-Stalinist" Debert, aber Wolke und Maske verhandelten weiter. Maske erklärte: „Alle denken bloß materiell und glauben, dass wir genauso denken."

Am 8. März 1990 gingen Maske und Wolke zusammen mit ihrem neuen Arbeitgeber Wilfried Sauerland – der die beiden vorher noch in ein Herrenmodengeschäft geschickt hatte – zur Pressekonferenz, um ihren neuen Beruf öffentlich zu machen und den Vertrag zu unterzeichnen. Monatlich 3.000 Mark gingen an Maske, zusätzlich erhielt er Kampfprämien, zusammen ergab das eine Summe von 100.000 Mark pro Jahr. Wolke erhielt 2.750 Mark Anfangsgehalt. Beiden wurde das Gehalt auf ihr Konto bei der Staatsbank der DDR überwiesen, drei Monate vor der Währungsunion.

»Maske wird verhungern«

Kurze Zeit später folgte auch der Schwergewichtler Axel Schulz aus Wolkes Trainingsgruppe dem Schritt Maskes, ein ostdeutsches Profizentrum entstand in Frankfurt/Oder.

Bei den Westprofis wurden die DDR-Amateure mit Häme erwartet. Ex-Weltmeister Eckhard Dagge sagte: „Bei der Art zu boxen, wird Maske auf dem Weg nach oben verhungern", Graciano Rocchigiani, immer noch bei Sauerland unter

Vertrag und neuerdings – wie Maske – Halbschwergewichtler, urteilte: „Nach der ersten Runde kann man ein Bier trinken gehen und nach der achten zurückkommen, verpasst hat man in dieser Zeit nichts". Ex-Europameister René Weller prognostizierte: „Ein Klassefighter wird Maske zerreißen. Will er einer werden, muss er von Wolke weg."

Henry Maske boxte zunächst vor Kulissen, die Weller und Rocchigiani auch kannten. Zu Maskes Profidebüt am 9. Mai 1990 in London (K.o.-Sieg in der ersten Runde über Teo Arvizu, Mexiko) kamen 1.900 Zuschauer. Als er am 12. Oktober 1991 erstmals auf dem Gebiet der ehemaligen DDR auftrat, in Halle an der Saale – es war sein zwölfter Profikampf, er gewann durch K.o. in der neunten Runde gegen Mike Peak (USA) – kamen nur 1.200 Zuschauer. Wilfried Sauerland pries Henry Maske an wie schales Bier. Zur besseren Vermarktung hatte er ihm den Kampfnamen „Weißer Tiger" verpasst. Erst später entwickelten Maske, der das „Tiger"-Image nie gemocht hatte, und Sauerland gemeinsam den Kampfnamen „Gentleman".

Zunächst aber blieben Maske und sein Trainingskollege Axel Schulz, der sein Profidebüt am 5. Oktober 1990 in Düsseldorf (Punkt-Sieg nach sechs Runden über George Ajio, Uganda) gab, unverkäuflich. RTL hatte sich schon Ende der achtziger Jahre aus dem Boxgeschäft verabschiedet, Sat.1 und ZDF wollten nicht in das immer noch krisengeplagte Boxgeschäft investieren, und sogar der Münchner Kleinsender Tele 5 sagte Sauerland ab. Eurosport, ein von den öffentlich-rechtlichen und staatlichen Anstalten Europas als Zweitverwerter durchgeschleppter Sender, bot 40.000 Mark pro Abend und erhielt den Zuschlag.

RTL inszeniert

Die Situation änderte sich erst, als 1992 RTL die Rechte an der Fußballbundesliga an Sat.1 verlor. Der Kölner Privatsender bemühte sich um Ersatz, und Sportchef Burkhard Weber und Rechteeinkäufer Thomas Kappen prüften das Produkt Boxen. „Da war ich erstmal entsetzt, wer sich so alles am Ring tummelte, im Ring in der Pause Mädchen in Lack und Leder und im Programmheft Anzeigen von Club 16, Club 48 und so weiter", erinnerte sich Weber 1995 in einem Interview mit der „Frankfurter Rundschau". „Ich war etwas schockiert und habe gesagt, wenn wir was machen, müssen wir auch im Umfeld arbeiten."

Die RTL-Redaktion nahm sich vor, Boxen als Event zu inszenieren. Zur ersten, allerdings noch bescheiden realisierten Übertragung dieser Art konnte der

Sender zumindest sportlich Hochwertiges anbieten: Herausforderer Henry Maske gewann am 20. März 1993 in Düsseldorf nach zwölf Runden durch Punktsieg über den IBF-Halbschwergewichts-Weltmeister Charles „Prince" Williams aus den USA. Als Ringsprecher wollte man Dieter Thomas Heck, den Schlagermoderator, verpflichten, der aber eine zu hohe Gage forderte. Statt Heck moderierte der Hörfunkmann Jochen Hageleit, und als Prominenz am Ring konnte der Sender zunächst nur den Schlagersänger Roberto Blanco und den Tennisspieler Eric Jelen gewinnen. Auch Werbekunden gab es kaum. „Einige haben gesagt", so Weber, „ihr könnt zehn Millionen Zuschauer haben, das passt nicht zu unserem Image." Diese erste große RTL-Box-Präsentation sahen vier Millionen Zuschauer.

Das schlechte Image des Produkts Berufsboxen musste verbessert werden, und Henry Maske war der wichtigste Werbeträger für dieses neue Vorhaben.

Maskes vorerst wichtigster nationaler Rivale war zunächst beim gleichen Manager unter Vertrag: Graciano Rocchigiani hatte sich zwar mit Wilfried Sauerland überworfen, nachdem er im Oktober 1989 seinen WM-Titel nicht verteidigt hatte, aber der Vertrag zwischen den beiden bestand fort. Folglich beschwerte sich der Berliner des öfteren, dass sich sein Manager nur um den Ostdeutschen kümmere.

Zunächst führte Sauerland aber noch den erfahrenen Profi Rocchigiani als Hauptkämpfer und baute Maske in Rahmenkämpfen auf. Bei Maskes drittem Profikampf wurde er ausgebuht, denn der Fight fand in der Westberliner Sömmering-Halle statt, und Graciano Rocchigiani boxte als Hauptkämpfer gegen den Südamerikameister im Halbschwergewicht, Rodrigo Benech aus Uruguay. In der dritten Runde warf Benechs Trainer das Handtuch, und Rocchigiani hatte seinen ersten Kampf nach neun Monaten Pause gewonnen. Drei Monate später, wieder in der Sömmering-Halle, gewann Rocchigiani nach Punkten (gegen Mike Sedillo aus den USA), doch dem am gleichen Abend boxenden Henry Maske – Punktsieg nach acht Runden über Glazz Campbell aus England – gelang es allmählich, zum Gesprächsthema zu werden. Rocchigiani platzte an jenem Abend der Kragen: „Maskes Probleme interessieren mich nicht", beschied er Journalisten, die von ihm eine Prognose zum ostdeutschen Widersacher hören wollten, „ich habe selber genug."

Sauerland führte Rocchigiani zu einem Halbschwergewichts-EM-Kampf gegen den Briten Crawford Ashley. Der fand am 1. März 1991 in Düsseldorf statt, und Rocchigiani gewann nach Punkten.

Am 13. September 1991 verteidigte er den Titel gegen den Niederländer Alex Blanchard erfolgreich – durch technischen K.o. in der neunten Runde. Aber eine persönliche Krise wurde immer mehr zur boxerischen. Ende 1991 endete die Kooperation mit Sauerland, und Rocchigiani band sich an den wieder ins Promoter- und Managergeschäft einsteigenden Willy Zeller. Der hatte 1989 schon von Sauerland die Rechte an Rocchigiani-Kämpfen gekauft, und wollte jetzt den Westberliner Kämpfer, immerhin noch amtierender Europameister, groß rausbringen. Immer wieder gab es Verhandlungen über einen EM-Kampf mit Maske, konkret wurde es für den 28. Februar 1992. Doch Rocchigiani ließ ein Sauerland-Angebot von einer halben Million Mark für den Sieger unbeantwortet. Zeitgleich stand für Rocchigiani auch eine Pflichtverteidigung gegen Crawford Ashley an, zu der es auch nicht kam. In der Zeller-Ägide fand kein einziger Rocchigiani-Kampf statt, und der Berliner unterschrieb im Februar 1993 bei dem zum großen Sauerland-Konkurrenten aufgestiegenen Hamburger Promoter Klaus-Peter Kohl.

Starkes Trio bei Promoter Kohl

Bei Kohl fand sich Rocchigiani mit den Halbschwer- bzw. Cruisergewichtlern Dariusz Michalczewski und Markus Bott in einem Stall wieder. Der Karlsruher Bott gab sein Profidebüt durch einen Sechs-Runden-Punktsieg über John Held am 30. Juni 1989 in Hamburg. Bott war Profi geworden, nachdem er sich geweigert hatte, den vom Amateurverband für seine Kaderboxer geforderten Hauptschulabschluss nachzumachen.

Der aus Danzig stammende und eine Weile für Leverkusen in der Bundesliga boxende Amateur-Europameister Michalczewski kam 1991 zum Kohl-Stall. Obendrein hatte Kohl noch den rumänischen Weltergewichtler Michael Löwe unter Vertrag. Kohl begann eine Kooperation mit dem Hamburger Pay-TV-Sender Premiere, der seit 1991 sendet.

Hauptkämpfer war zunächst Bott, der am 14. Dezember 1990 auch seine Chance auf einen Europameistertitel im Cruisergewicht erhielt. In Karlsruhe boxte er gegen Johnny Nelson aus Großbritannien, den späteren WBO-Weltmeister im Cruisergewicht, doch den Kampf verlor Bott in der zwölften Runde durch technischen K.o.

Markus Bott – Weltmeister ohne Renommee

Wenige Tage, nachdem Rocchigiani bei Kohl unterzeichnet hatte, bekam Markus Bott als erster Kohl-Kämpfer die Chance auf einen WM-Titel. Kohl musste sich beeilen, denn sein Konkurrent Sauerland plante gerade mit Henry Maske den großen Karrieresprung.

Niemand nahm ihn ernst: Markus Bott (rechts), erster deutscher Weltmeister der Neunziger (hier bei der Niederlage gegen Nestor Giovannini).

Am 13. Februar 1993, also nur fünf Wochen vor Maskes erwähntem ersten WM-Kampf (der freilich schon für 1992 geplant gewesen war), trat Bott in der Hamburger Alsterdorfer Sporthalle gegen Tyrone Booze aus den USA an, den Weltmeister im Cruisergewicht des Verbandes WBO. Der Kampf war beim TV-Sender Premiere zu sehen, der dafür 450.000 Mark zahlte. Als Ringsprecher war der Schauspieler Horst Frank verpflichtet worden, und die Prominenz war, ähnlich wie bei Maskes erstem WM-Kampf, noch spärlich erschienen: Sie bestand aus der RTL-Sex-Talk-Moderatorin Erika Berger und dem Rocksänger Klaus Lage. Klaus-Peter Kohl, der als Promoter wirkte, entstanden für den Kampf etwa 500.000 Mark Kosten, nicht eingerechnet die von einigen Insidern vermuteten 20.000 Dollar, die es gekostet habe, Bott auf die Nummer eins der WBO-Cruisergewichts-Weltrangliste zu setzen.

Der 31-jährige Bott gewann den Kampf einstimmig nach Punkten und wurde ein Weltmeister, der von Beginn an gegen Missachtung zu kämpfen hatte. „So, jetzt können auch die Journalisten mal klatschen“, schimpfte er nach seinem Titelgewinn, „Markus Bott hat es euch nämlich jetzt gezeigt." Botts – genauer: Manager Kohls – eigentlicher Konkurrent aber, Henry Maske, der sich im Halbschwergewicht auf seinen IBF-WM-Kampf gegen Charles Williams vorbereitete, urteilte: „Der Ami war sehr schwach, als Weltmeister lächerlich. Gegen den konnte er gar nicht verlieren. Doch Bott ist jetzt Weltmeister, und er hat natürlich Recht, wenn er posaunt, Maske muss das erst einmal nachmachen."

Am gleichen Abend, an dem Bott erster Weltmeister der deutschen Profiboxer in den neunziger Jahren wurde, holte sich der 24jährige Dariusz Michalczewski den Titel des Internationalen Deutschen Meisters durch einen K.o.-Sieg in der zehnten Runde über Ali Saidi, einen in Stuttgart lebenden Tunesier, der 1994 Weltmeister des völlig unbedeutenden Verbandes World Boxing Federation (WBF) wurde (29. April 1994, technischer K.o. in der siebten Runde über Sergej Klokov in Jalta/Ukraine). Erst nachdem er diesen WM-Titel gewonnen hatte, nahm Saidi die deutsche Staatsangehörigkeit an. Ende der neunziger Jahre erregte Saidi Aufsehen, als er in den Überfall auf einen Geldtransporter verwickelt war.

Mit dem WBO-Weltmeister Bott hatte Promoter Kohl seinen Konkurrenten Sauerland zunächst übertrumpft. Während die Sauerland-Kämpfe exklusiv bei RTL zu sehen waren, war Kohls Hamburger Universum-Stall an den Pay-TV-Sender Premiere gebunden. Im Mittelpunkt der Kohlschen Marketing-Offensive standen: die Titelverteidigung von Bott, die weitere Vermarktung von Dariusz Michalczewski (der zum Maske-Widersacher aufgebaut werden sollte), Graciano Rocchigiani und Michael Löwe. Kohl war vertraglich zu zwölf Kampfabenden pro Jahr verpflichtet. Der Sender pflegte obendrein sein Image, indem er US-Spitzenkämpfer wie Riddick Bowe präsentierte.

Ähnlich wie der konkurrierende Sender RTL forderte Premiere allerdings vom deutschen Berufsboxen Anstrengungen für eine Imageverbesserung. In einem „taz"-Interview erklärte Kohl auf den Vorhalt, das deutsche Profiboxen habe eine große Nähe zum Rotlicht-Milieu: „Das war zu Zeiten, als Kiezgrößen wie Wilfried Schulz noch als Veranstalter auftraten, da waren die ersten Reihen immer direkt mit Leuten aus dem Milieu besetzt. Beim WM-Kampf von Markus Bott etwa gingen von 400 VIP-Karten nur 30 an diese Leute. Auch meine Boxer haben nichts mit diesem Milieu zu tun. Markus Bott wohnt in einem kleinen Dorf, und auch Graciano Rocchigiani, der früher einmal in diese Szene involviert war, hält sich jetzt fern."

Für seinen Titelgewinn hatte Bott nur 50.000 Mark erhalten, bei seiner ersten Titelverteidigung waren es schon beinah 200.000 Mark. Sie fand am 26. Juni 1993 in Hamburg statt. Er boxte gegen den Argentinier Nestor Giovannini – und verlor nach Punkten. Es war „der schlechteste WM-Kampf, den ich je gesehen habe", urteilte Ex-Europameister René Weller. Unter anderem war Giovannini, von Bott geschubst, aus dem Ring gestolpert und von seinem Bruder zurückgeschoben worden – ein klarer Regelverstoß. Bott hatte für die Niederlage bzw. die Nicht-Disqualifikation seines Gegners eine besondere Erklärung: „Ich habe verloren, weil einige Leute etwas gegen mich und mein Land haben."

»Der schlechteste WM-Kampf«

Kohl hatte mit Giovannini einen Rückkampf vereinbart, aber er vertraute Bott, seinem früher besten Boxer im Stall, nicht mehr: Als Attraktion für den Boxabend am 20. November 1993 in der Hamburger Alsterdorfer Sporthalle vor 7.000 Zuschauern verpflichteten Kohl und Premiere den US-Schauspieler Mickey Rourke, der sich eine Profiboxlizenz besorgt hatte. Rourke trat gegen den Gärtner und Gelegenheitsprofi Thomas McKay aus den USA an und gewann durch einen umstrittenen K.o.-Schlag in der dritten Runde (die Zeitlupe zeigte, dass Rourkes „Wirkungstreffer" aus einer leichten Nackenberührung bestand). Im Hauptkampf des Abends verlor Bott dann nach Punkten gegen den argentinischen Weltmeister Giovannini. Wegen eines Augenleidens beendete Bott, mittlerweile 32 Jahre alt, vorläufig seine Karriere und gründete eine Security-Firma.

Tiger, Rocky, Gentleman

Promoter und Manager Kohl setzte einerseits verstärkt auf den Deutsch-Polen Michalczewski, der seine Aufbaukämpfe souverän gewann, andererseits auf Graciano Rocchigiani, der nach langer Pause am 26. Juni 1993 wieder einen Kampf bestritt – Punktsieg über Lester Yourbrough. Rocchigiani reduzierte das Gewicht, denn sein Manager Kohl, der über gute Kontakte zur WBO verfügte, organisierte ihm nach insgesamt drei Siegen im Jahr 1993 für den 5. Februar 1994 in Berlin einen WM-Kampf im Supermittelgewicht gegen den Engländer Chris Eubank: Rocchigiani verlor höchst umstritten nach Punkten.

Am 17. Dezember 1994 erhielt „Rocky" Rocchigiani gleichfalls im Supermittelgewicht eine EM-Chance. Doch der Kampf in Berlin gegen Frederic Seillier aus Frankreich endete Unentschieden, und Rocchigiani erhielt den Titel nicht.

Michalczewski hingegen gewann seinen WBO-Weltmeisterschaftskampf im Halbschwergewicht am 9. September 1994 in Hamburg: Er schlug den Amerikaner Leeonzer Barber nach zwölf Runden durch Punktsieg. Drei Monate später, am 17. Dezember 1994 holte sich Michalczewski, Kampfname „Tiger", von Nestor Giovannini auch den WBO-Cruisergewichtstitel, den er allerdings nie verteidigte. Den Halbschwergewichts-Titel hingegen verteidigte er bis April 2000 insgesamt 17-mal.

Ein Kampf zwischen den beiden deutschen Halbschwergewichts-Weltmeistern Henry Maske (IBF) und Dariusz Michalczewski (WBO) kam nie zustande. Der einzige Deutsche, der beide Boxer forderte, war Graciano Rocchigiani. Weil er der Meinung war, dass sein an Premiere gebundener Manager einen ihm zustehenden Kampf gegen Henry Maske nicht ernsthaft verfolge, stieg Rocchigiani aus dem Kohl-Vertrag aus. Gemanagt wurde er seitdem von seiner Ehefrau Christine, später betreute ihn auch sein US-Trainer Emanuel Steward.

Am 27. Mai 1995 forderte Rocchigiani in der Dortmunder Westfalenhalle Henry Maske. 13.000 Zuschauer in der ausverkauften Halle und 13 Millionen auf RTL sahen den umstrittenen Punktsieg Maskes, bei dem es Rocchigiani in der zwölften Runde sogar gelungen war, den Weltmeister von den Beinen zu holen.

„Gentleman" Maske bot seinem Herausforderer den Rückkampf an. Er fand am 14. Oktober 1995 statt, diesmal in München, und RTL konnte in den Tagen danach für das als „Eine Frage der Ehre II" beworbene Event 17,6 Millionen Zuschauer vermelden. Diesen Rückkampf gewann Maske deutlich nach Punkten, und die Forderung Rocchigianis nach einem dritten Kampf – „schließlich steht es jetzt eins zu eins zwischen uns" – blieb erfolglos.

Skandalkampf Rocky gegen Tiger

Am 10. August 1996 kam es dann zum ersten Halbschwergewichts-Duell zwischen Dariusz Michalczewski und Graciano Rocchigiani. Im mit 25.000 Zuschauern ausverkauften Hamburger Wilhelm-Koch-Stadion des Fußballvereins FC St. Pauli gab es eine Auseinandersetzung, die von beinahe allen Beobachtern als „Skandalkampf" bezeichnet wurde: In der siebten Runde schlug Rocchigiani, der zu diesem Zeitpunkt bei allen drei Kampfrichtern deutlich führte, noch nach einem Break-Kommando einen linken Haken. Michalczewski torkelte, hielt sich an den Ringseilen fest und legte sich flach hin. Der Ringrichter brach den Kampf ab, das Punktgericht fällte zunächst kein Urteil, sondern wertete eine Viertelstunde lang die Fernsehbilder aus, um dann ein „technisches Unentschieden" zu verkünden. Die WBO verstieß mit diesem Urteil gegen ihr eigenes Regelwerk und beließ Michalczewski als Weltmeister. Etliche Tage später wurde Rocchigiani dann disqualifiziert. Ein Rückkampf, den der Sportchef des übertragenden Senders Premiere, Michael Pfad, sofort angekündigt hatte, kam zunächst nicht zustande.

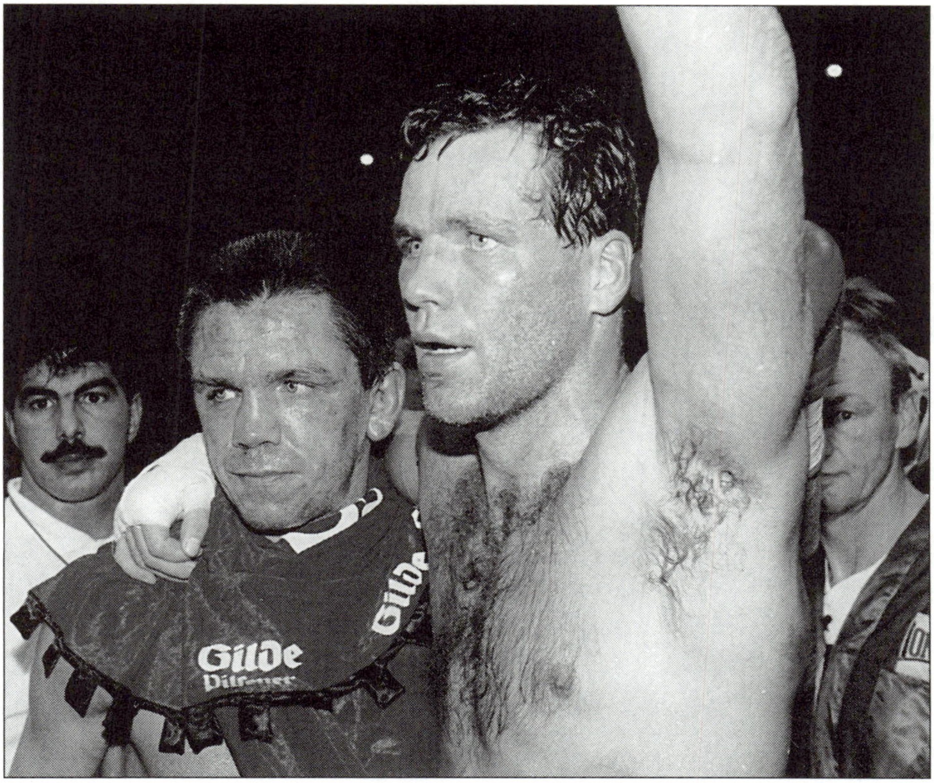

Die „Frage der Ehre“ im zweiten Anlauf geklärt: Maske punktete Rocchigiani aus.

Am 14. Dezember 1996 boxte Michalczewski in Hannover gegen den Franzosen Christophe Girard (K.o.-Sieg in der 8. Runde), den er zwei Monate vor der Auseinandersetzung mit Rocchigiani schon umstritten besiegt hatte. Premiere setzte als Co-Kommentator den durch seine umstrittenen Niederlagen gegen Maske und Michalczewski populär gewordenen Rocchigiani ein.

Klaus-Peter Kohl boykottierte daraufhin die Arbeit des Fernsehsenders, gab keine Interviews und ließ das Kamerateam vor dem Kampf nicht in die Kabine. Obendrein verkündete er, lieber mit anderen Anstalten zu verhandeln. Schon im Juni 1996 – beim ersten Michalczewski-Girard-Kampf – hatte nicht Premiere übertragen, sondern nach langen Jahren der Abstinenz wieder die ARD, die die Rechte an speziell diesem Kampf dem Pay-TV-Sender abgekauft hatte.

Die Hintergründe des schon damals umstrittenen Sieges von Michalczewski – Rocchigiani vermutete Bestechung – deutete ARD-Boxexperte Peter Jensen in einem Interview mit dem Fachblatt „Kicker“ an:

„Tiger“ Michalczewski 1997 nach seinem Sieg gegen WBA- und IBF-Titelträger Virgil Hill.

„Kicker: Sie selbst hat offenbar der Mut verlassen.
Jensen: Wieso?
Kicker: Nun, bis zur neunten hatten Sie als Kommentator den Franzosen richtigerweise fast in jeder Runde vorn. Doch dann schwieg des Sängers Höflichkeit…
Jensen: Weil ich aus Erfahrung wusste, dass der Junge den Sieg nie bekommen würde. Ich kann mich aber nicht vors Mikro setzen und eine Sache, die wir gekauft haben, als Betrug hinstellen.
Kicker: Deshalb haben Sie 'Rocky' und seine Mafia-Anschuldigungen voll über den Sender gehen lassen?
Jensen: Richtig, deshalb habe ich Graciano Rocchigiani nicht gebremst.“

Henry Maske ging einer Auseinandersetzung mit Dariusz Michalczewski immer aus dem Weg. Der deutsche IBF- und der deutsche WBO-Halbschwergewichts-Weltmeister begegneten sich nie im Ring, woran vor allem die unterschiedlichen Promoterinteressen und ihre Bindung an verschiedene Fernsehanstalten schuld waren.

Henry Maske avisierte als letzten großen Kampf in seiner Karriere die Auseinandersetzung mit Virgil Hill, dem Halbschwergewichts-Weltmeister der WBA.

Am 23. November 1996 verlor er gegen Hill und trat zurück. „Natürlich war ich traurig", sagte er in einem Interview, „denn die Situation ist ja nun einmal so, dass ich verloren habe."

Der Sprung des Tigers

Etwa ein halbes Jahr später, am 13. Juni 1997, boxte Dariusz Michalczewski gegen Virgil Hill und holte sich durch einen Punktsieg die Halbschwergewichtstitel der WBA und der IBF. Die WBA erklärte zwar den Kampf später zum Nichttitelkampf, außerdem legte Michalczewski freiwillig auch sofort den IBF-Titel nieder, aber für einen Moment hatte der in Danzig geborene Hamburger den Titel besessen, den Henry Maske nie gegen ihn verteidigen wollte.

Der Revanchekampf Michalczewski-Rocchigiani fand erst fast vier Jahre später statt, am 15. April 2000 in Hannover. Der mittlerweile 36-jährige Berliner hatte über zwei Jahre nicht mehr im Ring gestanden. Michalczewski verteidigte in Hannover seinen WBO-Titel, und er dominierte den mit Spannung erwarteten und mit hohem Tempo geführten Kampf von Beginn an. Nach der neunten Runde gab Rocchigiani auf – „Ich war einfach satt."

Die lange Ringpause von Rocchigiani hatte Gründe: 1997/1998 war der Halbschwergewichtstitel des angesehenen Verbandes WBC vakant, weil Roy Jones Jr.

Spezialist für ehrenvolle Niederlagen: „Rocky" (rechts) verliert den Revanchekampf gegen Michalczewski am 15. April 2000 in Hannover.

aus den USA ihn niedergelegt hatte, um ins Schwergewicht aufzusteigen. Um diesen vakanten Titel sollte Rocchigiani gegen Michael Nunn aus den USA boxen. Ein erster Termin im Februar 1998 musste wegen einer Grippe des Berliners abgesagt werden, sechs Wochen später, am 21. März 1998 schlug er den US-Amerikaner Michael Nunn vor 7.000 Zuschauern in der Berliner Max-Schmeling-Halle nach Punkten. Die WBC überreichte ihm den Gürtel des Halbschwergewichts-Weltmeisters. Als kurze Zeit später Roy Jones Jr. erklärte, er habe den Titel doch nicht niedergelegt, ernannte die WBC den US-Boxer, der in Fachkreisen als bester Boxer der Welt gehandelt wurde, kurzerhand wieder zum Weltmeister und machte aus Rocchigiani einen „Interims-Champ". Rocchigiani bemühte sich sowohl um Anerkennung als rechtmäßiger WBC-Weltmeister wie auch um einen Kampf gegen Jones Jr. Für Januar 2000 war endlich dieser Kampf in den USA angesetzt worden. Letztlich platzte der Kampf, und das Jones-Management gab Rocchigiani die Schuld.

Graciano Rocchigiani war der einzige deutsche Profi – zumindest in der Konkurrenz der drei guten Halbschwergewichtler Maske, Michalczewski, Rocchigiani –, der wenigstens ein bisschen das verkörperte, was das Boxen in den USA zum Teil des „American Dream" hat werden lassen: die Erfahrung, dass dieser Sport den gesellschaftlich marginalisierten Gruppen eine winzige Chance des sozialen Aufstiegs bietet. In den USA waren es erst die Iren, die diese Möglichkeit suchten, dann die Juden, die Italiener, die Schwarzen und neuerdings die Latinos.

Die Chance der Immigranten

Rocchigiani repräsentierte bis ins kleinste und kitschigste Detail die Immigranten, die nach Deutschland kamen und hier assimiliert wurden. Der Vater ist ein sardischer Eisenbieger, geboren wurde Graciano in Duisburg-Rheinhausen elf Monate nach der Geburt seines Bruders Ralf, aufgewachsen sind die beiden auf Berliner Hinterhöfen. Ganz grundlos nannte man Graciano Rocchigiani nicht „Rocky". Sein Habitus erinnerte an den Aufsteiger, den Sylvester Stallone als Rocky Balboa in den gleichnamigen Filmen verkörperte.

Dariusz Michalczewski verkörpert einen anderen Typus. Er setzte sich einst als polnischer Nationalstaffelboxer in den Westen ab, jobbte eine Weile und wurde bald Bundesligaboxer, nahm die deutsche Staatsbürgerschaft an und wurde Profi. Er symbolisiert eher das Bemühen von osteuropäischen Migranten, sich nach dem Zusammenbruch des Sozialismus im Westen zu etablieren und sich bestimmter Wohlstandsinsignien zu bedienen.

Axel Schulz – für eine Hand voll Chancen

Parallel zu den Auseinandersetzungen der drei guten deutschen Halbschwergewichtler versuchte mit Axel Schulz ein Schwergewichtler, Anschluss an die Weltspitze zu finden.

Nur kurz nach Henry Maske war er zu den Profis gewechselt, in seinem 14. Profikampf wurde er gegen Bernd Friedrich aus Neuwied Deutscher Meister. Der Kampf fand am 19. September 1992 in Kassel statt und bewies das gestiegene gesellschaftliche Ansehen des Boxens: Eingebettet war der Kampfabend in die Kunstausstellung „documenta", organisiert hatte ihn deren künstlerischer Direktor Jan Hoet. „In gewissem Sinn ist es beim Boxen wie bei der Kunst: Man muss haarscharf Echtheit von Pose unterscheiden können, spüren, wo die Authentizität aufhört und die Berechnung anfängt", begründete Hoet das Novum.

Boxen auf der documenta

Die Reaktionen auf Hoet waren unterschiedlich. Ex-Weltmeister Eckhard Dagge sagte: „Ich weiß nicht, was ich dazu sagen soll. Kunst und Boxen hat für mich nichts miteinander zu tun." Aber Ex-Europameister René Weller befand: „Kunst definiere ich als Dinge zu verändern, und solche Veränderungen kommen auch beim Boxen vor. Nehmen wir etwa Henry Maske. Außerhalb des Ringes kann er keiner Fliege etwas zu Leide tun. Sobald er den Ring betritt, verändert er sich, seine gesamte Persönlichkeit. Dort wäre er in der Lage, einen Menschen umzubringen. Sein Gesicht und das Gesicht seines Gegners verändern sich auch. Und dann nach dem Schlussgong, wenn die Gegner sich in den Armen liegen, das ist die nächste Veränderung." Maske interpretierte den Event im Sinne seiner späteren RTL-Karriere: „Mich würde es freuen, wenn diese Veranstaltung dazu beitragen würde, dem Boxen ein anderes Image in der Öffentlichkeit zu geben."

An diesem Abend boxten u.a. der Berliner Schwergewichtler Mario Schießer gegen den Ungarn Laszlo Paszierko und Henry Maske gegen Samson Cohen aus den USA. Den Hauptkampf aber bestritt Axel Schulz, der Friedrich mit Schlägen traktierte, aber nicht ausknocken konnte. Schulz gewann eindeutig nach Punkten und holte sich seinen, wie es damals schien, ersten Titel seiner Karriere.

Sein Manager Sauerland verschaffte ihm danach – im Dezember 1992 und noch mal im Mai 1993 – zwei Europameisterschafts-Chancen: Einmal erreichte Schulz ein umstrittenes Unentschieden gegen den Engländer Henry Akinwande – in der nur mit 2.000 Zuschauern gefüllten Berliner Eissporthalle kam es zu einer Split Decision. Beim zweiten Mal, das trotz der Ankündigung des technischen

Direktors Jean-Marcel Nartz nach dem letzten Kampf („Nie wieder Berlin!“) doch wieder in Berlin stattfand, gewann Akinwande nach Punkten.

Im April 1995 erhielt Axel Schulz die Chance seines Lebens. Der schon 46-jährige George Foreman war nach langer Pause und durchwachsenem Comeback wieder WBA- und IBF-Schwergewichts-Weltmeister geworden und akzeptierte lieber den jungen Ostdeutschen als Herausforderer statt der Nummer eins der WBA-Rangliste, Tony Tucker aus den USA. Anders als die IBF akzeptierte die WBA Schulz nicht und erkannte Foreman den Titel ab.

In den USA wurde Schulz kaum registriert, das Fachblatt „The Ring“ bezeichnete ihn als den „elftunqualifiziertesten Herausforderer eines Schwergewichtsweltmeisters“. Das Boulevardblatt „New York Post“ schrieb: „Er ist keine größere Bedrohung für Foreman als der Hungertod“. Und die „NY Daily News“ spottete, jeder Axel der in ein Attentat verwickelten Eiskunstläuferin Tonya Harding sei gefährlicher als dieser Axel Schulz.

Erst Jahre später kam durch eine Untersuchung der US-Bundespolizei FBI heraus, dass von Foremans Seite 100.000 Dollar an die IBF gezahlt wurde, damit Axel Schulz auf die Weltrangliste kam. In US-Zeitungen wurde auch kolportiert, dass von Seiten des Schulz-Managers Sauerland, bzw. von dessen Geschäftspartner in den USA, Cedric Kushner, Bestechungsgelder an die IBF und ihren Präsidenten, Robert W. Lee, geflossen wären. Eine ähnlich hohe Summe, so die Erkenntnisse des FBI, habe Don King später für die Weltranglistenkletterei seines Schützlings François Botha aus Südafrika hingelegt.

Im Ring lieferte Schulz einen großen Kampf und verlor – sehr umstritten – nach Punkten. Obwohl er häufiger traf, gelang es ihm nicht, den schwereren Foreman aus der Ringmitte zu drängen. „Mit einer derartigen Taktik kann man vielleicht einen Amateurkampf gewinnen,“ analysierte Matti Lieske in der „taz“, „aber nicht Weltmeister im Schwergewicht werden.“ Und George Foreman selbst formulierte es so: „Schulz ist ein guter Läufer und ein tapferer Bursche, aber einen solchen Titel bekommt man nicht, indem man vor einem alten Mann davonläuft. Man muss ihn sich holen.“

»So kann man nicht Weltmeister werden«

Foreman, der zehn Millionen Dollar erhielt – bei Schulz waren es 350.000 Dollar – weigerte sich, noch einmal gegen Schulz zu kämpfen, die IBF erkannte ihm den Titel ab, und Schulz bekam die Chance, um den nun vakanten IBF-Titel zu boxen. Als Gegner wurde der von der Firma des umstrittenen US-Promoters Don King betreute weiße Südafrikaner François Botha ausgesucht, Kampfort war Stuttgart, und als Termin wurde der 9. Dezember 1995 festgelegt. In die Hanns-

Umstrittene Niederlage nach großem Kampf: Axel Schulz gegen den 46-jährigen George Foreman.

Martin-Schleyer-Halle kam, wie schon beim Kampf zwischen Schulz-Freund Henry Maske und Graciano Rocchigiani, beinahe die gesamte TV-Prominenz Deutschlands. Formel-1-Fahrer Michael Schumacher antwortete auf die Frage, ob er mitgepunktet habe: „Ich schlage meine Frau nicht", und der Wimbledon-Sieger Michael Stich erklärte: „Boxen ist im Vergleich zu Tennis irgendwie anders." Der übertragende TV-Sender RTL lud den US-Rocksänger Meat Loaf fürs Kulturprogramm ein. Für 7.000 Mark pro Werbesekunde garantierte er seinen Werbekunden 15 Millionen Zuschauer – es wurden am Ende 18,52 Millionen und damit die höchste Einschaltquote des Jahres.

Aber Schulz konnte auch die zweite Chance seines Lebens, Schwergewichts-Weltmeister zu werden, nicht nutzen. Er boxte verhalten, selten seine Doppeldeckung verlassend. Botha machte auch nicht viel, er provozierte mit tiefhängender Hand. „Botha ist der schlechteste Weltmeister aller Zeiten", urteilte Max Schmeling. „Der Kampf hatte kein WM-Niveau", sagte René Weller, und der „Sport-Informationsdienst" schrieb später in einem Kommentar, Botha habe seinen Titel „im peinlichsten Schwergewichts-Kampf in der Geschichte des modernen Profiboxens" gewonnen.

Promoter Don King bespuckt

Nachdem das Urteil bekanntgegeben war – einstimmiger Punktsieg für Botha (zunächst hatte es durch einen Fehler des Ringsprechers Split Decision geheißen) –, kam es zu Ausschreitungen im Publikum, vor allem auf den teuren Plätzen. Sektflaschen wurden in den Ring geworfen, sechs Personen erlitten Verletzungen. Die deutsche Schauspielerin Cleo Kretschmer war stolz, dem als Co-Veranstalter gemeinsam mit Sauerland aufgetretenen Don King ins Gesicht gespuckt zu haben. Der bedankte sich im deutschen Fernsehen für die Gastfreundschaft.

Kurz nach dem Stuttgarter Kampf stellte sich heraus, dass Botha das anabole Steroid Nandrolon eingenommen hatte, also gedopt war. Statt ihn zu disqualifizieren, setzte die IBF zunächst einen neuen Kampf zwischen Botha und Schulz an. Zusätzlich hatte Botha 50.000 Dollar Strafe zu zahlen. Verlierer bei dieser Konstruktion war der US-Boxer Michael Moorer, eigentlich bereit stehender Pflicht-Herausforderer des Weltmeisters. Diese Entscheidung fiel am 25. Februar 1996, zwei Tage später revidierte die IBF – nach Intervention von Moorers Manager – ihre Entscheidung und setzte den Amerikaner als Herausforderer des Weltmeisters Botha an. Für Axel Schulz bliebe, so die IBF, das Herausforderungsrecht für den Sieger des Kampfes Botha gegen Moorer.

Das Sauerland-Management reichte Klage ein, und im März erkannte ein US-Distrikt-Gericht François Botha den Titel ab: Die IBF erklärte den Kampf zu No Contest, um den nun vakanten Titel boxten Michael Moorer und Axel Schulz. Der Kampf fand am 22. Juni 1996 in Dortmund statt. 20.000 Menschen waren in das Westfalenstadion gekommen, um Schulz' dritte WM-Chance in Folge zu erleben: Er nutzte sie wieder nicht. Klar nach Punkten wurde Michael Moorer neuer Schwergewichts-Weltmeister der IBF.

Axel Schulz' Versuch, in die Weltspitze vorzustoßen, war endgültig gescheitert. Er absolvierte jedoch weiterhin Aufbaukämpfe, um sich später für einen internationalen Titel, eventuell gar einen WM-Kampf, zu empfehlen.

In der Zwischenzeit hatten sowohl in Schulz' Sauerland-Stall als auch beim Konkurrenz-Manager Klaus-Peter Kohl gute Schwergewichtler auf sich aufmerksam gemacht: Bei Sauerland boxte der Kroate Zejlko Mavrovic, mal in Zagreb, mal in Köln, mal in London lebend und von Darkie Smith trainiert. Mavrovic, dessen Irokesenfrisur ihn bekannt machte, wurde im April 1995 Europameister im Schwergewicht. Diesen Titel legte er 1998 nieder, einerseits um eine WM-Chance zu erhalten, andererseits, weil sein als WM-Kandidat gescheiterter Teamkollege Schulz vom Management nun als potenzieller Europameister aufgebaut werden sollte.

Klitschko-Brüder greifen ein

Sauerlands Konkurrent Klaus-Peter Kohl holte den Olympiasieger im Superschwergewicht von 1996 in Atlanta, Wladimir Klitschko, und dessen Bruder Vitali aus der Ukraine nach Hamburg, wo er sie für eine Weltkarriere aufbaute. Vitali Klitschko gewann im Oktober 1998 gegen den Berliner Mario Schießer (technischer K.o. in der zweiten Runde) die nach Mavrovic' Titelniederlegung vakante Europameisterschaft. Diesen Titel legte er später nieder, denn am 26. Juni 1999 bekam Vitali gegen den Briten Herbie Hide eine größere Chance: Er kämpfte um die Schwergewichts-WM der WBO – und siegte durch K.o. in der zweiten Runde.

Zweimal verteidigte Vitali Klitschko seinen WBO-Titel erfolgreich, aber am 1. April 2000 unterlag er in Berlin Chris Byrd aus den USA durch Aufgabe wegen einer Schulterverletzung zu Beginn der zehnten Runde.

Zuvor hatte Bruder Wladimir am 25. September 1999 erfolgreicher geboxt. Er gewann gegen Axel Schulz die Europameisterschaft, die nach der Titelrückgabe von Vitali vakant war. Der Ukrainer siegte durch technischen K.o. in der achten Runde. Axel Schulz erklärte noch am selben Abend seinen Rücktritt.

Axel Schulz' letzter Kampf: Am 25. September 1999 besiegte ihn Wladimir Klitschko in der achten Runde durch technischen K.o.

Nach Vitalis Niederlage gegen Byrd drohten die von Manager Kohl eingefädelten US-Pläne der zwei ukrainischen Brüder zu scheitern. Der US-Sender HBO hatte den Kampf aus Berlin live in die USA übertragen, und die Fernsehmacher zeigten sich von Vitali Klitschko mehr als nur enttäuscht. Der Kommentator Larry Merchant sagte, Klitschko habe nicht die Mentalität eines Champions, und auf die Frage, ob er sich einen Kampf Klitschkos gegen Evander Holyfield oder Lennox Lewis vorstellen könne, gab es nur ein knappes: „Never".

Konkurrenz der TV-Anstalten

Der EM-Kampf Wladimir Klitschko gegen Axel Schulz war seitens des Kohl-Managements lange gefordert worden. Probleme hatte es durch die Senderbindung der zwei Promoter gegeben: Sauerland und Schulz waren an RTL gebunden, Kohl und Klitschko aber an die Sender der Kirch-Gruppe. Durch den Besitzerwechsel von Premiere – 1998 stieg die Kirch-Gruppe, die bislang defizitär mit DF-1 ein Konkurrenzprodukt angeboten hatte, in den Hamburger Pay-TV-Kanal ein und holte ihn nach München – liefen häufiger auch Kohl-Kämpfe im zur Kirch-Gruppe gehörenden Deutschen Sportfernsehen (DSF).

Sat.1 hatte sein Profibox-Debüt am 13. Juni 1997, als Dariusz Michalczewski gegen den Henry-Maske-Bezwinger Virgil Hill aus den USA boxte und nach Punkten gewann. Live war dieser Vereinigungs-WM-Kampf um die Titel der Verbände IBF, WBA und WBO im Halbschwergewicht auf Premiere zu sehen, zwei Stunden zeitversetzt auf Sat.1.

Erste Überlegungen bei Sat.1, ins Profiboxen einzusteigen, waren schon 1994/95 laut geworden. Da diskutierte man bei dem Sender, nach den Olympischen Spielen 1996 mit einem eigenen Boxstall an den Start zu gehen. Der Plan scheiterte, weil keine Boxer frei waren und weil die zwei Großpromoter sich bei den 1996 laufenden Verhandlungen mit den bei Olympia aufgefallenen Talenten, wie beispielsweise Oktay Urkal aus Berlin oder dem Thüringer Markus Beyer, als erfolgreicher erwiesen. Außerdem waren Kohl und Sauerland ja auch schon langfristig an andere Anstalten gebunden.

Begünstigt wurden die Sat.1-Pläne durch die Unzufriedenheit von Dariusz Michalczewski mit seinem Manager-Promoter Kohl und dessen Vermarktungsstrategie, Michalczewski als „Tiger", der bei PR-Fotos ein Raubtierfell umgehängt bekommt, zu präsentieren. Vor allem ärgerte sich Michalczewski, dass der Pay-TV-Sender zu wenig Zuschauer erreichte.

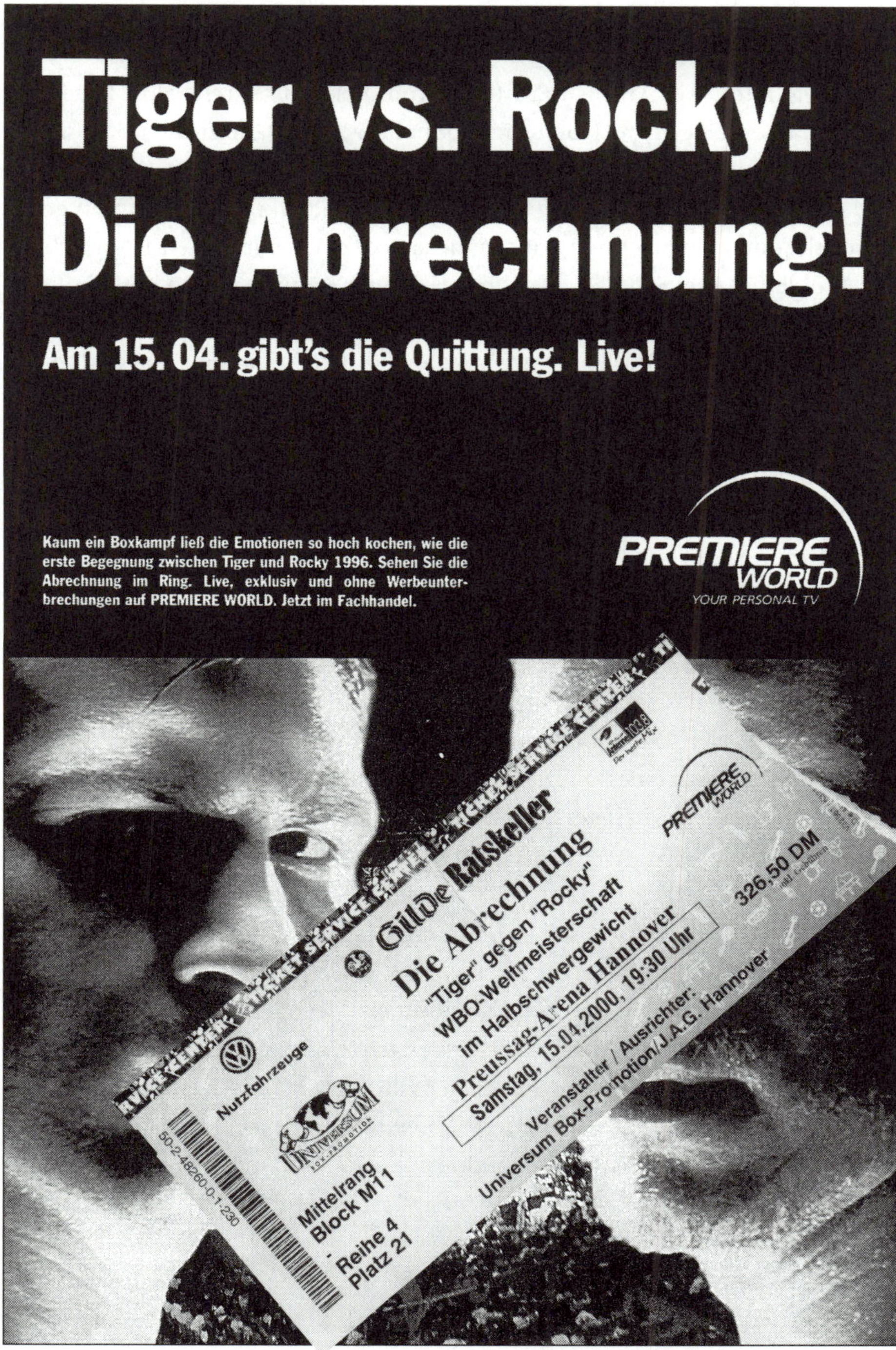

Perfekte Vermarktung: Eintrittskarte und TV-Anzeige für den Revanche-Kampf „Tiger“ gegen „Rocky“.

Die Kirch-Gruppe kaufte sich zunächst für ihren digitalen Sender DF-1 bei dem US-Promoter Bob Arum ein und erwarb die Rechte beispielsweise an Lennox-Lewis-Kämpfen. Arums mächtiger Promoter-Konkurrent Don King aber verkaufte über seine Firma Don King Productions (DKP) die großen US-Kämpfe an Premiere.

Der Kölner Sender RTL, der mit Maskes und Schulz' WM-Kämpfen große Einschaltquoten verzeichnen konnte, bekam derweil mit seinen Hauptkämpfern Probleme. Axel Schulz sagte allein 1998 vier Kämpfe wegen Verletzung ab und bekam Druck vom Sender. „Axel spielt natürlich nach wie vor eine Rolle für uns", sagte RTL-Chefredakteur Hans Mahr im November 1998 in einem Interview, „aber die Luft wird für ihn immer dünner."

Poker um TV-Millionen

Derweil hatte der Sender nämlich auch Probleme mit dem Kämpfer, der ihm von Wilfried Sauerland als – zumindest temporäre – Maske-Nachfolge angedient worden war: Graciano Rocchigiani hatte mit Sauerland einen Vertrag abgeschlossen, wonach er drei Kämpfe als RTL-Hauptkämpfer zu absolvieren hatte und dafür 5,5 Millionen Mark erhalten sollte.

Im Rahmen dieses Vertrages lehnte Rocchigiani im August 1997 einen Titelkampf um die Halbschwergewichts-WM des unbedeutenden Verbandes WBU gegen Frank Tate ab. Das Sauerland-Management verpflichtete als Ersatz-Kämpfer Norbert Nieroba, einen Teilzeit-Profi aus Ahlen, der tagsüber als Installateur bei den Stadtwerken arbeitete. Nieroba verlor diesen Kampf, wurde aber im April 1998 in Duisburg WBU-Weltmeister im Supermittelgewicht gegen den Südafrikaner Soon Botes.

Rocchigiani pokerte mit seiner Frau und Managerin Christine weiter, bis er endlich seinen Kampf um den angesehenen WBC-WM-Titel erhielt. Der Kampf fand am 21. März 1998 in Berlin statt, und Rocky siegte.

Etwas am Rande der Auseinandersetzungen zwischen Großpromotern und Fernsehanstalten stehen Boxer wie etwa Willi „de Ox" Fischer aus Frankfurt/Main. Er boxt im mit Kohl assoziierten Hessen Box Team von Ebby Thust. Am 26. September 1998 verlor Fischer in London einen WM-Kampf um den Schwergewichtstitel der WBO gegen den Engländer Herbie Hide, der seinerseits später gegen Vitali Klitschko verlieren sollte.

Große Kämpfe lieferte sich Fischer um die Deutsche und die Internationale Deutsche Meisterschaft mit Kim Weber aus Köln: Im Oktober 1996 verlor Fischer knapp nach Punkten, im Oktober 1999 gewann er knapp nach Punkten. Und am 6. Mai 2000 traf er in Frankfurt/Main im Kampf um die Deutsche Meisterschaft auf den Sauerland-Boxer Timo Hoffmann. Der erst 1974 geborene Hallenser hatte sich im Januar 2000 den Titel von Mario Schießer aus Berlin geholt, wurde aber von Fischer und seinem Lager als „tapsiger Tanzbär" und „Riesenbaby" verhöhnt. Hoffmann verteidigte seinen Titel nach Punkten, erkämpfte sich so auch das Recht zur Herausforderung des Europameisters, aber Hoffmann erbat sich dafür zunächst Bedenkzeit.

Stabile Szene im Schwergewicht

Hoffmann und Fischer gehören zu einer einigermaßen stabilen Schwergewichtsszene, die sich anfangs der neunziger Jahre in Deutschland entwickelt hat. Hier finden auf nationaler und zum Teil auch auf europäischer Ebene große Kämpfe statt, im Weltmaßstab können diese Kämpfer aber kaum mithalten. Zu dieser Szene gehören neben Timo Hoffmann und Willi Fischer auch Kim Weber aus Köln, Mario Schießer aus Berlin, der zweimal deutscher Meister war, oder René Monse, der erst spät von den Amateuren in Sauerlands Profistall gewechselt war. Nach kurzer Pause boxt Monse nun im kleinen Magdeburger SES-Stall.

Zu den nur national bedeutenden Schwergewichtlern gehört auch der Dresdner René Hanl, obwohl der am 20. Mai 2000 in Coswig die Chance verpasste, nach Max Schmeling zweiter deutscher Schwergewichts-Weltmeister zu werden: Hanl verlor im Kampf um den Titel des völlig unbedeutenden World Boxing Board (WBB) gegen den Kenianer Joseph Akhasamba einstimmig nach Punkten.

In den dem Schwergewicht folgenden Gewichtsklassen gilt ähnliches: Neben den führenden Boxern Maske, Michalczewski, Rocchigiani und neuerdings Ottke und Beyer führen Kämpfer wie Torsten May und Thomas Ullrich eine relativ große und relativ stabile nationale Boxerszene an. Solche Kämpfer stoßen auch zuweilen in internationale Sphären vor.

Zu Weltmeister-Ehren kamen im Cruisergewicht (WBO) der Berliner Ralf Rocchigiani (1995 bis 1997), im Mittelgewicht der Berliner Bert Schenk (WBO) (1999), der Berliner Sven Ottke im Supermittelgewicht (IBF) (seit 1998) und in der gleichen Gewichtsklasse der Thüringer Markus Beyer, allerdings für den Verband WBC (1999 bis 2000). Beyer und Ottke gehören beide zum Stall von Wilfried Sauerland, der auch prompt ankündigte, ein Kampf seiner beiden Weltmeister gegeneinander käme nicht in Frage. Am 6. Mai 2000 aber verlor Markus Beyer in Frankfurt/Main seinen Titel gegen Glenn Catley: Der Engländer schlug ihn in der zwölften Runde nieder. Der Ringrichter beendete den Kampf.

Auch nach dem Henry-Maske-Boom mit TV-Einschaltquoten von bis zu 18 Millionen hatte sich das Niveau im deutschen Berufsboxen auf relativ hohem Level gehalten. Markus Beyers WM-Erfolg in England über Richie Woodhall am

23. Oktober 1999 sahen live auf RTL immerhin über fünf Millionen Zuschauer. Seine Niederlage gegen Catley, die zusammen mit dem DM-Kampf zwischen Timo Hoffmann und Willi Fischer übertragen wurde, sahen 4,2 Millionen, und einen für deutsche Verhältnisse großen Kampf, wie Axel Schulz' EM-Niederlage gegen Wladimir Klitschko in Köln, verfolgten elf Millionen Zuschauer.

Solange Henry Maske boxte, war Wilfried Sauerland die unangefochtene Nummer eins unter Deutschlands Promotern. 1997 aber bröckelte seine Vormacht, und im BDB traten offen Konflikte zu Tage. Als BDB-Präsident amtierte Dr. Alois Teuber, ein Arzt aus der Nähe von Düsseldorf. Ihm wurde vorgeworfen, eine positive Dopingprobe von Graciano Rocchigiani, die am Rande des Skandalkampfs gegen Dariusz Michalczewski am 10. August 1996 in Hamburg genommen worden war, nicht ordnungsgemäß weitergeleitet zu haben.

Ein weiterer Streit ging um eine angeblich fehlende Sicherheitsleistung bei einem EM-Kampf, den Karl-Heinz Schwensen – im Hamburger Rotlichtmilieu als „Neger-Kalle" bekannt – veranstalten wollte: Zwischen dem Briten Richie Woodhall und dem Deutschen Salvador Yanez war 1996 ein EM-Kampf im Mittelgewicht in Hamburg angesetzt worden. Einen Tag vor dem Kampf, den „Neger-Kalle" in Form eines Dinnerboxens austragen wollte, sagte der BDB den Abend wegen angeblich fehlender Mittel ab. Schwensen hatte aber eine 200.000-DM-Sicherheitsleistung aufgebracht. Letztlich wurde der BDB gerichtlich dazu verpflichtet, an Schwensen Geld zu zahlen.

Schließlich kam es zu einem Gerangel um den BDB-Präsidentenstuhl. Der durch die Doping- und Finanzierungs-Affäre angeschlagene Dr. Teuber war nicht mehr zu halten, als kurz vor der BDB-Versammlung im November 1997 noch eine Anzeige gegen ihn wegen sexueller Belästigung einer Sekretärin des Verbandes hinzukam. Um ihn durch einen anderen Pro-Sauerland-Mann zu ersetzen, soll – so ging das Gerücht – Wilfried Sauerland alle RTL-Mitarbeiter aufgefordert haben, in den BDB einzutreten, die Kosten übernehme er.

Konkurrent Kohl drohte mit Austritt und dem Ausrufen eines neuen Verbandes, doch letztlich einigten sich die zwei Großpromoter. Während ausgerechnet „Neger-Kalle" für Teuber, seinen „alten Freund Alois", plädierte, wurde Dr. Bodo Eckmann, Hausarzt von Klaus-Peter Kohl, neuer BDB-Präsident.

Mit dem Ende des Maske-Booms litt nicht nur das vorher so gut polierte Image des BDB, es war auch zunächst einmal Schluss mit einem anderen Phänomen: dem lukrativen Geschäft mit Musiktiteln. Nachdem Henry Maske bei seinen ersten Kämpfen zu den Klängen von Carl Orffs „Carmina Burana" einmarschiert war, bis die Erben des Komponisten dagegen Einspruch erhoben, benutzte er „Conquest of Paradise“ als Walk-In-Musik. Der griechische Komponist Vangelis, der das Lied als Filmmusik für „Christoph Columbus“ mit Gérard Depardieu komponiert hatte, verkaufte dank der mit Maske vereinbarten Kooperation 1,6 Millionen Singles. Zum ersten Kampf mit Henry Maske war Graciano Rocchigiani noch zu „Spiel mir das Lied vom Tod“ einmarschiert, zum zweiten Kampf kam er schon mit einem eigens für ihn komponierten Song, an dessen Verkaufsrechten er auch partizipierte.

Einmarsch-Musik in den Charts

Große Erfolge wurden auch die eigens für Boxkämpfe komponierten Songs „Hero of the night“ von Sandra Schwarzhaupt (für Foreman-Schulz 1995) und „Time to say good-bye“ von Sarah Brightman und Andrea Bocelli (für Hill-Maske 1996). Selbst das Lied „L'Eternità“ von Piero Mazzocchetti (Klitschko-Schulz 1999) kam auf Anhieb in die Top 50 der deutschen Charts.

An der Musikauswahl wirkte vor allem die RTL-Marketingabteilung mit. Deren Direktor Frank Behrend sagte: „Zu einem Event gehört die richtige Musik. Beim Boxen darf es nicht nur ein Song sein, sondern es muss sich um eine Hymne handeln, die die Menschen emotional ins Herz trifft. Wir haben stets die Möglichkeiten, uns für einen etablierten Künstler zu entscheiden oder einen Newcomer durchzusetzen. Etablierte Stars zu verpflichten ist oft der einfachere Weg. Neue Talente aufzubauen allerdings der spannendere.“

Im Rahmen der extensiven Vermarktung, wie sie vor allem RTL für Henry Maske betrieb, wurde 1995 auch eine repräsentative Umfrage des Emnid-Instituts veröffentlicht. Danach hielten 32 Prozent aller Deutschen Henry Maske für den „größten Boxer aller Zeiten“, 27 Prozent votierten für Muhammad Ali, 16 Prozent für Max Schmeling. Nach Boxern wie Joe Louis oder Sugar Ray Robinson wurde in der Liste gar nicht gefragt.

Maske symbolisierte für die Deutschen etwas Besonderes. Der Lyriker Wolf Wondratschek formulierte es 1995 in der „Frankfurter Allgemeinen“ so: „In der Gestalt des Boxers Maske le-

Der Gentleman als Werbeträger.

ben die Errungenschaften der untergegangenen DDR ganz vorbildlich weiter." Maske wurde auch, anders als Rocchigiani und Michalczewski, ein erfolgreicher Werbeträger. Er stand Modell für Haarwasser und Käse, für eine eigene Bekleidungskollektion bei Karstadt – und für die Wiedervereinigung.

Suche nach Maske-Nachfolger

Als Nachfolger von Henry Maske wollte Promoter-Manager Wilfried Sauerland gleich mehrere Boxer aufbauen. Da die sportliche Situation, vor allem die Inflation bei Welttitelkämpfen, keinen sportlich überragenden Boxer hervorzubringen schien und weil auch ein Boxer mit ähnlichen Sympathiewerten in der Öffentlichkeit nicht in Sicht war, orientierte sich Sauerland vielfältig.

Als attraktiver Hauptkämpfer, der auch gegen die Großen im Weltboxen bestehen konnte, erhielt Graciano Rocchigiani den Drei-Kämpfevertrag. Später setzte Sauerland auf seine zwei Supermittelgewichts-Weltmeister Sven Ottke und Markus Beyer.

Gleichzeitig erhielt der Cruisergewichtler Torsten May, wie Maske Olympiasieger, gegen Maskes Ex-Sparringspartner Adolpho Washington einen WM-Kampf der IBF. Der Fight fand, von RTL gut vermarktet, am 31. August 1996 in der Stierkampfarena von Palma de Mallorca statt. May wurde aber fürchterlich verprügelt und verlor nach Punkten. Erst im Krankenhaus erfuhr er, dass sich in seinem Kopf ein lebensgefährliches Blutgerinnsel gebildet hatte.

Später, bei einem Aufbaukampf gegen den Schweizer Stefan Angehrn, zeigten sich die daraus resultierenden psychischen Probleme Mays. Er gab auf, obwohl er in Führung lag, und begab sich in psychologische Behandlung. Nach einer längeren Pause und einem erneuten Trainerwechsel – vor dem Washington-Kampf war er von Manfred Wolke in Frankfurt/Oder zu Darkie Smith nach Köln gekommen, später wechselte er innerhalb des Kölner Sauerland-Trainingszentrums zu Ulli Wegner – begann er erst langsam wieder mit Aufbaukämpfen.

Eine letzte, aber von Sauerland nicht ernsthaft verfolgte Option als Maske-Ersatz stellte der Supermittelgewichtler Danilo Häußler dar. Er war, nachdem Maske und Schulz aufgehört hatten und Torsten May und sein Bruder Rüdiger nach Köln gewechselt waren, der letzte Boxer bei Trainer Manfred Wolke in Frankfurt/Oder.

Parallel zu Sauerlands intensiver und, nach Schulz' Scheitern, immer länger andauernder Suche nach einem Maske-Nachfolger, stellten sich bei seinem Pro-

Weltmeister im Supermittelgewicht: Sven Ottke nach seinem Sieg über Charles Brewer.

moter-Konkurrenten Kohl allmählich größere Erfolge ein. Mitte 2000 zählten zu seinem Stall etliche Weltmeister: Dariusz Michalczewski, Juan-Carlos Gomez (Kuba), Armand Krajnc (Schweden), Arthur Grigorian (Armenien), Michele Aboro (Großbritannien), Daisy Lang (Bulgarien) und Regina Halmich. Dazu der Europameister Wladimir Klitschko (Ukraine) und die Ex-Weltmeister Vitali Klitschko (Ukraine), Ahmed Kotiev (Russland) und Bert Schenk.

Mit seinen Sat.1-Kontakten wuchs Kohl, anders als früher, als er noch exklusiv an den Pay-TV-Kanal Premiere gebunden war, allmählich zur ernstzunehmenden Konkurrenz von Sauerland heran.

Cheftrainer bei Kohl wurde Fritz Sdunek. Er stammt wie seine Sauerland-Kollegen Ulli Wegner und Manfred Wolke aus dem Boxsystem der DDR, war dort erfolgreicher Amateurcoach und wechselte später ins Profilager.

Kleinringszene und Immigranten

Parallel zur Großring-Konkurrenz entwickelte sich in Deutschland auch weiter eine Kleinringszene. Berühmtester Boxer war hier, wie schon in den Anfangsjahren des Privatfernsehens, Markus Bott: Nachdem der Ex-Weltmeister mit seiner Security-Firma „MaBo" gescheitert war, wagte er sich 1998 an ein Comeback in Kleinringen. Im Alter von 36 Jahren und mit einem abgerissenen Sehnerv trat er wieder an. Die Comeback-Veranstaltung im rheinischen Oberpleis wurde von Helmut Slomke organisiert, der sich als „König der Kleinringveranstalter" bezeichnet. 50 Zuschauer zahlten Eintritt im örtlichen Schulzentrum, Botts Prämie betrug weniger als 3.000 Mark.

Veranstaltungen mit weniger bekannten Boxern, aber gleicher Zuschauerzahl und ähnlichen Gagen, fanden neben dem Maske-Boom weiter statt und konnten von ihm nicht profitieren. Promoter wie Helmut Slomke oder die Berlinerin Vivian Kumm holten Boxer aus der Slowakei in deutsche Ringe oder reisten mit deutschen Kämpfern in die Slowakei, nach Ungarn oder nach Polen. Zum Teil dienten Kleinringe auch weiterhin zur Entwicklung von Talenten.

Helmut Slomke trat im Februar 1999 aus dem BDB aus; unter seinem Einfluss wurde im April 1999 ein „Verband deutscher Profifaustkämpfer" (VdPF) gegründet. Der meist im norddeutschen Raum und vor allem bei Kleinringveranstaltungen agierende VdPF schaffte die bislang existierenden Gewichtsklassen ab und ersetzte sie durch lediglich drei neue: Leichtgewicht (bis 65 Kilogramm), Mittelgewicht (bis 85 Kilogramm) und Schwergewicht (ab 85 Kilogramm). Zur Begründung hieß es, damit solle das Boxen zu seiner ursprünglichen Form zurückgebracht werden. Die Kämpfer und Kämpferinnen traten meist mit österreichischen Lizenzen an, gleichwohl verstanstaltete der VdPF schon Meisterschaftskämpfe, so z.B. am 20. November 1999 in Bremen zwischen Sina Dümer und Silvia Rückert (beide Berlin) im Leichtgewicht (Rückert gewann nach Punkten).

In Berlin waren in Kleinringen recht oft die Trabant-Brüder zu sehen, beide von dem Berliner Trainer Werner Papke betreut. Michel Trabant war 1995 schon mit 16 Jahren Profi geworden, er hatte bei Klaus-Peter Kohl unterzeichnet. Der jüngere Stefan wurde zunächst von Trainer Papke gemanagt.

Auch Oktay Urkal war des Öfteren in Kleinringen zu sehen. Der in Berlin-Kreuzberg geborene Sohn türkischer Immigranten hatte als Amateur 1996 Olympia-Silber geholt, und wurde dann bei Kohl Profi.

Urkal, der im Februar 2000 erfolgreich um die Europameisterschaft im Superleichtgewicht boxte – Punktsieg nach zwölf Runden über Mikhail Krivolapov

Belebten auch die deutsche Boxszene: Wladimir (links) und Vitali Klitschko aus der Ukraine.

aus Russland – ist in gewisser Hinsicht ein Beleg dafür, dass die deutsche Berufsboxerszene nach dem Maske-Boom und zu Beginn des neuen Jahrzehnts stabil ist und alle gesellschaftlichen Schichten repräsentiert:

Der Westdeutsche Sven Ottke ist in der gleichen Gewichtsklasse Weltmeister, in der es der Ostdeutsche Markus Beyer war. Während die Karriere des einen Migrantensohnes – Graciano Rocchigiani – gerade ausklingt, geht es mit der eines anderen – Oktay Urkal – gerade richtig los. Und während Rocchigiani, der Sohn eines Sarden, die erste Migrantenwelle repräsentierte, steht Oktay Urkal für die vielen in Deutschland heimisch werdenden Türken.

Und eine neue osteuropäische Migrationswelle kündigt sich im deutschen Berufsboxsport schon an. Möglicherweise betrifft sie auch prominente Boxer: Der bereits eingebürgerte Dariusz Michalczewski boxt im gleichen Stall wie die Noch-Ausländer Wladimir und Vitali Klitschko.

»Warum soll'n wa nich boxen dirfen?«

18. September 1999

Regina Halmich gegen Jill Matthews.
Weltmeisterschaft im Juniorfliegengewicht (WIBF)
in Stuttgart, Alte Reithalle

Jill Matthews kommt pünktlich mit dem Gongschlag auf Regina Halmich zugeschossen. Sie schlägt, haut und prügelt auf die deutsche Weltmeisterin ein. Windmühlenschläge, von außen gesetzte Schwinger, Hauptsache irgendwie druff.

Die New Yorkerin muss schon in Runde eins verwarnt werden. Schlagen mit der Innenhand. Matthews guckt schuldbewusst. Dann geht es weiter. Sie treibt immer wieder Halmich vor sich her, die Amerikanerin im Vorwärts-, die Deutsche im Rückwärtsgang. In der dritten Runde haut sie einen Schwinger in die Luft, der sie selbst von den Beinen holt. Die Amerikanerin hat mehr vom Kampf, sie ist offensiv, sie hat die meisten Aktionen. Allein, sie trifft kaum. Regina Halmich verbucht auf der Innenbahn mit Geraden und Aufwärtshaken die besseren Treffer.

Regina Halmich ist die Frontfrau des deutschen Berufsboxens, die einzige Frau, die auch bei Kampfabenden mit namhaften Männern – in Stuttgart beispielsweise die Talente Alex Petkovic und Michel Trabant – als Hauptkämpferin verpflichtet wird. Mit 18 ist die Anwaltsgehilfin Profi geworden, hat schon eine medienwirksame Liaison mit dem Profifußballer Martin Driller hinter sich, und ihr erklärtes Ziel sind die USA, wo es auch im Frauenboxen schon viel Geld zu verdienen gibt.

Jill Matthews repräsentiert dieses US-Boxen: Als Hairdresser und Ernährungsberaterin arbeitet sie, in einer Punkband names „Times Square" ist sie Sängerin, Texterin und Komponistin, und gerne zeigt sie sich mit ihrem Ehemann David Turetsky, einem angesehenen Manhattan-Anwalt von der Park Avenue, Sohn eines liberalen Rabbis aus New Jersey und Drummer in eben dieser Punkband. Matthews Kampfname ist „The Zion Lion", und dass sie Jüdin ist, hatte sie bei früheren Kämpfen offensiv und provozierend eingesetzt. Über die Busfahrt zu ihrem bislang einzigen Auslandseinsatz, bei der sie vom Flughafen Kopenhagen in einen kleinen dänischen Ort gebracht wurde, hat sie erzählt: „Weil ich eine Jüdin bin, war es für mich ein bisschen, als ob ich spürte, wie es den Juden im Zug nach Auschwitz erging."

Matthews, die 1995 als erste Frau in den USA den Amateurwettbewerb Golden Gloves gewonnen hat, nimmt sich noch mehr Provokationen raus: Einem

Regina Halmich

Journalisten der jüdischen Zeitung „Forward“ erzählt sie: „Ich wurde nie für eine Lesbe gehalten, und die Lesben mögen mich nicht, dabei dachte ich immer, ich wäre eine Göttin für sie.“

Halmich stellt sich Matthews in Stuttgart in einer goldenen Hose, groß ist ihr Vorname REGINA draufgestickt. Es zeigt ihren Anspruch, auch im showorientierten US-Frauenboxen mithalten zu wollen. Da, wo Matthews schon Weltmeisterin der zwei anderen großen Frauenbox-Weltverbände IFBA und IWBF gewesen ist. Der Juniorfliegengewichtstitel wurde ihr von beiden Verbänden erst zwei Wochen zuvor aberkannt, weil Matthews lieber gegen die WIBF-Titelhalterin Halmich boxen will.

Jill Matthews kämpft, wie sie redet: offensiv und ohne Angst vor Verlusten. In der vierten Runde verwarnt der belgische Ringrichter sie erneut. Ihr Kopf ist zu tief. Matthews reckt sich bloß und schlägt weiter. Einen gut platzierten Halmich-Haken, den sie kassiert, als sie sich gerade aus dem Infight herauszudrehen versucht, kommentiert sie nur mit weit aufgerissenen Augen.

Ab Runde fünf lässt sich Halmich auf den Schlagabtausch ein. Der Kampf scheint eine Schlacht zu werden, doch im unkontrollierten Austeilen ist die Amerikanerin besser. „War's gut?" fragt Halmich ihren Trainer Torsten Schmitz vor der sechsten Runde, doch der verdonnert sie, weiter auf ihre Deckung zu achten.

Mit Gong zur sechsten Runde stürmt aber Matthews auf die Karlsruherin zu, erwischt sie beinahe noch in deren Ecke, und es bedarf größter Anstrengungen Halmichs, den Rat ihres Trainers zu beherzigen. Je länger die Runde dauert, desto weniger kann Matthews ihr Tempo halten, desto besser funktioniert Halmichs kontrollierter Kampfstil.

In der nächsten Rundenpause ist es Matthews, die harsche Kritik zu hören bekommt. Ihr Trainer Lennox Blackmoore, ein aus Guinea stammender früherer britischer Empire-Meister, ermahnt sie, die Runden ruhiger zu beginnen, damit sie gegen Ende noch Kraft habe und einen aktiveren Eindruck auf die Kampfrichter mache.

In die Runde sieben kommt Matthews verhaltener, einmal lässt sie gar arrogant die Arme baumeln, und als Halmich sie kurz in der Ecke stellt, entwindet sich die Amerikanerin einfach. „Keep working!" ruft Trainer Blackmoore in den Ring, und Matthews arbeitet weiter. Ihre wilden Schläge finden immer den Weg auf Halmichs Kopf und Körper, denn deren Deckung wird mit zunehmender Kampfdauer immer schwächer.

In der neunten Runde weicht Matthews einer Geraden von Halmich aus, die kommt darauf ins Stolpern. Beide Boxerinnen sind müde.

Zu Beginn der zehnten und letzten Runde scheint der Kampf unentschieden. Die Kämpferinnen wissen das, sie sind so nervös, dass beide das Shake-hands, das Berühren der Boxhandschuhe zu Rundenbeginn, vergessen. Matthews sucht das Heil in ihrer Stärke: dem Tempo, dem Vorwärtsgang. Halmich weicht aus, vertraut ein letztes Mal ihrer Deckung und vor allem versucht sie erfolgreich, mit Geraden und Aufwärtshaken zu Matthews durchzukommen.

Der Kampf ist aus, Halmich wird von den Punktrichtern zur Siegerin erklärt, sie steigt auf die Seile, um sich feiern zu lassen. Matthews geht still in ihre Ecke.

„Seit ich boxe, hatte ich von ihr gehört, und es war für mich eine große Ehre, hierherzukommen", lobt die Unterlegene später die alte und neue Weltmeisterin und fügt hinzu: „Vor dem Kampf hätte ich das ja nicht sagen können."

„Sie ist eine faire Verliererin", sagt Halmich über Matthews, „denn sie hatte großen Respekt. Ich hatte auch großen Respekt, deswegen ist es ein großer Kampf geworden."

Vom Varieté zur Profiszene: Die Geschichte des Frauenboxens

Im Juni 1921 musste der Kolumnist der in Berlin erscheinenden „Täglichen Rundschau“ von Schrecklichem berichten: „Preisboxen für Damen“, regelmäßig im Berliner Metropol-Theater stattfindend.

Der Kolumnist zeichnete mit dem Pseudonym „Rumpelstilzchen“, hieß in Wirklichkeit Adolf Stein und war gleichermaßen Major a.D. wie empört: „Man begehret nimmer zu schauen, was sie gnädig bedecken mit Nacht und Grauen: eine von diesen armseligen Figuren ist gar nur 153 Zentimeter hoch und macht einen infantilen Eindruck. Der Sweater müsste eigentlich eine Blecheinlage haben, um den für Frauen so gefährlichen Mammalien-Stoß zu parieren. Die Haube schließlich mag eine notwendige Vorsorge dafür sein, dass nicht am Ende einer der Damen eine Haarnadel in die Kopfhaut gehauen wird. Innerhalb des viereckigen Kampfplatzes, den man 'Ring' nennt, ist nun noch ein kleineres Viereck abgegrenzt. Auf diesem wird geboxt. Unsäglich komisch geboxt. Um die Federgewichts-Meisterschaften von Mittelgalizien. Eigentlich geben sich die Damen nur operettenhafte Ohrfeigen. Alles ist einstudiert, auch der Sieg der angeblich deutschen über angeblich ausländische Boxerinnen, auch das angeblich impulsive Lospauken der angeblichen Ilona Kowacs, einer drallen Köchinnenfigur, die wegen unfairer Kampfesweise – sie tritt die Gegnerin vor die Schienbeine – distanziert wird und nun dem Manager zu Leibe geht und ihm einen Blecheimer an den Kopf wirft.“

»Das vermännlichte Weib«

Frauenprofiboxen fand in Deutschland anfänglich zumeist in Varietés statt, wo es kaum sportlichen Ansprüchen genügte. Gleichwohl bemühten sich etliche Varietéboxerinnen, ernst genommen zu werden. So forderten die Kämpferinnen des Berliner Friedrichstadt-Palastes im Oktober 1922 die Boxerinnen eines anderen Varietés zu einem Preiskampf heraus, um festzustellen, wo sportiver, also besser geboxt werde.

Für den deutschnationalen Kolumnisten „Rumpelstilzchen“, der sich dann wieder zu Wort meldete, blieb die Sache klar: „Dies hier ist und bleibt eine lächerliche, mühsam einstudierte Komödie; seit sie zum ersten Mal in Berlin im Metropol-Varieté versucht worden ist, ist sie nicht besser geworden. Das vermännlichte Weib, das Weib der Statuetten Konstantin Meuniers, könnte sich ja wohl zum Boxen trainieren. Diese Weibchen aber, die nach Peau d'Espagne duften, manicurt sind und nach der Vorstellung eilends in den Brokatmantel schlüpfen, um sich mit irgendeinem Gent Berlin noch weiter anzusehen, haben keine Ahnung von sportlicher Härte. Es sind Puppen, weiter nichts. Zum Besuch ihrer Vorstellung reizen Plakate, die uns im Bilde reichlich ausgekleidete hübsche Heldinnen zeigen. Das zieht nicht die Sportler, aber die Lebegreise an, – weniger vielleicht die Berliner, die den 'Mumpitz' schon kennen, als die Exoten."

»Das zieht die Lebegreise an«

Immerhin kam „Rumpelstilzchen" nicht umhin, eine der Kämpferinnen selbst zu Wort kommen zu lassen, warum sie boxe. „Wenn andere Damens sich im Reichstag wählen lassen, warum soll'n wa denn nich boxen dirfen?" gab sie ihm schlagfertig zu verstehen.

Das Fachblatt „Boxsport" schrieb 1921 in hämischem Ton, der aber den sportlichen Anspruch der Kämpferinnen nicht ganz verleugnen konnte, über einen Abend in Koblenz: „Wer sich die Kämpfe aus Sportinteresse ansah, wird an der 'Sensation' sicherlich für lange Zeit genug haben. Wenn Damenboxen überhaupt eine Berechtigung hat, dann sollte derartiges, ähnlich den Damenringkämpfen, in den Vorstadtvarietés stattfinden; dort ist der richtige Platz."

Anfänge in England und in den USA

Außerhalb Deutschlands, vor allem in England, ist die Geschichte des professionellen Frauenboxens etwa so alt wie die des Männerboxens. Sie beginnt im 18. Jahrhundert, aber sie ist, anders als die Geschichte der ersten männlichen Pugilisten, beinahe völlig verdrängt und kaum niedergeschrieben.

Einen der ersten Hinweise auf öffentliches Frauenboxen stellt folgende, angeblich im Jahr 1728 in der englischen „Daily Post" erschienene Anzeige dar: „Ich, Elisabeth Wilkinson, wohnhaft zu Clerkenwell, habe mit Anna Hyfield einen erregten Wortwechsel gehabt, bei dem diese sich zu Beleidigungen hat hinreißen lassen. Ich bin nun keineswegs gewillt, die Sache im Sande verlaufen zu lassen und verlange Sühne. Deshalb fordere ich sie zu einem Zweikampf heraus unter der Bedingung, dass wir um den Einsatz von 60 Pfund kämpfen. Wer die andere zu Boden schlägt, soll Siegerin sein." Wenige Tage später soll Anna Hyfield aus Newgate

Market geantwortet haben: „So Gott will, werde ich dir mehr Schläge erteilen, als du vertragen kannst. Ich mache wenig Worte, aber ich schlage desto härter!"

Die englische Historikerin Vanessa Toulmin, die über die Geschichte von Jahrmärkten und Rummelplätzen forscht, berichtet über das schauboxende Geschwisterpaar George und Grace Maddox, das in England ab 1776 gemeinsam auftrat. Grace assistierte ihrem Bruder George. Immer, wenn einer der Gäste über ihren Bruder gesiegt hatte, stieg sie in den Ring und verhaute den Gast.

Die historische Existenz des bemerkenswerten Pärchens ist wohl verbürgt. Ein Volkslied aus jener Zeit lautet:

> „George the pride of the milling race,
> Secur'd his conquests with a Grace
> But once neglected, changed the case,
> George ne'er had lost, had he said – Grace!"

Um 1880 herum wurde in England Polly Fairclough, die auch auf Jahrmärkten antrat und dort als „Female Champion of the World" beworben wurde, eine der besten und berühmtesten frühen Boxerinnen.

In den Erinnerungen eines Zeitgenossen, die erst im Jahr 1953 niedergeschrieben wurden, heißt es: „Ich sah Polly Fairclough, eine sehr intelligente Boxerin, bei der Burton Statute Fair vor vielen Jahren, um 1880. Ich erinnere mich auch an eine andere Boxerin, die gemeinsam mit ihrem Ehemann auftrat, der überall Mush Collings genannt wurde."

In den USA wird von einem ersten öffentlichen Boxkampf zwischen Frauen in den achtziger Jahren des 19. Jahrhunderts berichtet. Zu diesem Zeitpunkt war je-

In Männerkleidern zum Boxkampf

doch selbst das Zusehen bei Kämpfen für Frauen untersagt. „Gerüchte kursierten, dass Mädchen als Männer verkleidet zu Boxkämpfen gingen", berichtet der Soziologe Jeffrey T. Sammons, „aber nachgewiesenermaßen die erste Frau, die offen diese Barriere durchbrach, war Mrs. Robert Fitzsimmons." Für die Ehefrau des späteren Schwergewichts-Weltmeisters war anlässlich des Kampfes ihres Mannes gegen Tom Sharkey 1896 in San Francisco ein Versteck in einem abgelegenen Raum organisiert worden, wo sie den Kampf sehen konnte. Ein Jahr später, beim Titelkampf Fitzsimmons gegen „Gentleman" Jim Corbett, war sie bereits öffentlich am Ring und betrat sogar die Ecke des Kämpfers. (Der Kampf wurde auch deswegen berühmt, weil es der erste war, der verfilmt wurde.) Später, bei den Jack-Dempsey-Kämpfen in den zwanziger Jahren, wurden spezielle Sektionen für Zuschauerinnen geschaffen. Das war auch nötig, denn in den Zwanzigern begannen in den USA die ersten Sportjournalistinnen ihre Arbeit. Von dem legendären WM-Kampf von Jack Dempsey gegen Gene Tunney am 23. September 1926 in Philadelphia, den Tunney gewann und damit Weltmeister wurde, berichtete für das angesehene Magazin „Harper's" die Journalistin Katherine Fullerton Gerould. In ihrem Bericht zog sie Vergleiche zur römischen und griechischen Tragödie.

„Frauen spielten keine geringe Rolle dabei, dass die Regierungen der Bundesstaaten sich zu Unterstützern des Boxens entwickelten", schreibt Sammons. Unter diesen Bedingungen wurde Boxen in allen Staaten der USA legalisiert, wurde zum großen Entertainment und big business.

Nach dem Zweiten Weltkrieg zogen gemischte Boxertruppen vor allem durch die USA, aber auch durch Kanada, Mexiko und vereinzelt auch durch Europa. Eine der Pionierinnen war Barbara Buttrick, später Gründerin und Präsidentin der Women's International Boxing Federation (WIBF).

In England war man da schon weiter. Boxende Frauen waren kein vereinzeltes Phänomen. William Moore etwa, der eine Boxbude besaß, hatte um 1912 eine zeitweilige Boxlizenz für seine Töchter beantragt, damit sie in der Familienshow antreten durften. In Großbritannien gab es damals wie heute – anders als in Deutschland – keine scharfe Trennung zwischen Profi- und Rummelboxen, so dass immer wieder Champions zu lukrativen Schaukämpfen auf Jahrmärkten antraten und -treten.

Von den Olympischen Spielen 1904 im amerikanischen St. Louis existiert ein Foto, das boxende Frauen zeigt. Immer wieder wird kolportiert, das Foto beweise die Teilnahme von Boxerinnen an diesen frühen Olympischen Spielen. Der Historiker Karl Lennartz vom Kölner Carl-Diem-Institut hält das für Unsinn: Das

Foto, über dessen Urheber und Zustandekommen es keine näheren Informationen gibt, wurde seines Wissens nicht bei den Olympischen Spielen, sondern wahrscheinlich bei einem Jahrmarkt am Rande der Weltausstellung, in die die Olympischen Spiele eingebettet waren, geschossen. Es legt somit die Vermutung nahe, dass auch auf US-Jahrmärkten Frauenboxen betrieben wurde.

Die Historikerin Toulmin berichtet von etlichen britischen Familienboxunternehmen; zum Beispiel interviewte sie einen Mann, der von seiner Familie berichtete: „Meine Großmutter und mein Großvater boxten gewöhnlich gegeneinander, wobei meine Großmutter immer erzählte, dass sie meinen Großvater sehr geärgert hätte. Meine Großmutter boxte auf dem Jahrmarkt auch gegen Männer aus der Menge, da trug sie dann einen Brustschutz, aber mein Großvater erzählte, dass sie so schnell war, dass sie ohnehin von niemandem getroffen wurde."

Später wurde die 1913 geborene Anni Hayes, geborene Hickman, eine der berühmtesten Boxerinnen. Ihre ganze Familie verdiente sich durch Boxen ihren Lebensunterhalt. Sie erzählte einmal in einem Interview: „Ich muss um die 14 gewesen sein, als ich mit der Arbeit in der Show begann, aber ich sah älter aus, weil ich sehr groß war. Am Anfang schlug ich nur den Sandsack, was niemanden aufregte. Einmal waren wir in Worcester, und das Zelt war voller Zigeuner, einer sagte: 'Ich boxe gegen sie', mein Vater sagte nein, aber ich protestierte, denn er hatte den Leuten ja immer erzählt, ich sei Champion der Ladyboxer, so müsste er mich wohl auch mal kämpfen lassen. So trat ich also mit dem Zigeuner in den Ring, sidesteppte ihn ein- oder zweimal aus, wie ich es bei meinem Dad und meinem Bruder gesehen hatte – ich wusste ja, was ich zu tun hatte. Er war irritiert, so tanzte ich ihn nochmal aus, und dann schlug ich ihn – er ging aus dem Ring."

Pionierinnen in Deutschland

Eine solche Entwicklung lässt sich in Deutschland nicht aufzeigen. Sehr wohl gab es aber in den ersten Jahren des 20. Jahrhunderts, bedingt durch die Entwicklung des bürgerlichen Frauensports, erstes Damenboxen in Salons.

Joe Edwards, eigentlich Paul Maschke, veröffentlichte in seinem Lehrbuch „Boxen. Ein Fechten mit Naturwaffen" im Jahr 1911 Fotos, die seine Frau, Rose Edwards, bei der Demonstration von Schlägen zeigen. Edwards begründete sein Engagement für Frauenboxen so: „Wenn man über die feine Kunst des Boxens orientiert ist, findet man es auch gar nicht mehr so verwunderlich, dass jetzt auch viele Damen etwas von dem Enthusiasmus der Jünger der Boxkunst erleben.

Training vor Lamperien: Aus Joe Edwards' Box-Lehrbuch „Ein Fechten mit Naturwaffen" von 1911.

Denn es gibt keine Leibesübung, die den Damen jugendliche Grazie, geschmeidige Bewegungen und den Kern der Gesundheit besser bewahrt als Boxen."

Edwards setzte sich auch für Boxen als Mädchensport ein, mit der modern klingenden Begründung, er wolle Mädchen und Frauen zur Selbstverteidigung befähigen: „Eine ganz junge Dame, welche bereits 4 Jahre boxt – das kleine Fräulein ist jetzt 10 Jahre alt, etwas rundlich veranlagt und hat ein gutmütiges Gesichtchen mit großen, blauen Augen (es sind stets die gutmütig aussehenden Typen von Menschen, die am leichtesten belästigt werden), wird des öfteren auf dem Heimwege von größeren Lümmeln angeulkt. Das geschah auch neulich, während eine begleitende Dame sich momentan abgewendet hatte. Der Lümmel gab dem kleinen Fräulein einen Schupps und machte eine rüdige Bemerkung. Das erzeugte nun aber nicht eine starre Hilflosigkeit, wie es der Lümmel aus alter Erfahrung wohl erwartet haben mag. Zunächst wandte sich das Fräulein um und drohte: 'Du, ich kann boxen!' Darauf der Lümmel: 'Boxen! Ho, ho!' und trat heran, um abermals zu stoßen oder anderweit handgreiflich zu werden. Das Mädchen stellte sich in Boxstellung und mit einem beneidenswerten sang-froid (und einigen kunstgerechten Stößen) konnte sie ihm – den Kopf zurechtsetzen. Der jüngere Bruder, welcher vom Vater gefragt wurde, weshalb er denn seinem

Schwesterchen bei einer solchen Sache nicht geholfen, sondern ruhig zugeguckt habe, sagte mit aller Gemütsruhe: 'Ach, sie wurde ja mit allen so leicht fertig.'"

In den zwanziger Jahren setzte sich das Varieté-Boxen in Deutschland durch. Dadurch konnte es seine Nähe zum Rotlichtmilieu nie loswerden. Als sportliches Boxen wurde es erstmals 1921 verboten, und zwar vom Amateurboxverband. Der Verband Deutscher Faustkämpfer (VDF) stellte im Jahr 1925 klar, dass auch professionelles Frauenboxen verboten sei, also nicht unter seinem Dach stattfinden dürfe.

Marlene Dietrich in Boxer-Pose

Nicht aufzuhalten war aber, dass Boxen eine auch bei Frauen „allseits respektierte Ausdrucksform" wurde, wie es der Journalist Birk Meinhardt formuliert: Sandsack- und Punchingball-Training wurden zur verbreiteten Freizeitbetätigung; in ihrem Buch „Auferstehung der Dame" aus dem Jahr 1928 empfahl die Autorin Paula von Reznicek die tägliche Boxarbeit; populäre Frauen der zwanziger Jahre wie die Schauspielerinnen Marlene Dietrich und Carola Neher wurden in boxender Pose von Magazinen abgebildet; und als Gymnastikübung wurde Frauenboxen sogar an der Deutschen Hochschule für Leibesübungen gelehrt.

Der amerikanische Wissenschaftler Erik Jensen erklärt den Boom so: „Durch Boxen forderten Frauen neue körperliche Ideale für sich in der Welt des Sports und der Gesellschaft insgesamt ein."

Frauenboxen in der Bundesrepublik

Nach 1945 wurde an diese Tradition zunächst nicht wieder angeknüpft, zumindest nicht mit sportlichen Ambitionen. Sehr wohl gab es immer wieder Oben-Ohne-Boxen, das keinen sportlichen Anspruch besaß. 1977 etwa berichtete der „Spiegel", einige Städte, darunter Dortmund und Gelsenkirchen, hätten gerichtliche Anstrengungen unternommen, diese Form von Frauenboxen zu untersagen. Die Verwaltungsgerichte Gelsenkirchen und Karlsruhe lehnten Verbotsanträge aber ab: eine Erniedrigung der Frau sei nicht gegeben. Max Schmeling kommentierte die Veranstaltungen so: „Eine wirklich billige Schau, sportlich unfair." In der von Alice Schwarzer herausgegebenen Zeitschrift „Emma" erschien 1976 eine Reportage, die sich gegen Frauenboxen wendete.

Ganz zu trennen waren die dem Varieté oder den Rotlichtbezirken nahen Formen von Frauenboxen von den eher sportlichen Versuchen nicht. So kämpften 1976, ohne Lizenzierung und ohne Verband – der BDB nahm keine Frauen

BDB will keine Frauen

auf –, zwei Boxerinnen namens Ursula Döring, 34-jährige Bar-Besitzerin, und Brigitte Meereis, 24-jährige Hausfrau, in Augustdorf um die, wie es verkündet wurde, Europameisterschaft.

Im Jahr 1976 wollte auch der Hamburger Promoter Wilfried Schulz – er diente als Vorbild für die TV-Serie „Der König von St. Pauli" – im Rahmenprogramm eines Kampfabends zwei Boxerinnen antreten lassen, die beide eine US-Lizenz besaßen. Der BDB-Präsident Theo Wittenbrink lehnte Schulz' Plan ab, weil nach den BDB-Statuten Frauenboxen nicht zulässig war. Die „Boxsport" kommentierte das Hamburger Ansinnen sehr irritiert: „Ausgerechnet in einer Zeit, in der vom Tiefstand des Boxens in beiden Lagern gesprochen wird, muss sich die deutsche Berufsboxbehörde mit einem ganz neuartigen Problem beschäftigen, das sich im Ausland angeblich einer großen Beliebtheit erfreut und von der Boxbehörde in den USA beaufsichtigt wird." Immer wieder brachte das Fachblatt auch kleine Meldungen wie die, dass 1979 in der Pfalz ein zehnjähriges Mädchen dem 1. BC Speyer beitrat und am Boxtraining teilnahm.

Einer der ersten männlichen Profis, die Frauenboxen förderten, war Manfred Jassmann, Deutscher Meister im Halbschwer- und Schwergewicht in den achtziger Jahren. In seinem Fitness-Studio richtete er „Boxkurse für junge Damen" aus, wie das Fachblatt „Boxsport" 1985 berichtete.

Am 22. Februar 1986 kam es dann in der Boxschule des Kleinringveranstalters Helmut Slomke zur Premiere. Vor hundert zahlenden Zuschauern absolvierte Birgit Nuako, vorgestellt als Deutschlands einzige professionelle Boxerin, im „Westerwälder Hof" in Asbach ein öffentliches Sparring mit dem Halbschwergewichtler Roland Göbel und ihrem Trainer Helmut Slomke. Das Interesse an Birgit Nuako war groß: Die ARD-Sendung „Mensch Meier" mit Alfred Biolek lud sie ein. Dort absolvierte sie am 10. Juli 1986 ein Showsparring mit dem Schauspieler Mario Adorf.

Zu den ersten Förderern des Frauenboxens gehörte die Boxhandschuhfirma BERG. Sie präsentierte im April 1986 auf der Kölner FIBO, der Fachmesse für Freizeit und Bodybuilding, einen Damenboxhandschuh, und bereits zwei Monate zuvor hatte in einem Düsseldorfer Fitness-Center ein Frauenschauboxen stattgefunden, bei dem ein Hotel-Azubi namens Setzia Tancredi als großes Talent präsentiert wurde.

Was ein Boom zu werden schien, flaute bald wieder ab. Vor allem die fehlende Anbindung an den Bund deutscher Berufsboxer (BDB) oder den Amateurboxverband verhinderten Kampftage von Frauen. Noch 1990 lehnte der internationale Amateurboxverband AIBA einen Antrag auf Zulassung des Frauenboxens ab. Der AIBA-Generalsekretär Karl-Heinz Wehr begründete den Beschluss damals damit, dass „ethische und gesundheitliche Gründe im Vordergrund standen und nicht etwa Motive, den Frauen auch im Sport eine gleichberechtigte Stellung abzusprechen."

Das Drängen der Tübinger Theologiestudentin Ulrike Heitmüller auf Zulassung zu Kämpfen – sie hatte als Amateurin schon eine Weile trainiert – lehnte der Deutsche Verband noch im Mai 1994 ab. Der bayerische Präsident verkündete: „Gerade Sie als Theologin sollten eigentlich wissen, dass sich unser Herrgott etwas dabei gedacht hat, als er zwei verschiedene Menschengeschlechter geschaffen hat."

Premiere bei den »Frauensporttagen«

Der erste öffentliche Amateurbox-Kampftag Deutschlands für Frauen fand erst am 19. November 1994 statt, und zwar bezeichnender Weise bei den „1. Hamburger Frauensporttagen", einer Veranstaltung, die von keinem Verband, sondern vom Verein zur Förderung feministischer Sport- und Bewegungskultur und dem AStA der Uni Hamburg ausgerichtet wurde. Es boxten Ulrike Heitmüller und die Hamburger Fitnesstrainerin Marion Einsiedel drei mal drei Minuten.

Gleichfalls im November 1994 beschloss die AIBA die Legalisierung des Frauenboxens. Der Deutsche Amateur-Boxverband (DABV) allerdings sperrte sich noch bis 1996, obwohl es, nach Schätzung der „Berliner Zeitung", etwa 400 Boxerinnen in Köln, Schwedt, Hamburg, Berlin, Buxtehude und Tübingen gab und obwohl es im Frühjahr 1995 am Rande des Bundesligakampfes zwischen Berlin und Brandenburg einen weiteren Schaukampf zwischen Jaqueline Dzillak aus Stolzenhagen bei Berlin und Marion Einsiedel gegeben hatte. Ende 1999 wurden im DABV über 8.000 Boxerinnen geführt, 136 haben einen Wettkampfpass.

Regina Halmich – erste deutsche Weltmeisterin

Parallel zu den Bemühungen im Amateurbereich entstand das professionelle Frauenboxen, das sich von Beginn an eigene Verbände schaffte, statt bei den Männern um Legalisierung zu bitten. Prominente Fürsprecher fanden sich relativ schnell. „Frauen sollten alles tun können, was sie wollen", erklärte George Foreman, Ex-Schwergewichts-Weltmeister aus den USA, und Dariusz Michalczewski schrieb im „Kicker": „Ich habe in den USA Frauen boxen sehen. Sie waren wirklich gut."

In den USA hatte es, unter anderem dank des Engagements der heutigen WIBF-Präsidentin Barbara Buttrick, schon in den fünfziger Jahren eine florierende und sehr wohl sportliche Frauenboxszene gegeben. Seit den siebziger und achtziger Jahren entstammten die meisten Kämpferinnen der sich gleichfalls entwickelnden Kickbox- und Vollkontakt-Karate-Szene. Die zumindest in Deutschland bekannteste Organisation ist die WIBF, mittlerweile gibt es mehrere Frauen-Weltverbände, darunter drei große: Neben der WIBF die International Women's Boxing Federation (IWBF) und die International Female Boxing Association (IFBA).

Prominenteste deutsche Berufsboxerin wurde recht schnell Regina Halmich. Die gelernte Anwaltsgehilfin aus Karlsruhe gab am 4. März 1994 als 18jährige ihr Profidebüt mit einem Punktsieg nach sechs Runden über die Niederländerin Fienie Klee. In ihrem sechsten Profikampf, der im November 1994 stattfand, holte sie sich im Kampf mit der Britin Cheryl Robertson den von der WIBF vergebenen Europameistertitel im Fliegengewicht, der erste EM-Titel überhaupt.

Den verteidigte sie noch zwei Mal erfolgreich, ehe sie am 20. April 1995 in Las Vegas im Vorfeld des in Deutschland mit großer Aufmerksamkeit begleiteten Männer-WM-Kampfes zwischen George Foreman und Axel Schulz erstmals um eine Weltmeisterschaft boxte. Sie traf im Superfliegengewicht auf Yvonne Tremino, Kampfname „The Terminator", und hatte, obwohl ihr in der ersten Runde ein Niederschlag gelang, insgesamt „nicht die Spur einer Chance gegen ihre physisch wie boxerisch überlegene Gegnerin", wie die „taz" damals vom Ring berichtete.

Boom-Sport Frauen-Fitness-Boxen

Drei Monate später trat Halmich in ihrer Heimatstadt Karlsruhe an, um sich gegen die Amerikanerin Kim Messer, die zwar eine erfahrene Kickboxerin war, aber im Boxring ihr Profidebüt gab, den vakanten Fliegengewichts-WM-Titel zu holen. In einer Split Decision nach zehn Runden gewann sie, und seither verteidigte sie ihren WM-Titel, freilich meist nur in Deutschland antretend, erfolgreich. Regina Halmich, deren WM-Kämpfe seit Ende der neunziger Jahre auch im Free-TV gezeigt werden und die oft als Hauptkämpferin antritt, gilt seither als Zugpferd der Boom-Sportart Frauen-Fitness-Boxen.

Anders als in Deutschland, wo es keine staatlich sanktionierte Boxaufsicht gibt, musste sich in Großbritannien, wo sich mittlerweile eine sehr starke Profiboxerinnen-Szene gebildet hatte, das Recht auf eine Kampflizenz vor Gericht erkämpft werden. Erst im Jahr 1998 gewann Jane Couch, die ihren Weltergewichts-Weltmeistertitel in den USA erboxt hatte, ihren Prozess gegen den Verband BBBC um Zulassung. Der BBBC hatte vor Gericht unter anderem vorgetragen, Frauen seien aufgrund ihrer Menstruation „mental instabil" und fürs Boxen ungeeignet.

Im November 1994 holte sich Regina Halmich (rechts) gegen Cheryl Robertson den ersten EM-Titel im Frauen-Fliegengewicht.

Im ersten lizenzierten Frauenprofi-Kampf auf britischem Boden, im November 1998, schlug Couch dann die Deutsche Simona Lukic, eine Studentin aus Frankfurt/Main, durch technischen K.o. in der zweiten Runde.

Im Ausland konnte sich das noch junge deutsche Frauenberufsboxen bislang nicht behaupten. Außer Regina Halmich unternahm auch die Weltergewichts-Europameisterin Jeanette Witte einen Versuch. Im November 1997 bekam die frühere Kickbox-Weltmeisterin einen Kampf gegen die Niederländerin Lucia Rijker, die in den USA zu den Stars der Szene gehört. Wittes Versuch, einen WM-Titel zu erkämpfen, ist ein Beispiel, warum das amerikanische, sehr showorientierte Profifrauenboxen auf der einen Seite und das europäische, stärker am Wettkampf orientierte Boxen, kaum kompatibel sind.

Witte war im Frühjahr 1997 gegen die Französin Sandra Geiger in Berlin Europameisterin geworden und fand in Europa keine Gegnerin mehr. Sie besaß zwar eine Profilizenz, betrieb aber vor allem ihre Ausbildung zur Physiotherapeutin und jobbte als Ankleiderin im Berliner Gorki-Theater. Um den WM-Titel zu erhalten, flog sie im November 1997 in die USA und fand dort Verhältnisse

Irreguläre Bedingungen in den USA

vor, die in Europa als irregulär bezeichnet worden wären: Der ihr als Weltergewichts-WM-Kampf annoncierte Fight wurde im Superleichtgewicht ausgetragen, kurz vor dem Kampf wurde das Gewicht der Handschuhe von zehn auf acht Unzen reduziert, die erste Runde dauerte 3:10 Minuten, statt der vorgeschriebenen zwei. Als der Kampf in der dritten Runde war, erwischte Rijker die Berlinerin mit einer Geraden. „Statt mich anzuzählen, brach der Ringrichter den Kampf einfach ab", sagte Witte später. Obendrein fand auch keine Dopingkontrolle statt.

Gar nicht erst in die USA gereist war die zweite deutsche Weltmeisterin neben Regina Halmich, Silke Weickenmeier aus Speyer. Sie holte ihren Titel im April 1999 in Mannheim vor 1.600 Zuschauern. Gegen Para Draine aus den USA gewann sie den WIBF-Titel im Juniorfedergewicht. Zwei Jahre zuvor war sie schon Europameisterin geworden. Im Januar 2000 wechselte sie ins Federgewicht. Für einen Federgewichts-WM-Kampf gegen Nadia Debras aus Frankreich in Riesa – unentschieden nach zehn Runden – wurde sie auch von Wilfried Sauerland betreut. Der sagte, er sei vom Erfolg, den die Tochter von Muhammad Ali, Leila Ali, im Frauenboxen habe, überzeugt worden, auch hier zu investieren. Doch schon zum Rückkampf zwischen Debras und Weickenmeier investierte Sauerland nicht mehr: Am 26. Februar 2000 verlor Weickenmeier in Mannheim umstritten nach Punkten. Im Mai 2000 holte sie aber gegen die Österreicherin Christina Krek in einer „beeindruckenden Vorstellung" („Kölnische Rundschau") wieder den Europameistertitel im Juniorfedergewicht.

Halmich und Weickenmeier repräsentieren mittlerweile das deutsche Frauenprofiboxen, während Jeanette Witte ihre Karriere beendete und als Physiotherapeutin arbeitet. Hinter Halmich und Weickenmeier boxen zur Jahrhundertwende in Deutschland etliche Frauen mit Profilizenz: Eine Boxerin wie Heike Noller aus Berlin etwa, die einmal gegen die Britin Jane Couch verlor, sich im September 1999 den EM-Weltergewichtstitel im brandenburgischen Meinsdorf von der Ungarin Ilona Papp holte und im Mai 2000 in einem WM-Leichtgewichtskampf gegen die Niederländerin Marisha Sjauw durch technischen K.o. in der dritten Runde verlor. Noller, die „aus persönlichen Gründen", wie sie sagt, bei ihrem WM-Kampf unter dem Namen Heike Voller antrat, beendete nach dieser Niederlage ihre Karriere und kehrte in ihren Beruf als Köchin zurück.

Andere wie Natalie Meiss oder Simona Lukic aus Frankfurt/Main boxen im Hessen Box Team von Ebby Thust. Einige wie die Berlinerinnen Sina Düher oder Silvia Rückert treten bei Kleinringveranstaltungen auf. Andere wie Tina Schüßler, die in ihrer Heimatstadt Augsburg ein Sportstudio besitzt, boxen manchmal auf

Veranstaltungen des Hamburger Promoters Klaus-Peter Kohl, der außer der Weltmeisterin Halmich mit der Bulgarin Daisy Lang und der Britin Michele Aboro auch zwei ausländische Klasseboxerinnen führt, die beide Weltmeistertitel holten.

Kohls Konkurrent, der Großpromoter Wilfried Sauerland, betreut mit der Kölnerin Fikrye Selen eine Amateurin, die bei den Profis unter Trainer Ulli Wegener trainiert. Selen ist hauptberuflich Studentin und erhält laut „Sport-Bild" 350.000 Mark pro Jahr für einen Shampoo-Werbevertrag mit TV-Spots. Ihr Manager ist Norbert Pflippen, der auch Fußballprofis wie Lothar Matthäus vermarktet.

Eine andere Form des semiprofessionellen Boxens wird von der Bantamgewichtlerin Aynur Senoglu betrieben. Die gebürtige Berlinerin hat einen Vertrag mit der Sportartikelfirma „Lucky Punch", ist seit 1993 Polizeibeamtin und im Gefangenendienst beschäftigt. Seit 1993 ist Senoglu im sogenannten SKF tätig, dem Selbstschutzkonzept für Frauen. Zusätzlich ist sie Mitbegründerin des 1. Frauen-Boxclub Berlin, der sein Trainingscamp in Berlin-Mitte hat.

Ungeliebte »Shooting-Liga«

Von Profis und Amateuren gleichermaßen kritisch beurteilt wird die „Shooting-Liga", die 1993 von dem Promoter Jürgen Lutz aus Karlsruhe, erster Trainer von Regina Halmich, in Deutschland eingeführt wurde und zusammen mit dem Berliner Promoter Michael Pohl betrieben wird. Lutz arbeitete als eine Art Generalvertreter der WIBF für Deutschland und ist Matchmaker für den Hamburger Universum-Boxstall. Mit Promotern aus ganz Europa arbeitete er an Konzepten, die neue Sportart Frauenboxen populär zu machen. Die Liga vergibt den Titel „Shootingstar", hofft aber, so sagt es Jürgen Lutz, dass dieser Titel wie auch die gesamte Organisation überflüssig werde, wenn erst der europäische Dachverband EBU das Frauenboxen organisiert.

Lutz kann, wie er sagt, auf 80 bis 100 Frauen aus Deutschland zurückgreifen, für die er Kämpfe im Ausland, u.a. in Kroatien, organisiert. Wenn sie keine BDB-Lizenz besitzen, beschafft die Shooting-Liga auch Lizenzen vor Ort. Die europaweite Shooting-Liga, ihre Zentrale sitzt in Manchester, will jungen weiblichen Profis die Möglichkeit zu Kämpfen geben und will auf diese Weise stabile Profistrukturen in Europa aufbauen.

Ende 1999 waren im BDB etwa zwei Dutzend Profiboxerinnen organisiert, im Mai 2000 veranstaltete die Hamburger Universum-Boxpromotion in Köln einen Kampftag nur für Frauen. Bei der „Ladies Night" waren die Sartory-Säle mit 1.100 Zuschauern ausverkauft, und das DSF übertrug live: Schließlich gab es mit

Regina Halmich, Daisy Lang, Michele Aboro und Heike Voller/Noller vier WM-Kämpfe und mit Silke Weickenmeier einen EM-Kampf zu sehen.

Während der zweite deutsche Großpromoter Wilfried Sauerland immer noch nur sporadisch auf Frauenboxen setzt, hat Peter Hanraths, Geschäftsführer der Universum Box-Promotion angekündigt, „eine solche Veranstaltung mit Sicherheit zu wiederholen." Das professionelle Frauenboxen gehört also zu den sich entwickelnden Sportarten.

Kurzlexikon zur deutschen Boxgeschichte

Namen, Begriffe, Abkürzungen

Abbruch
Ein Kampfabbruch kann – außer durch Aufgabe eines Boxers oder Handtuchwurf des Trainers – nur durch den Ringrichter erfolgen. Der Abbruch kann geschehen wegen K.o. oder t.K.o. eines Boxers, oder wegen Disqualifikation.

Abend, Lothar (*1944)
Feder- und Superfedergewichtler aus Kiel, Europameister 1972 bis 74, heute städtischer Angestellter.

Anzählen
Um einem an- oder niedergeschlagenen Boxer eine Pause zu verschaffen, zählt der Ringrichter bis acht (Eight-Count). Danach wird der Kampf wieder freigegeben.

APPE
Siehe Verbände, Europa.

Bandagen
Binden, die unter den Handschuhen getragen werden, um Hand und Gelenke vor Verletzungen zu schützen.

Bantam
Siehe Gewichtsklassen. Der Ausdruck stammt von einem aus der Provinz Bantam auf der Insel Java angesiedelten Haushuhn, das in Indonesien (und später auch in Großbritannien) für Hahnenkämpfe eingesetzt wurde.

BBBC
Siehe Verbände, Europa.

BDB
Siehe Verbände, Deutschland.

Besselmann, Jupp (*1908 †1983)
Mittelgewichtler aus Paderborn, später Köln, Europameister 1942 bis 45, Deutscher Meister 1934 bis 45, nach dem Krieg wurden ihm wegen SS-Mitgliedschaft seine Titel aberkannt, in den Fünfzigern Profitrainer u.a. von Peter Müller und Heinz Neuhaus.

Beyer, Markus (*1971)
Supermittelgewichtler aus Thüringen, später Köln, WBC-Weltmeister 1999 bis 2000.

Blin, Jürgen (*1943)
Schwergewichtler aus Hamburg, Europameister 1972, Deutscher Meister 1968, heute Gastronom in Hamburg.

Bott, Markus „Cassius" (*1962)
Cruiser- und Schwergewichtler aus Karlsruhe, WBO-Weltmeister 1993, gescheitertes Comeback 1998, betreibt heute eine Security-Firma.

Breitensträter, Hans „Der blonde Hans" (*1897 †1972)
Schwergewichtler aus Magdeburg, später Berlin, Deutscher Meister 1920 bis 1924 und 1925 bis 1926, später in verschiedenen Be-

rufen: Fußballtrainer, Kohlehändler, Vertreter etc.

Bülow, Arthur (*1886 † ?)
Boxjournalist und Manager, gründete 1920 das Fachblatt „Boxsport", entdeckte Max Schmeling, der sich später mit ihm überwarf.

Burda, Josef „Pepi"
Deutsch-tschechischer Promoter in den Zwanzigern. Gründete die Boxsportbehörde Deutschlands.

Clinch
Umklammerung, wird vom Ringrichter beendet.

Cross
Siehe Schläge.

Cruisergewicht
Siehe Gewichtsklassen. Cruiser (dt.: Kreuzer) beschreibt die international erst 1979 und in Deutschland 1985 eingeführte Kategorie zwischen Halbschwer- und Schwergewicht, quasi eine Kreuzung dieser zwei klassischen Gewichtsklassen.

Cut
Platzwunde im Gesicht.

Cutman
Betreuer, der sich speziell um aufgeplatzte Wunden und um Schwellungen kümmert. Hauptbestandteil der Salbe des Cutman ist Vaseline.

Dagge, Eckhard (*1948)
Superweltergewichtler aus Kiel, später Hamburg, WBC-Weltmeister 1976 bis 77, Europameister 1975 bis 76, heute Trainer.

Diener, Franz (*1901 † 1969)
Schwergewichtler aus Bad Bibra/Thüringen, später Berlin, Deutscher Meister 1926 und 27, verlorener EM-Kampf 1929, später Gastronom in Berlin.

Disqualifikation
Strafe gegen einen Boxer, die während des Kampfes vom Ringrichter zu verhängen ist. Die Disqualifikation führt zum Sieg des Gegners durch t.K.o. Eine nachträgliche Disqualifikation eines Boxers, etwa wegen eines Dopingvergehens, wird durch den zuständigen Verband ausgesprochen, der dann auch über die Wertung des Kampfes entscheidet.

DM
Deutsche Meisterschaft, heute vergeben vom 1949 gegründeten Bund Deutscher Berufsboxer (BDB).

Domgörgen, Hein (*1898 † 1972)
Mittelgewichtler aus Köln, Europameister 1931, später Amateurtrainer in Köln.

Doublette
Siehe Schläge.

EBU
Siehe Verbände, Europa.

Ecke, blaue und rote
Gegenüberliegende Ecken im Ring, in denen die Boxer in den Rundenpausen betreut werden.

Eder, Gustav „Meister Eder" (*1907 † 1992)
Welter- und Mittelgewichtler aus Bielefeld, später Ruhrgebiet, danach Berlin, Europameister im Weltergewicht 1934 bis 35, Deutscher Meister im Weltergewicht 1930 bis 49, Deutscher Meister im Mittelgewicht 1946 bis 47, später Besitzer eines Sportartikelgeschäfts in Gelsenkirchen, Gastronom und Profitrainer in Berlin.

Edwards, Joe (Paul Maschke)
Berliner Boxpionier, Leichtgewichtler, nach eigenen Angaben englischer Meister 1900, Gründer des Anglo-American Boxing-Club in Berlin-Charlottenburg 1906, Verfasser von Boxlehrbüchern.

Eipel, Jörg (*1957)
Weltergewichtler aus Berlin, Europameister 1977, lag nach EM-Niederlage 1977 drei Wochen im Koma, später u.a. Schwimmmeister und Kaufmann.

Ellbogenstoß
Vom Ringrichter zu unterbindendes Foul.

Elze, Jupp (*1939 †1968)
Mittelgewichtler aus Köln, zwei vergebliche EM-Kämpfe, 1968 erster Dopingtoter im deutschen Profiboxen.

EM
Europameisterschaft. Wird von dem europäischen Verband EBU vergeben, der 1948 aus der IBU hervorging. Versuche, andere Verbände zu etablieren, die auch Kontinentaltitel vergeben können, blieben erfolglos.

Englert, Walter (*1901 †1977)
Promoter in Berlin. Nach 1945 u.a. Manager von Max Schmeling.

Ermahnung
Leichteste und zunächst folgenlos bleibende Form der Bestrafung eines Boxers durch den Ringrichter während des Kampfes.

Fallobst
Umgangssprachlich für schwach eingeschätzten Gegner.

Flint, Otto (*1893 †?)
Schwergewichtler aus Berlin, Deutscher Meister 1911 bis 1920, erster deutscher Profimeister im Schwergewicht, später Gastronom in Berlin.

Führhand
Nach vorn gestreckter Arm (in der Normalauslage ist es der linke Arm). Mit ihr werden Aktionen der Schlaghand vorbereitet und der Gegner durch Schlagen von Jabs beschäftigt.

Gerade
Siehe Schläge.

Gewichtsklassen
Es gibt acht klassische Gewichtsklassen, historisch entstanden zwischen dem 18. und frühen 20. Jahrhundert. Es sind: Fliegengewicht, Bantamgewicht, Federgewicht, Leichtgewicht, Weltergewicht, Mittelgewicht, Halbschwergewicht, Schwergewicht. Zu diesen klassischen kamen im Laufe der Zeit weitere Zwischengewichtsklassen hinzu, so dass gegenwärtig diese Einteilung gilt:

► Strohgewicht (auch: Minifliegen, engl.: strawweight), in den USA seit 1988, bis 47,627 kg

► Halbfliegengewicht (Juniorfliegen, engl.: Junior Flyweight), in den USA seit 1975, bis 48,988 kg

► Fliegengewicht (engl.: Flyweight), in den USA seit 1913, bis 50,802 kg

► Superfliegengewicht (Juniorbantam, engl.: Junior Bantamweight), in den USA seit 1980, bis 52,163 kg

► Bantamgewicht (engl. Bantamweight), in den USA seit 1887, in England seit 1842, bis 53,432 kg

► Superbantamgewicht (Juniorfeder, Halbfeder, engl.: Junior Featherweight, bei der WBC: Super Bantamweight), in den USA seit 1922, bis 55,338 kg

► Federgewicht (engl.: Featherweight), in den USA seit 1890, in England seit 1822, bis 57,153 kg

► Superfedergewicht (Juniorleicht, Halbleicht, engl.: Junior Leightweight, bei WBC: Super Featherweight), in den USA seit 1921, bis 58,967 kg

► Leichtgewicht (engl.: Lightweight), in den USA seit 1896, in England seit 1746, bis 61,237 kg
► Superleichtgewicht (Juniorwelter, Halbwelter, engl.: Junior Welterweight, bei WBC: Super Lightweight), in den USA seit 1922, bis 63,503 kg
► Weltergewicht (engl.: Welterweight), in den USA seit 1888, in England seit 1792, bis 66,678 kg
► Superwelter (Juniormittelgewicht, Halbmittel, engl.: Junior Middleweight), in den USA seit 1962, bis 69,853 kg
► Mittelgewicht (engl.: Middleweight), in den USA seit 1853, in England seit 1786, bis 72,574 kg
► Supermittelgewicht (engl.: Super Middleweight), in den USA seit 1984, bis 76,203 kg
► Halbschwergewicht (engl.: Light Heavyweight), in den USA seit 1903, bis 79,387 kg
► Cruisergewicht (Leichtschwergewicht, engl.: Cruiserweight), in den USA seit 1979, bis 86,183 kg
► Schwergewicht (engl.: Heavyweight), in den USA seit 1719, über 86,183 kg.

Einige kleinere Verbände – außer der WBU sind dies IBA, WBF und NABO – haben schon das Supercruisergewicht eingeführt.

Die Gewichtsklassen im Frauenberufsboxen sind:
► Strohgewicht (nicht bei IWBF) (bis 46,266 kg)
► Juniorfliegengewicht (bis 49 kg)
► Fliegengewicht (bis 50,8 kg)
► Juniorbantamgewicht (Superfliegengewicht) (bis 52,16 kg)
► Bantamgewicht (bis 53,5 kg)
► Juniorfedergewicht (Superbantamgewicht) (bis 55,33 kg)
► Federgewicht (bis 57,15 kg)
► Juniorleichtgewicht (Superfedergewicht) (bis 59 kg)
► Leichtgewicht (bis 61,23 kg)
► Juniorweltergewicht (Superleichtgewicht) (bis 63,5 kg)
► Weltergewicht (bis 66,7kg)
► Juniormittelgewicht (Superweltergewicht) (bis 69,8 kg)
► Mittelgewicht (bis 72,5 kg)
► Supermittelgewicht (nicht bei IWBF) (bis 76,2 kg)
► Halbschwergewicht (bis 79,38 kg)
► Cruisergewicht (nicht bei IWBF) (bis 86,2 kg)
► Schwergewicht (über 86,2 kg).

Glaskinn
Ausdruck für eine Körperstelle in Kinnnähe bei Boxern, die über eine nicht ausreichend entwickelte Halsstreckmuskulatur verfügen. Wer am Glaskinn getroffen wird, erlebt eine schockartige kurzfristige Lähmung der Halswirbelsäule.

Göttert, Joachim (*1906 †1979)
Promoter und Manager.

Gretzschel, Fritz „Chinesen-Fritz" (*1907 †1979)
Manager und Promoter, betreute u.a. Bubi Scholz. In den Fünfzigern auch Präsident des Fußballclubs Tennis Borussia Berlin.

Grupe, Norbert auch: Prinz Wilhelm von Homburg (*1940)
Halbschwer- und Schwergewichtler aus Hamburg, verlor 1966 EM-Kampf, ging später in die USA, jobbt heute als Schauspieler und Taxifahrer. 1999 vom deutschen Regisseur Gerd Kroske proträtiert im Dokumentarfilm „Der Boxprinz".

Haken
Siehe Schläge.

Hall of Fame (dt.: Ruhmeshalle)
Eine vor allem in Nordamerika verbreitete Form des Sportmuseums. Die International

Boxing Hall of Fame findet sich in Canastota im US-Bundesstaat New York. Die Aufnahme in die Hall of Fame gehört zu den ganz großen Auszeichnungen eines Sportlers.

Halmich, Regina (*1976)
Fliegen- und Juniorfliegengewichtlerin aus Karlsruhe, WIBF-Weltmeisterin seit 1995, Europameisterin seit 1994.

Handschuhe
Boxhandschuhe sind aus Leder und mit Schaumstoff gefüllt. Sie wiegen in der Regel acht bis zehn Unzen. Im Sparring wird mit schwereren Handschuhen geboxt.

Handtuch
Durch Wurf eines Handtuchs in den Ring kann der Trainer den Abbruch eines Kampfes herbeiführen.

Haymann, Ludwig (*1901 †1959)
Schwergewichtler aus München, Deutscher Meister 1928 bis 30, später Sportchef der NSDAP-Zeitung „Völkischer Beobachter".

Hecht, Gerhard (*1923)
Halbschwergewichtler aus Berlin, Europameister 1954 bis 55 und 1955 bis 57, Deutscher Meister im Schwergewicht 1955 bis 56.

Heuser, Adolf (*1907 †1988)
Halbschwergewichtler aus Bonn, IBU-Weltmeister 1938, verlorener WM-Kampf 1933, Europameister 1932 und 1938 bis 1939, Europameister im Schwergewicht 1939, Deutscher Meister 1937 bis 1940, Deutscher Meister im Schwergewicht 1942. Starb in einer Nervenheilanstalt.

Hoepner, Willi (*1923 †1978)
Halbschwergewichtler aus Hamburg, Europameister 1955 und 1958. Später Boxtrainer in Afrika.

ten Hoff, Hein (*1919)
Schwergewichtler aus Oldenburg, später Hamburg, Europameister 1951 bis 52, später u.a. Gastronom, Promoter, BDB-Präsident.

Hogan, Ben (Benediel/Benedikt Hagen) (*1844 †?)
Deutsch-amerikanischer Schwergewichtler, geboren in Wurtemburg (vermutlich: Württemberg), verlor 1872 Titelkampf um American Heavyweight Bare Knuckle Crown.

Hucks, Dietrich „Der Hufschmied vom Niederrhein" (*1919 †1990)
Mittelgewichtler aus Moers, Deutscher Meister 1947.

IBF
Siehe Verbände, Welt.

IBU
Siehe Verbände, Europa.

IFBA
Siehe Verbände, Welt.

Infight
Kampf nahe am Mann.

IWBF
Siehe Verbände, Welt.

Jab
Siehe Schläge.

Jacobs, Joe (*1899 †1940)
US-amerikanischer Manager von Max Schmeling.

K.o.
Siehe Knockout.

Kampfgericht
► Ringrichter: Leitet den Kampf und sorgt durch Kommandos für die Einhaltung der Regeln und bricht den Kampf ggf. ab.

► Punktrichter: Wenn ein Kampf nicht durch Abbruch endet, entscheiden die Punktrichter. Sie werten jede Runde nach dem Ten-Must-System, die Punkte werden addiert, und derjenige Kämpfer, der bei mindestens zwei der drei Punktrichter vorne liegt, hat den Kampf gewonnen.
► Zeitnehmer: Schlägt zu Beginn und zu Ende der Runde den Gong und hält die Uhr an, wenn der Ringrichter den Kampf unterbricht.

Klein, Willi (*1911 †1979)
Promoter in Köln und BDB-Präsident.

Klitschko, Vitali „Doktor Eisenfaust" (*1971)
Ukrainischer Schwergewichtler, Europameister 1998 bis 99, WBO-Weltmeister 1999 bis 2000, seit 2000 promovierter Sportwissenschaftler.

Klitschko, Wladimir (*1976)
Ukrainischer Schwergewichtler, Olympiasieger im Superschwergewicht 1996, Europameister seit 1999.

Knockout (abgekürzt: K.o.)
Entscheidungstreffer. Der niedergeschlagene Boxer wird vom Ringrichter angezählt. Wenn er bis „zehn" nicht wieder kampfbereit ist, bricht der Ringrichter den Kampf ab.

Knörzer, Willi (*1920 †1969)
Manager und Promoter in Stuttgart, betreute u.a. Karl Mildenberger und Max Resch.

Kohl, Klaus-Peter (*1945)
Promoter und Manager in Hamburg (Universum Box-Promotion), betreut u.a. Dariusz Michalczewski, Juan Carlos Gomez und die Klitschko-Brüder.

Kölblin, Arno (*1911 †1999)
Schwergewichtler aus Berlin, Europameister 1936 bis 1938, Deutscher Meister 1937 bis 1938, in den Fünfzigern Cheftrainer der DDR-Olympiastaffel, später Profitrainer im Taunus u.a. von Conny Rudhoff und Peter Müller, lebte in den Siebziger/Achtzigern als Farmer in Südafrika.

Kommandos
Die wichtigsten Kommandos des Ringrichters sind
► Break: um den Kampf zu unterbrechen,
► Box: damit der Kampf (wieder) aufgenommen wird,
► Stop: um eine bestimmte Kampfsituation zu beenden.

Kopfstoß
Vom Ringrichter zu unterbindendes Foul.

Laufersweiler, Hans
Gastronom in Berlin und BDB-Präsident 1953 bis 1961.

Lazek, Heinz (*1911 †1986)
Österreichischer Halbschwer- und Schwergewichtler aus Wien, Europameister im Halbschwergewicht 1935 bis 1936, Europameister im Schwergewicht 1938 bis 1939, Deutscher Meister im Schwergewicht 1940 bis 1942.

Lucky Punch
Glücksschlag, meist zum K.o.

Machon, Max
Trainer von Max Schmeling, später auch Manager.

Mahir, Sabri „Der schreckliche Türke"
Showboxer, in den Zwanzigern Trainer von Franz Diener, ging während des Faschismus nach Frankreich ins Exil.

Manager
Finanzieller Betreuer und Berater eines Boxers, vermittelt ihm die Kämpfe.

Mantell, Frank
(Frank Otto Mintell) (*1886 †1951)
Mittelgewichtler, geboren in Brandenburg, wanderte in die USA aus, beanspruchte 1912 den WM-Titel im Mittelgewicht für sich.

Maske, Henry „Gentleman“ (*1964)
Halbschwergewichtler aus Frankfurt/Oder, Olympiasieger im Mittelgewicht 1988, IBF-Weltmeister 1993 bis 96, beendete nach Niederlage gegen Virgil Hill 1996 seine Karriere und arbeitet seitdem als Medienberater in der Nähe von Köln.

Matchmaker
Stellt für den Promoter die Boxpaarungen zusammen und verpflichtet die Kämpfer.

May, Torsten (*1969)
Halbschwer- und Cruisergewichtler aus Frankfurt/Oder, später Köln, Olympiasieger 1992 im Halbschwergewicht, verlor IBF-WM-Kampf im Cruisergewicht 1996, Europameister im Cruisergewicht 1999.

Meisterschaftsgürtel
Wird einem Champion umgelegt. Erstmals erhielt der englische Meister Tom Cribb 1811 einen Gürtel, der damals aus einem Löwenfell mit silbernen Klauen bestand.

Michalczewski, Dariusz „Tiger“ (*1968)
Halbschwer- und Cruisergewichtler aus Danzig, später Hamburg, WBO-Weltmeister im Halbschwergewicht seit 1994, WBO-Weltmeister im Cruisergewicht 1994, IBF/WBA-Weltmeister im Halbschwergewicht 1997.

Mildenberger, Karl (*1937)
Schwergewichtler aus Kaiserslautern, Europameister 1964 bis 68, boxte 1966 vergeblich gegen Muhammad Ali um die WM, später Schwimmmeister in Kaiserslautern.

Müller, Bruno (*1903 †1971)
Manager und Trainer, u.a. von Conny Rux, Willy Quatuor, Gerhard Hecht und Karl Mildenberger.

Müller, Hein (*1903 †1945)
Schwergewichtler aus Köln, Europameister 1931 bis 1932, nach der Profikarriere LKW-Unternehmer, starb 1945 im sog. „Volkssturm“.

Müller, Peter „De Aap“ (*1927 †1992)
Mittelgewichtler aus Köln, drei verlorene EM-Kämpfe: im Mittelgewicht 1959 und 1963, im Superweltergewicht 1965. Fünfmal Deutscher Meister im Mittelgewicht, damit bis heute Rekordhalter, nach der Karriere im Obst- und Gemüsehandel in Köln tätig.

Nackenschlag
Vom Ringrichter zu unterbindendes Foul.

Nartz, Jean-Marcel
Matchmaker der Sauerland-Promotion, Köln, Promoter.

Naujocks, Richard „König Richard“ (*1896 †1957)
Leichtgewichtler aus Berlin, Deutscher Meister 1919 bis 27, später Nachtportier und Trainer in Berlin.

NBA
Siehe Verbände, Welt.

Neuhaus, Heinz (*1926 †1998)
Schwergewichtler aus Dortmund, Europameister 1952 bis 55, betrieb später eine Tankstelle in Dortmund.

Neusel, Walter (*1907 †1964)
Schwergewichtler aus Bochum, Deutscher Meister 1938 und 1942 bis 46, lebte nach der Karriere zurückgezogen in Bayern.

Neutrale Ecke
Eine von zwei gegenüberliegenden Ecken im Ring, in die der Ringrichter einen Boxer schicken kann, etwa, wenn sein Konkurrent angezählt wird.

Nitzschke, Ulli (*1933)
Schwergewichtler aus Halle/Saale, siedelte später aus der DDR nach Westberlin um.

No Contest
Nachträglich annullierter Kampf.

No Decision
Kampf ohne Entscheidung.

Normalauslage
Linke Führhand, um Schläge mit rechts vorbereiten zu können.

Nummerngirls (engl. Round Card Girls)
Frauen, die während der Pausen Schilder durch den Ring tragen, um die nächste Runde anzeigen. Nummerngirls gab es erstmals in den späten fünfziger Jahren in Las Vegas/USA. Seit den späten Neunzigern gibt es bei Frauenboxveranstaltungen auch Nummernboys.

NYSAC
Siehe Verbände, Welt.

Ottke, Sven „Phantom" (*1967)
Supermittel- und Halbschwergewichtler aus Berlin, später Karlsruhe und Köln, IBF-Weltmeister im Supermittelgewicht seit 1998.

Piaskowy, Gerhard (*1943)
Superweltergewichtler aus Berlin, Europameister 1969 bis 70, verlor 1970 WM-Kampf.

Picard, André
Wichtigster Promoter der zwanziger Jahre. In Dortmund, Berlin, Barcelona, später wieder in Berlin.

Pistulla, Ernst (*1906 †1944)
Halbschwergewichtler aus Essen, Europameister 1931 bis 32, Deutscher Meister 1930 bis 32, später Schauspieler.

Promoter
Boxunternehmer, der Kampftage veranstaltet.

Punch
Harter Schlag.

Puncher
Boxer, der über einen harten Schlag verfügt.

Quatuor, Willi (*1937)
Leicht- und Superleichtgewichtler aus Dortmund, Europameister im Leichtgewicht 1964, Europameister im Superleichtgewicht 1965 bis 66, verlor 1967 WM-Kampf im Superleichtgewicht, später Gebäudereiniger in Dortmund.

Ranglisten
Von Boxverbänden aufgestellte Listen, die über ihre besten Kämpfer Auskunft geben sollen. Die Ranglisten bestimmen die Pflichtherausforderer von amtierenden Champions. Das Ranking ist oftmals schwer oder gar nicht durchschaubar und kommerziellen Interessen unterworfen.

Rechtsauslage (engl.: Southpaw)
Bei Linkshändern angewendete Führhand, mit der Schläge mit links vorbereitet werden können.

Rekord, auch: Kampfrekord
Auflistung aller Kämpfe eines Boxers. Er lässt sich auch kürzer ausdrücken als z.B. 17-3-2 (= 17 Siege, 3 Niederlagen, 2 Unentschieden).

Ringarzt
Beurteilt aufgetretene Verletzungen und

berät den Ringrichter, ob ein Kampf abgebrochen werden muss.

Ringgröße
Zwischen 5 und 6 Metern im Quadrat. Der Belag ist Segeltuch, das 1,5 bis 2,5 cm dick sein muss. Die Höhe des Ringbodens darf zwischen 90 und 110 cm variieren. Seit 1994 sind vier Ringseile vorgeschrieben, die den Ring umspannen. Früher wurden drei Ringseile verwendet, wobei allerdings des Öfteren Boxer durch die Seile stürzten und sich gefährlich verletzten.

Rocchigiani, Graciano „Rocky" (*1963)
Supermittel- und Halbschwergewichtler aus Berlin, IBF-Weltmeister im Supermittelgewicht 1988 bis 89, Europameister im Halbschwergewicht 1991 bis 92, WBC-Interims-Weltmeister im Halbschwergewicht ab 1998.

Rocchigiani, Ralf (*1963)
Cruisergewichtler aus Berlin, WBO-Weltmeister 1995 bis 97, nach der Profilaufbahn Gastronom in Berlin.

Rothenburg, Walter (*1889 †1975)
Promoter und Kampfrichter aus Hamburg, war auch Schlagertexter, u.a. von „So ein Tag, so wunderschön wie heute" und „Junge, komm bald wieder".

Rudhoff, Conny
Leicht- und Superleichtgewichtler aus Rüsselsheim, Europameister im Leichtgewicht 1963, Europameister im Superleichtgewicht 1967.

Runden
Ein Kampf besteht aus einer vereinbarten Zahl von Runden, die bei den Männern je drei, bei den Frauen je zwei Minuten dauern. Internationale Meisterschaftskämpfe dauern bei den Männer zwölf, bei den Frauen zehn Runden.

Rux, Conny (*1925 †1995)
Halbschwergewichtler aus Berlin, Europameister 1952, später als Catcher tätig.

Samson-Körner, Paul (*1887 †1942)
Halbschwer- und Schwergewichtler aus Zwickau, später Berlin, lernte Boxen in Amerika. Kam in den Zwanzigern zurück nach Deutschland, Deutscher Meister im Schwergewicht 1924 bis 25, Deutscher Meister im Halbschwergewicht 1924 bis 25.

Sauerland, Wilfried (*1940)
Promoter und Manager u.a. von Henry Maske, Axel Schulz, Sven Ottke, Markus Beyer.

Schläge
► Jab (engl: Stich, Stoß): schnelle ansatzlos geschlagene Gerade mit der Führhand, um den Gegner auf Distanz zu halten, ihn zu beschäftigen und einen Schlag mit der Schlaghand vorzubereiten
► Cross (engl: Kreuz): Kreuzschlag, als Konterschlag über den gegnerischen Schlagarm hinweggesetzt
► Gerade: Schlag mit gerade gestrecktem Arm
► Doublette: zwei oder mehr Schläge hintereinander mit der gleichen Hand
► Haken: möglichst ansatzloser Schlag mit angewinkeltem Ellenbogen; effektivste Haken sind der Leber- und der Kinnhaken
► Uppercut: Aufwärtshaken.

Schlaghand
Hand und Arm, mit der bzw. dem Wirkungstreffer erzielt werden sollen.

Schmeling, Max „Der schwarze Ulan vom Rhein" (US-Kampfname) (*1905)
Schwergewichtler, geboren in Klein Luckow/ Uckermark, aufgewachsen in Hamburg, lernte das Boxen in Köln und zog 1926 nach Berlin, Weltmeister 1930 bis 1932, Europa-

meister im Halbschwergewicht 1927, Europameister im Schwergewicht 1939, Deutscher Meister im Halbschwergewicht 1926 bis 28, Deutscher Meister im Schwergewicht 1928, wollte nach 1945 zusammen mit John Jahr und Axel Springer einen Verlag gründen, leitete später eine Coca Cola-Niederlassung in Hamburg.

Scholz, Gustav „Bubi" (*1930 †2000)
Mittel- und Halbschwergewichtler aus Berlin, Europameister im Mittelgewicht 1958 bis 61, Europameister im Halbschwergewicht 1964 bis 65, verlor WM-Kampf im Halbschwergewicht 1962 gegen Harold Johnson. Später Besitzer einer Werbeagentur in Berlin, erschoss 1984 seine Ehefrau Helga.

Schöppner, Erich (*1932)
Halbschwer- und Schwergewichtler aus Witten, Europameister im Halbschwergewicht 1958 bis 62, Deutscher Meister im Halbschwergewicht 1958 bis 62, Deutscher Meister im Schwergewicht 1961 bis 63.

Schulz, Axel (*1968)
Schwergewichtler aus Bad Saarow bzw. Frankfurt/Oder, zwei verlorene WM-Kämpfe, ein WM-Kampf No Contest, zwei verlorene EM-Kämpfe, ein EM-Kampf unentschieden, Deutscher Meister 1992. Beendete 1999 seine Karriere, nahm seitdem mehrere TV-Rollen an.

Schulz, Wilfried (*1928 †1992)
Promoter und Manager.

Sdunek, Fritz (* 1947)
Cheftrainer bei Universum Box-Promotion, betreut u.a. Dariusz Michalczewski, Vitali und Wladimir Klitschko.

Seelig, Erich/Eric (*1907 †1999)
Mittelgewichtler aus Bromberg, später in Danzig und Berlin, Deutscher Meister im Mittelgewicht 1931-33, Deutscher Meister im Halbschwergewicht 1933, flüchtete als Jude 1933 vor den Nazis in die USA. Ein verlorener WM-Kampf und ein verlorener EM-Kampf.

Sekundanten
Die „Männer in der Ecke", vor allem Trainer und Cutman, betreuen den Kämpfer in den Rundenpausen.

Sidestep (dt.: Seitschritt)
Ausweichbewegung zur Seite mit den Beinen.

Sparring
Trainingskampf.

Split Decision
Nicht einstimmiger Punktrichterentscheid.

Stretz, Hans (*1928 †1997)
Mittel- und Halbschwergewichtler aus Erlangen, Deutscher Meister im Mittelgewicht 1949 und 52, Deutscher Meister im Halbschwergewicht 1956.

t.K.o.
Siehe technischer K.o.

Taubeneck, Lado (*1908 †1998)
Trainer u.a. von Gustav Scholz und Gerhard Piaskowy.

Technischer K.o. (abgekürzt: t.K.o.)
Abbruch eines Kampfes, der durch den Ringrichter, durch Aufgabe des Boxers oder durch das Werfen des Handtuchs durch seinen Trainer erfolgen kann.

Ten-Must-System
Heute gängige Punktwertung, bei der jeder Punktrichter für jede Runde einem Boxer zehn Punkte gibt, dem schwächeren neun, bei großer Unterlegenheit acht Punkte.

Thust, Eberhard „Ebby" (*1948)
Promoter und Manager, u.a. von Willi Fischer und Ralf Rocchigiani, wurde bekannt als Erpresser von Peter Graf, dem Vater der Tennisspielerin Stefanie Graf.

Titel
Klassisch werden im Berufsboxen die Weltmeistertitel, Kontinentaltitel (Afrika-, Asien-, Europa-, Nordamerika-, Ozeanien-, Südamerikameister), der British Empire-Titel sowie die nationalen Meistertitel vergeben. Dazu kamen in den letzten Jahren noch etliche Zwischentitel: Z.B. Interkontinentalmeister, Pentakontinentalmeister, WBC-International Champion, WBA-Continental Champion, TBA-Transcontinenal Champion, WBU-Novice Champion etc. In Deutschland gibt es neben den Deutschen Meistern (Boxer mit deutscher Lizenz und deutscher Staatsbürgerschaft) seit 1989 auch die Internationalen Deutschen Meister (Boxer mit deutscher Lizenz).

Trabant, Michel „Trabi" (*1978)
Weltergewichtler, Deutscher Meister 1997.

Trainingsgeräte
Die gebräuchlichsten Trainingsgeräte sind:
► Sandsack: schwerer meist mit Textilabfällen gefüllter von der Decke hängender Sack. Mit ihm wird die Schlagkraft trainiert
► Maisbirne: birnenförmiger mit Mais gefüllter an der Decke hängender Ledersack. An ihr werden Grundschläge und Meidbewegungen trainiert
► Speedball: an kurzer Aufhängung befestigte Maisbirne zum Trainieren von Geschwindigkeit und Präzision von Schlägen
► Doppelendball (engl. „floor-to-ceiling"): an Decke und Boden mit elastischen Seilen befestigter Ball zur Verbesserung des Reaktionsvermögens und der Zielsicherheit
► Pratze: gepolsterter übergroßer Lederhandschuh, mit dem der Trainer mit dem Boxer Schlagkombinationen übt.

Trefferfläche
Beim Boxen ist der gesamte vordere Oberkörper bis zur Gürtellinie Trefferfläche. Treffer in anderen Körpergegenden werden vom Ringrichter geahndet: Je nach Schwere geht das von der Ermahnung über die Verwarnung inkl. Punktabzug bis hin zur sofortigen Disqualifikation.

Trollmann, Johann Wilhelm
„Rukelie" (*1907 †1943)
Mittel- und Halbschwergewichtler aus Hannover, Deutscher Meister im Halbschwergewicht 1933, als Sinto 1943 von den Nazis im KZ Neuengamme umgebracht.

Unholz, Rudi (Geburts- und Todesdatum unbekannt)
Deutsch-amerikanischer Leichtgewichtler, geboren in Mannheim, verlor WM-Kampf im Leichtgewicht 1908 gegen Joe Gans.

Unzen (im Englischen abgekürzt: oz)
Gewichtseinheit, mit der Boxhandschuhe gemessen werden. 1 Unze = 28,35 Gramm.

Uppercut
Siehe Schläge.

VDF
Siehe Verbände, Deutschland.

Verbände, Deutschland
► VDF: Verband Deutscher Faustkämpfer, 1919 gegründet, zunächst Interessenvertretung der Boxer, später mit verschiedenen Bedeutungen, als Konkurrenz zum BDB mehrfach wiedergegründet
► BDB: Bund deutscher Berufsboxer, 1949 gegründet, maßgeblicher Profiverband in der BRD.

Verbände, Europa
► BBBC (auch: BBBofC): British Boxing Board of Control, in den zwanziger Jahren

gegründeter Verband für Großbritannien und das Commonwealth, seit 1929 britische Boxbehörde

► IBU: International Boxing Union, gegründet 1911

► EBU: European Boxing Union, ging 1948 aus der IBU hervor

► APPE: Associatione Pugilistico Professionalisti Europei, 1942 als Konkurrenzverband zur IBU gegründet, Präsident: Bruno Mussolini (Sohn des italien. Diktators Benito Mussolini). Hatte keine Bedeutung.

Verbände, Welt

► NYSAC: New York State Athletic Commission, 1911 gegründete New Yorker Boxbehörde

► NBA: National Boxing Association (NBA). 1921 gegründeter Weltboxverband. Bestand außer der New Yorker aus allen 26 Box-Kommissionen der USA

► WBA: World Boxing Association, ging 1962 aus der NBA hervor

► WBC: World Boxing Council, 1963 gegründet

► IBF: International Boxing Federation, 1983 als USBA gegründet, 1984 umbenannt

► WBO: World Boxing Organization, 1988 gegründet

► WBU: World Boxing Union, 1994 gegründet.

Neben den gegenwärtig drei bis fünf wichtigen Weltverbänden (WBA, WBC, IBF, WBO und WBU) gibt es noch etliche kleinere Verbände, die zum Teil auch Weltmeistertitel vergeben. Es handelt sich u.a. um:

► IBO: International Boxing Organization

► IBA: International Boxing Association

► IBC: International Boxing Council

► IBL: International Boxing League

► NABO: North American Boxing Organisation

► TBA: Transcontinental Boxing Association

► WBF: World Boxing Federation

► WAA: World Athletic Association

► WSO: World Sports Organisation

► WBB: World Boxing Board

Im Frauenberufsboxen gibt es gegenwärtig drei große Weltverbände:

► WIBF: Women's International Boxing Federation

► IWBF: International Women's Boxing Federation

► IFBA: International Female Boxing Association.

Vogt, Richard „Riedel" (*1913 †1988)
Halbschwergewichtler aus Hamburg, Deutscher Meister 1941 bis 44, 1946 bis 49 und 1950, verlor EM-Kampf 1942, später u.a. Landwirt und Pferdezüchter.

WBA
Siehe Verbände, Welt.

WBC
Siehe Verbände, Welt.

WBO
Siehe Verbände, Welt.

WBU
Siehe Verbände, Welt.

Wegner, Ulli (*1942)
Geschäftsführer und Trainer bei der Sauerland-Promotion in Köln, betreut u.a. Sven Ottke und Markus Beyer.

Weickenmeier, Silke (*1979)
Feder- und Juniorfedergewichtlerin aus Speyer, WIBF-Weltmeisterin 1999/2000, Europameisterin 1997/98 und Europameisterin seit 2000.

Weidinger, Joschi (*1923)
Österreichischer Schwergewichtler aus Wien, trat nach 1945 auch unter dem Namen Jo Weidin an, Europameister 1950.

Weiss, Ernst (*1911 †1997)
Österreichischer Fliegen-, Bantam- und Federgewichtler aus Wien, Europameister im Fliegengewicht 1936, im Bantamgewicht 1939 und im Federgewicht 1941.

Weller, René (*1953)
Leicht- und Superfedergewichtler aus Pforzheim, Europameister im Leichtgewicht 1984 bis 86 und 1988, WAA-Weltmeister im Superfedergewicht 1983, während und nach der Profikarriere Geschäftsmann, wurde 1999 wegen Kokain-Handels verurteilt.

Weltergewicht
Siehe Gewichtsklassen. Die etymologische Herkunft und Bedeutung des Begriffs Welter ist unklar: Im Englischen bedeutet „welter" unter anderem Durcheinander oder Wirrwarr – der Begriff könnte also die aufkommende Unübersichtlichkeit umschreiben, die entstand, als neben dem ursprünglichen Schwergewicht im 19. Jahrhundert noch Mittel- und Leichtgewicht und schließlich auch das Weltergewicht eingeführt wurden.

WIBF
Siehe Verbände, Welt.

Wiegen
In der Regel etwa 24 Stunden vor einem Kampf werden die Kämpfer gewogen, ob sie im Limit ihrer Gewichtsklasse liegen. Das Wiegen findet öffentlich statt. Liegt ein Boxer über Limit, bekommt er eine Frist von ein bis zwei Stunden eingeräumt, um durch sogenanntes Abkochen (meist ein Saunagang) Gewicht zu verlieren und das Limit zu erreichen.

Wiene, Fritz (*1916)
Promoter und Manager aus Hamburg.

Witt, Adolf (*1913 †1964)
Halbschwergewichtler aus Kiel, später Berlin, Deutscher Meister 1933 bis 37.

Wittenbrink, Theodor (*1920 †1986)
Promoter aus Hamburg, BDB-Präsident 1971 bis 84.

WM
Weltmeisterschaft. WMs werden von den diversen, konkurrierenden Weltverbänden vergeben. Das sportliche Ansehen und Gewicht eines WM-Titels ist abhängig vom Renommee des Weltverbandes. Kleinere Verbände können oft nicht in jeder Gewichtsklasse einen Weltmeister benennen.

Wolke, Manfred (*1943)
Olympiasieger 1968 im Weltergewicht, Trainer u.a. von Henry Maske und Axel Schulz.

Zech, Gerhard (*1938)
Schwergewichtler aus Berlin, Deutscher Meister 1963 bis 1968, verlor zwei EM-Kämpfe 1965 und 1967.

Zeller, Willy (*1931)
Pelzhändler und Promoter aus Berlin, Manager u.a. von Eckhard Dagge und Jörg Eipel.

Statistischer Anhang

Die Weltmeisterschafts-Kämpfe mit deutscher Beteiligung

In der Regel haben die erstgenannten Boxerinnen bzw. Boxer den Kampf gewonnen.

Juniorfliegengewicht

10. Juli 1999, Augsburg (WIBF)
Regina Halmich (Karlsruhe) – Erzsébet Borosi (Ungarn)
t.K.o., 8. Runde

18. September 1999, Stuttgart (WIBF)
Regina Halmich (Karlsruhe) – Jill Matthews (USA)
Punktsieg, 10 Runden

19. Februar 2000, Berlin (WIBF)
Regina Halmich (Karlsruhe) – Viktoria Varga (Ungarn)
t.K.o., 4. Runde

Fliegengewicht

10. Juni 1995, Karlsruhe (WIBF)
Regina Halmich (Karlsruhe) – Kim Messer (USA)
Punktsieg, 10 Runden

23. September 1995, Aachen (WIBF)
Regina Halmich (Karlsruhe) – Brigitte Scherzinour (Frankreich)
t.K.o., 6. Runde

2. Dezember 1995, Karlsruhe (WIBF)
Regina Halmich (Karlsruhe) – Anissa Zamarron (USA)
Punktsieg, 10 Runden

10. Februar 1996, Cottbus (WIBF)
Regina Halmich (Karlsruhe) – Dagmar Richardson (Niederlande)
t.K.o., 4. Runde

13. April 1996, Hamburg (WIBF)
Regina Halmich (Karlsruhe) – Melinda Papp (Ungarn)
t.K.o., 4. Runde

17. August 1996, Frankfurt/Main (WIBF)
Regina Halmich (Karlsruhe) – Diane Berry (Großbritannien)
Punktsieg, 10 Runden

2. November 1996, Garmisch Partenkirchen (WIBF)
Regina Halmich (Karlsruhe) – Michelle Sutcliffe (Großbritannien)
t.K.o., 2. Runde

12. Dezember 1996, Frankfurt/Main (WIBF)
Regina Halmich (Karlsruhe) – Cheryl Robertson (Großbritannien)
Punktsieg, 10 Runden

8. März 1997, Köln (WIBF)
Regina Halmich (Karlsruhe) – Miyoki Nojima (Japan)
Punktsieg, 10 Runden

27. Juni 1997, Offenburg (WIBF)
Regina Halmich (Karlsruhe) – Lisa Houghton (Großbritannien)
Punktsieg, 10 Runden

20. September 1997, Aachen (WIBF)
Regina Halmich (Karlsruhe) – Viktoria Pataki (Ungarn)
Punktsieg, 10 Runden

29. November 1997, Karlsruhe (WIBF)
Regina Halmich (Karlsruhe) – Francesca Lupo (Italien)
Punktsieg, 10 Runden

7. März 1998, Köln (WIBF)
Regina Halmich (Karlsruhe) – Lisa Houghton (Großbritannien)
Punktsieg, 10 Runden

3. Oktober 1998, Augsburg (WIBF)
Regina Halmich (Karlsruhe) – Anissa Zamarron (USA)
Punktsieg, 10 Runden

5. Dezember 1998, Kiew/Ukraine (WIBF)
Regina Halmich (Karlsruhe) – Viktoria Pataki (Ungarn)
Punktsieg, 10 Runden

13. Mai 2000, Köln (WIBF)
Regina Halmich (Karlsruhe) – Delia Gonzales (USA)
Punktsieg, 10 Runden

Superfliegengewicht

20. April 1995, Las Vegas/USA (WIBF)
Yvonne Tremino (USA) – Regina Halmich (Karlsruhe)
t.K.o., 4. Runde

18. April 1998, Aachen (WIBF)
Regina Halmich (Karlsruhe) – Maria Rosa Tabusso (Italien)
t.K.o., 6. Runde

10. Juli 1998, München (WIBF)
Regina Halmich (Karlsruhe) – Stefania Bianchini (Italien)
Punktsieg, 10 Runden

27. März 1999, Köln (WIBF)
Regina Halmich (Karlsruhe) – Lourdes Gonzalez (Argentinien)
K.o., 1. Runde

Juniorfedergewicht

18. April 1999, Mannheim (WIBF)
Silke Weickenmeier (Speyer) – Para Draine (USA)
Punktsieg, 10 Runden

Federgewicht

29. Januar 2000, Riesa (WIBF)
Nadia Debras (Frankreich) – Silke Weickenmeier (Speyer)
Unentschieden

26. Februar 2000, Mannheim (WIBF)
Nadia Debras (Frankreich) – Silke Weickenmeier (Speyer)
Punktsieg, 10 Runden

Superfedergewicht

7. Oktober 1983, Frankfurt/Main (WAA)
René Weller (Pforzheim) – James Ortega (USA)
t.K.o., 1. Runde

Leichtgewicht

14. Mai 1908, San Francisco/USA
Joe Gans (USA) – Rudi Unholz (USA/Mannheim)
t.K.o., 11. Runde
(Unholz wurde in Mannheim geboren und wanderte später in die USA aus. Unklar ist, wann und ob er die deutsche Staatsbürgerschaft ablegte.)

14. März 1998, Hamburg (WBO)
Artur Grigorian (Armenien) – Marco Rudolph (Cottbus)
t.K.o., 6. Runde

13. Mai 2000, Köln (WIBF)
Marisha Sjauw (Niederlande) – Heike Noller (Berlin)
t.K.o., 3. Runde
(Heike Noller trat an diesem Abend unter dem Namen Heike Voller an)

Superleichtgewicht

16. November 1967, Tokio/Japan (WBA)
Paul Fuji (Japan) – Willy Quatuor (Dortmund)
K.o., 4. Runde

20. November 1997, Los Angeles/USA (WIBF)
Lucia Rijker (Niederlande) – Jeannette Witte (Berlin)
t.K.o., 3. Runde

Weltergewicht

16. Februar 1938, Brüssel/Belgien (IBU)
Felix Wouters (Belgien) – Gustav Eder (Berlin)
Punktsieg, 15 Runden

Superweltergewicht

20. März 1970, Berlin (WBA)
Freddy Little (USA) – Gerhard Piaskowy (Berlin)
Punktsieg, 15 Runden

17. Juni 1976, Berlin (WBC)
Eckhard Dagge (Hamburg) – Elisha Obed (Bahamas)
t.K.o., 10. Runde

18. September 1976, Berlin (WBC)
Eckhard Dagge (Hamburg) – Emile Griffith (USA)
Punktsieg, 15 Runden

15. März 1977, Berlin (WBC)
Eckhard Dagge (Hamburg) – Maurice Hope (Großbritannien)
Unentschieden, 15 Runden

6. August 1977, Berlin (WBC)
Rocco Mattioli (Italien) – Eckhard Dagge (Hamburg)
K.o., 5. Runde

Mittelgewicht

22. Februar 1912 Sacramento/USA
Frank Mantell (USA/Brandenburg) – Billy Papke (USA)
Punktsieg, 20 Runden
(Mantell wurde als Frank Otto Mintell in Brandenburg geboren und wanderte in die USA aus; wann und ob er die deutsche Staatsbürgerschaft ablegte, ist unbekannt. Der WM-Titel im Mittelgewicht wurde nach 1910/11 von mehreren Kämpfern für sich reklamiert, außer Frank Mantell waren es u.a. Billy Papke, Hugo Kelly, Frank Klaus, Eddie McGoorty, Jimmy Cabby, Les Darcy, Jeff Smith, Mike Gibbons.)

7. April 1938, Berlin (IBU)
Edouard Tenet (Frankreich) – Jupp Besselmann (Köln)
t.K.o., 12. Runde

11. Dezember 1939, Cleveland/USA (NBA)
Al Hostak (USA) – Eric Seelig (USA/Berlin)
K.o., 1. Runde
(Seelig, geboren in Bromberg, als Erwachsener in Berlin lebend, flüchtete 1933 vor den Nazis aus Deutschland in die USA, und die deutsche Regierung erkannte ihm die deutsche Staatsangehörigkeit ab.)

30. Januar 1999, Cottbus (WBO)
Bert Schenk (Berlin) – Freemont Barr (Bahamas)
K.o., 4. Runde

22. Mai 1999, Budapest/Ungarn (WBO)
Bert Schenk (Berlin) – Juan R. Medina-Padilla (Dominikanische Republik)
Punktsieg, 12 Runden

Supermittelgewicht

11. März 1988, Düsseldorf (IBF)
Graciano Rocchigiani (Berlin) – Vincent Boulware (USA)
t.K.o., 8. Runde

3. Juni 1988, Berlin (IBF)
Graciano Rocchigiani (Berlin) – Nicky Walker (USA)
Punktsieg, 15 Runden

7. Oktober 1988, Berlin (IBF)
Graciano Rocchigiani (Berlin) – Chris Reid (USA)
t.K.o., 11. Runde

27. Januar 1989, Berlin (IBF)
Graciano Rocchigiani (Berlin) – Thulane Malinga (Südafrika)
Punktsieg, 12 Runden

5. Februar 1994, Berlin (WBO)
Chris Eubank (Großbritannien) – Graciano Rocchigiani (Berlin)
Punktsieg, 12 Runden

18. April 1998, Duisburg (WBU)
Norbert Nieroba (Ahlen) – Soon Botes (Südafrika)
Punktsieg, 12 Runden

24. Oktober 1998, Düsseldorf (IBF)
Sven Ottke (Berlin) – Charles Brewer (USA)
Punktsieg, 12 Runden

27. Februar 1999, Berlin (IBF)
Sven Ottke (Berlin) – Giovanni Nardiello (Italien)
K.o., 3. Runde

8. Mai 1999, Düsseldorf (WBU)
Nordin Ben Salah (Marokko) – Norbert Nieroba (Ahlen)
Punktsieg, 12 Runden

8. Mai 1999, Düsseldorf (IBF)
Sven Ottke (Berlin) – Gabriel Hernandez (Dominikanische Republik)
Punktsieg 12 Runden

4. September 1999, Magdeburg (IBF)
Sven Ottke (Berlin) – Thomas Tate (USA)
techn. Punktsieg 11. Runde

23. Oktober 1999, Telford/Großbritannien (WBC)
Markus Beyer (Köln) – Richie Woodhall (Großbritannien)
Punktsieg, 12 Runden

29. Januar 2000, Riesa (WBC)
Markus Beyer (Köln) – Leif Kristian Keiski (Schweden)
K.o., 7. Runde

11. März 2000, Magdeburg (IBF)
Sven Ottke (Berlin) – Lloyd Bryan (Jamaika)
Punktsieg, 12 Runden

6. Mai 2000, Frankfurt/Main (WBC)
Glenn Catley (Großbritannien) – Markus Beyer (Köln)
t.K.o., 12. Runde

3. Juni 2000, Karlsruhe (IBF)
Sven Ottke (Berlin) – Tocker Pudwill (USA)
Punktsieg, 12 Runden

Halbschwergewicht

10. März 1933, New York/USA (NY-Version)
Maxie Rosenbloom (USA) – Adolf Heuser (Bonn)
Punktsieg, 15 Runden

29. Oktober 1936, Berlin (IBU)
Gustave Roth (Belgien) – Adolf Witt (Kiel)
Punktsieg, 15 Runden

21. Januar 1938, Berlin (IBU)
Gustave Roth (Belgien) – Jupp Besselmann (Köln)
Punktsieg, 15 Runden

25. März 1938, Berlin (IBU)
Adolf Heuser (Bonn) – Gustave Roth (Belgien)
t.K.o., 7. Runde

23. Juni 1962, Berlin
Harold Johnson (USA) – Gustav Scholz (Berlin)
Punktsieg, 15 Runden

20. März 1993, Düsseldorf (IBF)
Henry Maske (Frankfurt/Oder) – Charles Williams (USA)
Punktsieg, 12 Runden

18. September 1993, Düsseldorf (IBF)
Henry Maske (Frankfurt/Oder) – Anthony Hembrick (USA)
Punktsieg, 12 Runden

11. Dezember 1993, Düsseldorf (IBF)
Henry Maske (Frankfurt/Oder) – Dave Vedder (USA)
Punktsieg, 12 Runden

26. März 1994, Dortmund (IBF)
Henry Maske (Frankfurt/Oder) – Ernesto Magdaleno (USA)
t.K.o., 9. Runde

4. Juni 1994, Dortmund (IBF)
Henry Maske (Frankfurt/Oder) – Andrea Magi (Italien)
Punktsieg, 12 Runden

10. September 1994, Hamburg (WBO)
Dariusz Michalczewski (Hamburg) – Leeonzer Barber (USA)
Punktsieg, 12 Runden

8. Oktober 1994, Halle/Westfalen (IBF)
Henry Maske (Frankfurt/Oder) – Iran Barkley (USA)
t.K.o., 9. Runde

11. Februar 1995, Frankfurt/Main (IBF)
Henry Maske (Frankfurt/Oder) – Egerton Marcus (Kanada)
Punktsieg, 12 Runden

11. März 1995, Köln (WBO)
Dariusz Michalczewski (Hamburg) – Roberto Dominguez (Spanien)
K.o., 2. Runde

20. Mai 1995, Hamburg (WBO)
Dariusz Michalczewski (Hamburg) – Paul Carlo (USA)
K.o., 4. Runde

27. Mai 1995, Dortmund (IBF)
Henry Maske (Frankfurt/Oder) – Graciano Rocchigiani (Berlin)
Punktsieg, 12 Runden

19. August 1995, Düsseldorf (WBO)
Dariusz Michalczewski (Hamburg) – Everardo Armenta (Mexiko)
K.o., 5. Runde

7. Oktober 1995, Frankfurt/Main (WBO)
Dariusz Michalczewski (Hamburg) – Philippe Michel (Frankreich)
Punktsieg, 12 Runden

14. Oktober 1995, München (IBF)
Henry Maske (Frankfurt/Oder) – Graciano Rocchigiani (Berlin)
Punktsieg, 12 Runden

17. Februar 1996, Dortmund (IBF)
Henry Maske (Frankfurt/Oder) – Duran Williams (USA)
Punktsieg, 12 Runden

6. April 1996, Hannover (WBO)
Dariusz Michalczewski (Hamburg) – Asluddin Umarov (Russland)
K.o., 5. Runde

25. Mai 1996, Leipzig (IBF)
Henry Maske (Frankfurt/Oder) – John Scully (USA)
Punktsieg, 12 Runden

8. Juni 1996, Köln (WBO)
Dariusz Michalczewski (Hamburg) – Christophe Girard (Frankreich)
Punktsieg, 12 Runden

10. August 1996, Hamburg (WBO)
Dariusz Michalczewski (Hamburg) – Graciano Rocchigiani (Berlin)
Disq.-Sieg, 7. Runde

12. Oktober 1996, München (IBF + WBA)
Virgil Hill (USA) – Henry Maske (Frankfurt/Oder)
Punktsieg, 12 Runden

13. Dezember 1996, Hannover (WBO)
Dariusz Michalczewski (Hamburg) – Christophe Girard (Frankreich)
t.K.o.., 8. Runde

13. Juni 1997, Oberhausen (IBF, WBA, WBO)
Dariusz Michalczewski (Hamburg) – Virgil Hill (USA)
Punktsieg, 12 Runden

30. August 1997, Berlin (WBU)
Frank Tate (USA) – Norbert Nieroba (Ahlen)
Punktsieg, 12 Runden

4. Oktober 1997, Hannover (WBO)
Dariusz Michalczewski (Hamburg) – Nicky Piper (Großbritannien)
t.K.o., 8. Runde

13. Dezember 1997, Hamburg (WBO)
Dariusz Michalczewski (Hamburg) – Darren Zenner (Kanada)
t.K.o., 6. Runde

20. März 1998, Frankfurt/Main (WBO)
Dariusz Michalczewski (Hamburg) – Andrea Magi (Italien)
t.K.o., 4. Runde

21. März 1998, Berlin (WBC)
Graciano Rocchigiani (Berlin) – Michael Nunn (USA)
Punktsieg, 12 Runden

19. September 1998, Oberhausen (WBO)
Dariusz Michalczewski (Hamburg) – Mark Prince (Großbritannien)
t.K.o., 8. Runde

12. Dezember 1998, Frankfurt/Main (WBO)
Dariusz Michalczewski (Hamburg) – Drake Thadzi (USA)
t.K.o., 9. Runde

3. April 1999, Bremen (WBO)
Dariusz Michalczewski (Hamburg) – Muslim Biarslanov (Russland)
t.K.o., 7. Runde

28. August 1999, Bremen (WBO)
Dariusz Michalczewski (Hamburg) – Montell Griffin (USA)
t.K.o., 4. Runde

15. April 2000, Hannover (WBO)
Dariusz Michalczewski (Hamburg) – Graciano Rocchigiani (Berlin)
t.K.o., 10. Runde

Cruisergewicht

2. Oktober 1992, Berlin (WBO)
Tyrone Booze (USA) – Ralf Rocchigiani (Berlin)
Punktsieg, 12 Runden

13. Februar 1993, Hamburg (WBO)
Markus Bott (Karlsruhe) – Tyrone Booze (USA)
Punktsieg, 12 Runden

26. Juni 1993, Hamburg (WBO)
Nestor Giovannini (Argentinien) – Markus Bott (Karlsruhe)
Punktsieg, 12 Runden

20. November 1993, Hamburg (WBO)
Nestor Giovannini (Argentinien) – Markus Bott (Karlsruhe)
Punktsieg, 12 Runden

17. Dezember 1994, Hamburg (WBO)
Dariusz Michalczewski (Hamburg) – Nestor Giovannini (Argentinien)
t.K.o., 10. Runde

10. Juni 1995, Manchester/Großbrit. (WBO)
Ralf Rocchigiani (Berlin) – Carl Thompson (Großbritannien)
t.K.o., 11. Runde

30. September 1995, Hannover (WBO)
Ralf Rocchigiani (Berlin) – Marc Randazzo (USA)
Punktsieg, 12 Runden

25. November 1995, Braunschweig (WBO)
Ralf Rocchigiani (Berlin) – Stan Ward (USA)
K.o., 6. Runde

16. März 1996, Berlin (WBO)
Ralf Rocchigiani (Berlin) – Jay Snyder (USA)
K.o., 4. Runde

13. Juli 1996, Essen (WBO)
Ralf Rocchigiani (Berlin) – Bashiru Ali (Nigeria)
Punktsieg 12 Runden

31. September 1996, Palma de Mallorca/Spanien (IBF)
Adolpho Washington (USA) – Torsten May (Köln)
Punktsieg, 12 Runden

13. Dezember 1996, Hannover (WBO)
Ralf Rocchigiani (Berlin) – Stefan Angehrn (Schweiz)
Punktsieg, 12 Runden

26. April 1997, Zürich (Schweiz) (WBO)
Ralf Rocchigiani (Berlin) – Stefan Angehrn (Schweiz)
Punktsieg, 12 Runden

4. Oktober 1997, Hannover (WBO)
Carl Thompson (Großbritannien) – Ralf Rocchigiani (Berlin)
Punktsieg, 12 Runden

Schwergewicht

12. Juni 1930, New York/USA
Max Schmeling (Berlin) – Jack Sharkey (USA)
Disq.-Sieg, 4. Runde

3. Juli 1931, Cleveland/USA
Max Schmeling (Berlin) – William Young Stribling (USA)
t.K.o., 15. Runde

21. Juni 1932, Long Island/USA
Jack Sharkey (USA) – Max Schmeling (Berlin)
Punktsieg, 15 Runden

22. Juni 1938, New York/USA
Joe Louis (USA) – Max Schmeling (Berlin)
K.o., 1. Runde

10. September 1966, Frankfurt/Main (WBC)
Muhammad Ali (USA) – Karl Mildenberger (Kaiserslautern)
t.K.o., 12. Runde

22. April 1995, Las Vegas/USA (IBF + WBU)
George Foreman (USA) – Axel Schulz (Frankfurt/Oder)
Punktsieg, 12 Runden

9. Dezember 1995, Stuttgart (IBF)
François Botha (Südafrika) – Axel Schulz (Deutschland)
No Contest

22. Juni 1996, Dortmund (IBF)
Michael Moorer (USA) – Axel Schulz (Frankfurt/Oder)
Punktsieg, 12 Runden

26. September 1998, Norwich/Großbritannien (WBO)
Herbie Hide (Großbritannien) – Willi Fischer (Frankfurt/Main)
t.K.o., 2. Runde

20. Mai 2000, Coswig (WBB)
Joseph Akhasamba (Kenia) – René Hanl (Dresden)
Punktsieg, 12 Runden

Die Europameisterschafts-Kämpfe mit deutscher Beteiligung

Fliegengewicht

1. November 1932, Lille/Frankreich
Praxile Gyde (Frankreich) – Willie Metzner (Mannheim)
t.K.o., 8. Runde

25. November 1994, Karlsruhe
Regina Halmich (Karlsruhe) – Cheryl Robertson (Großbritannien)
Punktsieg, 10 Runden

1. April 1995, Italien
Regina Halmich (Karlsruhe) – Maria Rosa Tabusso (Italien)
Punktsieg, 10 Runden

5. August 1995, Berlin
Regina Halmich (Karlsruhe) – Sonia Pereira (Italien)
t.K.o., 7. Runde

4. November 1995, Köln
Regina Halmich (Karlsruhe) – Petrina Philipps (Großbritannien)
Punktsieg, 10 Runden

Bantamgewicht

11. August 1939, Berlin
Ernst Weiss (Wien) – Aurel Toma (Rumänien)
Disq.-Sieg, 8. Runde
(Österreich gehörte seit der Annexion im März 1938 zum deutschen Reich)

25. November 1939, Berlin
Gino Cattaneo (Italien) – Ernst Weiss (Wien)
K.o., 12. Runde

Juniorfedergewicht

1. November 1997, Speyer
Silke Weickenmeier (Speyer) – Ulrike Stangl (Österreich)
Punktsieg, 10 Runden

3. Mai 1998, Speyer
Silke Weickenmeier (Speyer) – Silvia Potleki (Ungarn)
Punktsieg, 10 Runden

21. November 1998, Mannheim
Silke Weickenmeier (Speyer) – Ulrike Stangl (Österreich)
Punktsieg, 10 Runden

13. Mai 2000, Köln
Silke Weickenmeier (Speyer) – Christina Krek (Österreich)
Punktsieg, 10 Runden

Federgewicht

27. Januar 1932, Barcelona/Spanien
Jose Girones (Spanien) – Paul Noack (Bochum)
t.K.o., 4. Runde

31. Mai 1941, Wien
Ernst Weiss (Wien) – Lucian Popescu (Rumänien)
Punktsieg, 15 Runden
(Österreich gehörte seit der Annexion im März 1938 zum deutschen Reich)

30. Juni 1941, Wien
Gino Bondavalli (Italien) – Ernst Weiss (Wien)
Punktsieg, 15 Runden

Superfedergewicht

14. Juli 1971, Lugano/Italien
Tomaso Galli (Italien) – Lothar Abend (Kiel)
Punktsieg, 15 Runden

13. Oktober 1972, Hamburg
Lothar Abend (Kiel) – Domenico Chiloiroi (Italien)
Punktsieg, 15 Runden

2. Februar 1973, Kiel
Lothar Abend (Kiel) – Jean De Keers (Belgien)
t.K.o., 1. Runde

13. Mai 1973, Kiel
Lothar Abend (Kiel) – Felix Said Brami (Frankreich)
t.K.o., 11. Runde

7. Dezember 1973, Hamburg
Lothar Abend (Kiel) – Ugo Poli (Italien)
Punktsieg, 15 Runden

7. Mai 1974, Oslo/Norwegen
Sven Erik Poulsen (Norwegen) – Lothar Abend (Kiel)
t.K.o., 3. Runde

Leichtgewicht

22. Dezember 1928, Paris/Frankreich
Aimé Raphael (Frankreich) – Paul Czirson (Berlin)
K.o., 11. Runde

8. Dezember 1934, Mailand/Italien
Carlo Orlandi (Italien) – Richard Stegemann (Berlin)
Punktsieg, 15 Runden

22. Januar 1937, Berlin
Vittorio Tamagnini (Italien) – Rudolph Kretzschmar (Dresden)
Punktsieg, 15 Runden

26. Oktober 1940, Wien
Karl Blaho (Wien) – Otello Abbruciati (Italien)
Punktsieg, 15 Runden
(Österreich gehörte seit der Annexion im März 1938 zum deutschen Reich)

16. Februar 1941, Berlin
Karl Blaho (Wien) – Carl Andersen (Dänemark)
Punktsieg, 15 Runden

31. Mai 1941, München
Bruno Bisterzo (Italien) – Karl Blaho (Wien)
Punktsieg, 15 Runden

3. September 1953, Kopenhagen/Dänemark
Jorgen Johansen (Dänemark) – Werner Handke (Berlin)
Unentschieden, 15 Runden

29. September 1963, Rüsselsheim
Conny Rudhoff (Rüsselsheim) – Giordani Campari (Italien)
Punktsieg, 15 Runden

8. Mai 1964, Berlin
Willy Quatuor (Dortmund) – Michele Gullotti (Italien)
K.o., 14. Runde

5. Februar 1966, Kiel
Maurice Tavant (Frankreich) – Lothar Abend (Kiel)
K.o., 10. Runde

29. Juni 1983, Brollo/Italien
Lucio Cusma (Italien) – René Weller (Pforzheim)
Unentschieden, 12 Runden

9. März 1984, Frankfurt/Main
René Weller (Pforzheim) – Lucio Cusma (Italien)
Punktsieg, 12 Runden

13. April 1984, Hagen
René Weller (Pforzheim) – Jose Antonio Garcia (Spanien)
t.K.o., 9. Runde

26. Mai 1984, Düsseldorf
René Weller (Pforzheim) – Daniel Londas (Frankreich)
Punktsieg, 12 Runden

5. Oktober 1984, Frankfurt/Main
René Weller (Pforzheim) – George Feeney (Großbritannien)
Punktsieg, 12 Runden

26. April 1985, Frankfurt/Main
René Weller (Pforzheim) – Frederic Geoffroy (Frankreich)
K.o., 11. Runde

10. Januar 1986, Randers/Dänemark
Gert Bo Jacobsen (Dänemark) – René Weller (Pforzheim)
t.K.o., 8. Runde

5. März 1988, Karlsruhe
René Weller (Pforzheim) – José Maillot (Frankreich)
Punktsieg, 12 Runden

Superleichtgewicht

14. Februar 1964, Helsinki/Finnland
Olli Maeki (Finnland) – Conny Rudhoff (Rüsselsheim)
Punktsieg, 15 Runden

27. Dezember 1965, Berlin
Willy Quatuor (Dortmund) – Juan Albornoz (Spanien)
Punktsieg, 15 Runden

18. Mai 1966, Arezzo/Italien
Willy Quatuor (Dortmund) – Piero Brandi (Italien)
K.o., 8. Runde

1. Februar 1967, Frankfurt/Main
Conny Rudhoff (Rüsselsheim) – Olli Maeki (Finnland)
Punktsieg, 15 Runden

6. Juni 1967, Wien/Österreich
Johann Orsolics (Österreich) – Conny Rudhoff (Rüsselsheim)
Punktsieg, 15 Runden

24. Januar 1969, Rom/Italien
Bruno Arcari (Italien) – Willy Quatuor (Dortmund)
K.o., 7. Runde

4. Mai 1997, Berlin
Jeannette Witte (Berlin) – Sandra Geiger (Frankreich)
Punktsieg, 10 Runden

19. Februar 2000, Berlin
Oktay Urkal (Berlin) – Mikhail Krivolapov (Russland)
Punktsieg, 12 Runden

Weltergewicht

22. April 1928, Leipzig
Leo Darton (Belgien) – Karl Sahm (Hamburg)
Unentschieden, 15 Runden

3. Dezember 1930, Frankfurt/Main
Gustave Roth (Belgien) – Gustav Eder (Berlin)
Punktsieg, 15 Runden

30. August 1931, Berlin
Gustave Roth (Belgien) – Gustav Eder (Berlin)
Punktsieg, 15 Runden

8. Juni 1934, Berlin
Gustav Eder (Berlin) – Nestor Charlier (Belgien)
K.o., 11. Runde

2. September 1934, Zürich/Schweiz
Gustav Eder (Berlin) – Vittorio Ventura (Italien)
Unentschieden, 15 Runden

5. Oktober 1934, Berlin
Gustav Eder (Berlin) – Francoise Sybille (Belgien)
Punktsieg, 15 Runden

11. Januar 1935, Kopenhagen/Dänemark
Gustav Eder (Berlin) – Einar Agerholm (Dänemark)
K.o., 2. Runde

5. Mai 1935, Dortmund
Gustav Eder (Berlin) – Karl Blaho (Österreich)
K.o., 5. Runde

29. Juni 1935, Hamburg
Gustav Eder (Berlin) – Vittorio Ventura (Italien)
Punktsieg, 15 Runden

5. September 1935, Prag/Tschechoslowakei
Gustav Eder (Berlin) – Eduard Hrabek (CSR)
K.o., 5. Runde

11. November 1935, Berlin
Gustav Eder (Berlin) – Felix Wouters (Belgien)
K.o., 9. Runde

9. Dezember 1935, Berlin
Gustav Eder (Berlin) – Hilario Martinez (Spanien)
Punktsieg, 15 Runden

16. Februar 1938, Brüssel/Belgien
Felix Wouters (Belgien) – Gustav Eder (Berlin)
Punktsieg, 15 Runden

26. August 1938, Berlin
Felix Wouters (Belgien) – Gustav Eder (Berlin)
Unentschieden, 15 Runden

26. Januar 1970, Wien/Österreich
Johann Orsolics (Österreich) – Klaus Klein (Essen)
t.K.o., 9. Runde

6. August 1977, Berlin
Jörg Eipel (Berlin) – Jorgen Hansen (Dänemark)
Disq.-Sieg, 13. Runde

17. Dezember 1977, Creil/Frankreich
Alain Marion (Frankreich) – Jörg Eipel (Berlin)
K.o., 15. Runde

10. Oktober 1986, Rüsselsheim
Jose Varela (Rüsselsheim) – Brahim Messaoudi (Frankreich)
t.K.o., 5. Runde

4. April 1987, Düsseldorf
Alfonso Redondo (Spanien) – Jose Varela (Rüsselsheim)
t.K.o., 10. Runde

9. Oktober 1987, Morges/Schweiz
Mauro Martelli (Schweiz) – Erwin Heiber (Hamburg)
Punktsieg, 12 Runden

Superweltergewicht

16. Oktober 1965, Dortmund
Bruno Visintin (Italien) – Peter Müller (Köln)
Punktsieg, 15 Runden

16. Juli 1969, Vibo Valentia/Italien
Gerhard Piaskowy (Berlin) – Remo Golfarini (Italien)
Punktsieg, 15 Runden

24. Januar 1970, Berlin
Gerhard Piaskowy (Berlin) – Jean Baptiste Rolland (Frankreich)
K.o., 8. Runde

11. September 1970, Barcelona/Spanien
Jose Hernandez (Spanien) – Gerhard Piaskowy (Berlin)
t.K.o., 14. Runde

3. September 1974, Berlin
Jose Duran (Spanien) – Eckhard Dagge (Hamburg)
t.K.o., 11. Runde

24. Juni 1975, Berlin
Eckhard Dagge (Hamburg) – Jose Duran (Spanien)
K.o., 9. Runde

4. November 1975, Wien/Österreich
Eckhard Dagge (Hamburg) – Franz Csandl (Österreich)
t.K.o., 7. Runde

16. Januar 1976, Berlin
Vito Antuofermo (Italien) – Eckhard Dagge (Hamburg)
Punktsieg, 15 Runden

7. Mai 1977, Hamburg
Maurice Hope (Großbritannien) – Frank Wissenbach (Berlin)
Punktsieg, 15 Runden

22. August 1982, Praia/Italien
Luigi Minchillo (Italien) – Jean-Andre Emmerich (Frankfurt/Main)
t.K.o., 4. Runde

28. September 1984, München
Georg Steinherr (München) – Jimmy Cable (Großbritannien)
Punktsieg, 12 Runden

30. März 1985, Dortmund
Georg Steinherr (München) – Emilio Sole (Spanien)
Punktsieg, 12 Runden

29. Juni 1988, Hamburg
Renè Jacquot (Frankreich) – Erwin Heiber (Hamburg)
t.K.o., 11. Runde

11. Juni 1989, Rüsselsheim
Edip Secevic (Österreich) – Jose Varela (Rüsselsheim)
t.K.o., 2. Runde

4. September 1999, Meinsdorf/Brandenburg
Heike Noller (Berlin) – Ilona Papp (Ungarn)
Punktsieg, 10 Runden

Mittelgewicht

19. März 1926, Berlin
Rienus DeVos (Belgien) – Hein Dömgörgen (Köln)
Punktsieg, 15 Runden

16. Dezember 1928, Paris/Frankreich
Leone Jacovacci (Italien) – Hein Domgörgen (Köln)
Punktsieg, 15 Runden

30. August 1931, Berlin
Hein Domgörgen (Köln) – Leopold Steinbach (Österreich)
Punktsieg, 15 Runden

17. März 1934, Brüssel/Belgien
Gustave Roth (Belgien) – Erich Seelig (USA/Berlin)
Punktsieg, 15 Runden
(Seelig, geboren in Bromberg, als Erwachsener in Berlin lebend, flüchtete 1933 vor den Nazis aus Deutschland in die USA, und die deutsche Regierung erkannte ihm die deutsche Staatsangehörigkeit ab.)

7. April 1938, Berlin
Edouard Tenet (Frankreich) – Jupp Besselmann (Köln)
t.K.o., 12. Runde

23. Mai 1942, Stoccardia/Italien
Jupp Besselmann (Köln) – Mario Casadei (Italien)
Punktsieg, 15 Runden

20. Januar 1943, Hamburg
Jupp Besselmann (Köln) – Luc van Dam (Niederlande)
Punktsieg, 15 Runden

4. Oktober 1958, Berlin
Gustav Scholz (Berlin) – Charles Humez (Frankreich)
t.K.o., 12. Runde

4. Juli 1959, Berlin
Gustav Scholz (Berlin) – Hans-Werner Wohlers (Hamburg)
Punktsieg, 15 Runden

14. November 1959, Berlin
Gustav Scholz (Berlin) – Peter Müller (Köln)
t.K.o., 1. Runde

5. Dezember 1959, Berlin
Gustav Scholz (Berlin) – Andre Drille (Frankreich)
t.K.o., 14. Runde

5. Januar 1962, Frankfurt/Main
John McCormack (Schottland) – Heini Freytag (Offenbach)
Punktsieg, 15 Runden

30. März 1963, Dortmund
Laszlo Papp (Ungarn) – Peter Müller (Köln)
t.K.o., 4. Runde

14. Mai 1966, Berlin
Nino Benvenuti (Italien) – Jupp Elze (Köln)
t.K.o., 14. Runde

12. Juni 1968, Köln
Carlo Duran (Italien) – Jupp Elze (Köln)
t.K.o., 15. Runde

25. Juni 1969, Montacatini/Italien
Carlo Duran (Italien) – Hans-Dieter Schwarz (Bad Oeynhausen)
t.K.o., 14. Runde

20. Februar 1976, Hamburg
Bunny Sterling (Großbritannien) – Frank Reiche (Berlin)
t.K.o., 13. Runde

14. Mai 1980, München
Kevin Finnegan (Großbritannien) – Georg Steinherr (München)
Unentschieden, 12 Runden

3. Dezember 1982, Paris/Frankreich
Louis Acaries (Frankreich) – Frank Wissenbach (Berlin)
K.o., 6. Runde

13. Juni 1988, Lyon/Frankreich
Chris Tiozzo (Frankreich) – Andreas Prox (Hamburg)
t.K.o., 10. Runde

September 1990, Belgrad/Jugoslawien
Miodrag Perunovic (Jugoslawien) – Salvador Yanez (Bielefeld)
t.K.o., 11. Runde

Supermittelgewicht

17. Dezember1994, Berlin
Frederic Seillier (Frankreich) – Graciano Rocchigiani (Berlin)
Unentschieden, 12 Runden

7. Juni 1999, Paris/Frankreich
Bruno Girard (Frankreich) – Jürgen Hartenstein (Schopp/Pfalz)
t.K.o., 8. Runde

Halbschwergewicht

19. Juni 1927, Dortmund
Max Schmeling (Berlin) – Fernand Delarge (Belgien)
t.K.o., 14. Runde

6. November 1927, Leipzig
Max Schmeling (Berlin) – Hein Domgörgen (Köln)
K.o., 7. Runde

6. Januar 1928, Berlin
Max Schmeling (Berlin) – Michele Bonaglia (Italien)
K.o., 1. Runde

27. Juni 1929, Turin/Italien
Michele Bonaglia (Italien) – Hein Müller (Köln)
K.o., 4. Runde

18. März 1931, Barcelona/Spanien
Ernst Pistulla (Essen) – Martinez de Alfara (Spanien)
Punktsieg, 15 Runden

5. Juni 1931, Hamburg
Ernst Pistulla (Essen) – Adolf Heuser (Bonn)
Unentschieden, 15 Runden

25. Juni 1932, Valencia/Spanien
Adolf Heuser (Bonn) – Martinez de Alfara (Spanien)
K.o.,1. Runde

11. Juni 1934, Paris/Frankreich
Marcel Thil (Frankreich) – Adolf Witt (Kiel)
K.o., 8. Runde

9. August 1935, München
Merlo Prescio (Italien) – Adolf Witt (Kiel)
Punktsieg, 15 Runden

29. Oktober 1936, Wien/Österreich
Gustave Roth (Belgien) – Adolf Witt (Kiel)
Punktsieg, 15 Runden

21. Januar 1938, Berlin
Gustave Roth (Belgien) – Jupp Besselmann (Köln)
Punktsieg, 15 Runden

25. März 1938, Berlin
Adolf Heuser (Bonn) – Gustave Roth (Belgien)
t.K.o., 7. Runde

9. September 1938, Berlin
Adolf Heuser (Bonn) – Merlo Preciso (Italien)
Punktsieg, 15 Runden

5. April 1942, Berlin
Luigi Musina (Italien) – Richard Vogt (Hamburg)
Punktsieg, 15 Runden

26. Juli 1952, Berlin
Conny Rux (Berlin) – Willy Schagen (Niederlande)
K.o., 12. Runde

9. April 1954, Hamburg
Gerhard Hecht (Berlin) – Jaques Hairabedian (Frankreich)
Punktsieg, 15 Runden

23. September 1954, Hamburg
Gerhard Hecht (Berlin) – Wim Snoek (Niederlande)
Punktsieg, 15 Runden

11. März 1955, Hamburg
Willy Hoepner (Hamburg) – Gerhard Hecht (Berlin)
t.K.o., 3. Runde

12. Juni 1955, Dortmund
Gerhard Hecht (Berlin) – Willy Hoepner (Hamburg)
t.K.o., 13. Runde

25. Februar 1956, Saint Nazaire/Frankreich
Gerhard Hecht (Berlin) – Charles Colin (Frankreich)
t.K.o., 13. Runde

12. Juli 1957, Mailand/Italien
Artemio Calzavara (Italien) – Gerhard Hecht (Berlin)
Punktsieg, 15 Runden

30. Mai 1958, Hamburg
Willy Hoepner (Hamburg) – Artemio Clazavara (Italien)
Disq.-Sieg, 6. Runde

12. Dezember 1958, Hamburg
Erich Schöppner (Witten) – Willy Hoepner (Hamburg)
K.o., 5. Runde

11. April 1959, Dortmund
Erich Schöppner (Witten) – Rocco Mazzola (Italien)
Punktsieg, 15 Runden

7. November 1959, Dortmund
Erich Schöppner (Witten) – Sante Amonti (Italien)
Punktsieg, 15 Runden

9. April 1960, Frankfurt/Main
Erich Schöppner (Witten) – Helmut Ball (Bielefeld)
Punktsieg, 15 Runden

5. Februar 1961, Dortmund
Erich Schöppner (Witten) – Paul Roux (Frankreich)
t.K.o., 13. Runde

23. Mai 1963, Rom/Italien
Giulio Rinaldi (Italien) – Erich Schöppner (Witten)
Punktsieg, 15 Runden

4. April 1964, Dortmund
Gustav Scholz (Berlin) – Giulio Rinaldi (Italien)
Disq.-Sieg, 8. Runde

8. Juli 1965, Rom/Italien
Giulio Rinaldi (Italien) – Klaus Peter Gumpert (Berlin)
t.K.o., 13. Runde

19. November 1966, Berlin
Piero del Papa (Italien) – Norbert Grupe (Hamburg)
Disq.-Sieg, 11. Runde

2. Dezember 1967, Frankfurt/Main
Lothar Stengel (Bad Soden/Ts.) – Piero del Papa (Italien)
K.o., 5. Runde

12. September 1968, Kopenhagen/Dänemark
Tom Bogs (Dänemark) – Lothar Stengel (Bad Soden/Ts.)
K.o., 1. Runde

11. September 1970, Frankfurt/Main
Piero del Papa (Italien) – Rüdiger Schmidtke (Frankfurt/Main)
Punktsieg, 15 Runden

27. November 1970, Berlin
Piero del Papa (Italien) – Horst Benedens (Berlin)
t.K.o., 15. Runde

22. Januar 1971, Berlin
Conny Velensek (Schöningen) – Piero del Papa (Italien)
Punktsieg, 15 Runden

5. Mai 1971, Berlin
Conny Velensek (Schöningen) – Chris Finnegan (Großbritannien)
Unentschieden, 15 Runden

1. Januar 1972, Nottingham/Großbritannien
Chris Finnegan (Großbritannien) – Conny Velensek (Schöningen)
Punktsieg, 15 Runden

14. November 1972, London/Großbritannien
Rüdiger Schmidtke (Frankfurt/Main) – Chris Finnegan (Großbritannien)
t.K.o., 12. Runde

13. März 1973, London/Großbritannien
John Conteh (Großbritannien) – Rüdiger Schmidtke (Frankfurt/Main)
t.K.o., 12. Runde

4. Dezember 1974, Campione/Italien
Domenico Adinolfi (Italien) – Karl Heinz Klein (Essen)
t.K.o., 1. Runde

14. Mai 1976, Rom/Italien
Domenico Adinolfi (Italien) – Leo Kakolewicz (Berlin)
t.K.o., 8. Runde

9. Juli 1983, Frankfurt/Main
Rudy Koopmans (Niederlande) – Manfred Jassmann (Korbach)
K.o., 8. Runde

15. September 1984, Dortmund
Alex Blanchard (Niederlande) – Manfred Jassmann (Korbach)
t.K.o., 4. Runde

3. Oktober 1986, Berlin
Alex Blanchard (Niederlande) – Ralf Rocchigiani (Berlin)
Punktsieg, 12 Runden

8. April 1989, Berlin
Jan Lefeber (Niederlande) – Ralf Rocchigiani (Berlin)
Unentschieden, 12 Runden

1. März 1991, Düsseldorf
Graciano Rocchigiani (Berlin) – Crawford Ashley (Großbritannien)
Punktsieg, 12 Runden

13. September 1991, Berlin
Graciano Rocchigiani (Berlin) – Alex Blanchard (Niederlande)
K.o., 9. Runde

Cruisergewicht

22. April 1987, London/Großbritannien
Sammy Reeson (Großbritannien) – Manfred Jassmann (Korbach)
Punktsieg, 12 Runden

14. Dezember 1990, Karlsruhe
Johnny Nelson (Großbritannien) – Markus Bott (Karlsruhe)
t.K.o., 12. Runde

27. November 1999, Düsseldorf
Torsten May (Köln) – Alexej Illin (Russland)
Punktsieg, 12 Runden

Schwergewicht

8. Juli 1928, San Sebastian/Spanien
Paolo Uzcudun (Spanien) – Hans Haymann (Berlin)
K.o., 11. Runde

2. Februar 1929, Dortmund
Pierre Charles (Belgien) – Ludwig Haymann (Berlin)
Punktsieg, 15 Runden

7. September 1929, Brüssel/Belgien
Pierre Charles (Belgien) – Franz Diener (Berlin)
K.o., 11. Runde

30. August 1931, Berlin
Hein Müller (Köln) – Pierre Charles (Belgien)
Punktsieg, 15 Runden

4. Januar 1932, London/Großbritannien
Hein Müller (Köln) – Reggie Men (Großbritannien)
t.K.o., 4. Runde

28. Mai 1932, Brüssel/Belgien
Pierre Charles (Belgien) – Hein Müller (Köln)
Punktsieg, 15 Runden

21. Juni 1935, Berlin
Pierre Charles (Belgien) – Vincenz Hower (Köln)
Punktsieg, 15 Runden

17. März 1937, Berlin
Arno Kölblin (Berlin) – Pierre Charles (Belgien)
Punktsieg, 15 Runden

4. März 1938, Berlin
Heinz Lazek (Österreich) – Arno Kölblin (Berlin)
Disq.-Sieg, 2. Runde

10. August 1938, Wien
Heinz Lazek (Wien) – Sante De Leo (Italien)
Punktsieg, 15 Runden
(Österreich gehörte seit der Annexion im März 1938 zum deutschen Reich)

16. September 1938, Wien
Heinz Lazek (Wien) – Walter Neusel (Bochum)
Punktsieg, 15 Runden

11. November 1938, Berlin
Heinz Lazek (Wien) – Arno Kölblin (Berlin)
Punktsieg, 15 Runden

20. Januar 1939, Berlin
Heinz Lazek (Wien) – Karel Sys (Belgien)
Punktsieg, 15 Runden

17. März 1939, Berlin
Adolf Heuser (Bonn)- Heinz Lazek (Wien)
K.o., 5. Runde

2. Juli 1939, Stuttgart
Max Schmeling (Berlin) – Adolf Heuser (Bonn)
K.o., 1. Runde

3. September 1951, Berlin
Hein ten Hoff (Hamburg) – Jack Gardner (Großbritannien)
Punktsieg, 15 Runden

12. Januar 1952, Brüssel/Belgien
Karel Sys (Belgien) – Hein ten Hoff (Hamburg)
Punktsieg, 15 Runden

9. März 1952, Dortmund
Heinz Neuhaus (Dortmund) – Karel Sys (Belgien)
Punktsieg, 15 Runden

20. Juli 1952, Dortmund
Heinz Neuhaus (Dortmund) – Hein ten Hoff (Hamburg)
K.o., 1. Runde

20. November 1952, Dortmund
Heinz Neuhaus (Dortmund) – Wilson Kohlbrecher (Osnabrück)
K.o., 4. Runde

2. August 1953, Dortmund
Heinz Neuhaus (Dortmund) – Karel Sys (Belgien)
Punktsieg, 15 Runden

9. Oktober 1954, Frankfurt/Main
Heinz Neuhaus (Dortmund) – Kurt Schiegl (Wien)
K.o., 3. Runde

26. Juni 1955, Bologna/Italien
Francesco Cavicchi (Italien) – Heinz Neuhaus (Dortmund)
Punktsieg, 15 Runden

21. Juli 1956, Bologna/Italien
Francesco Cavicchi (Italien) – Heinz Neuhaus (Dortmund)
K.o., 11. Runde

27. März 1960, Dortmund
Dick Richardson (Großbritannien) – Hans Kalbfell (Hagen)
t.K.o., 13. Runde

18. Februar 1961, Dortmund
Dick Richardson (Großbritannien) – Hans Kalbfell (Hagen)
Punktsieg, 15 Runden

24. Februar 1962, Dortmund
Dick Richardson (Großbritannien) – Karl Mildenberger (Kaiserslautern)
K.o., 1. Runde

17. Oktober 1964, Berlin
Karl Mildenberger (Kaiserslautern) – Sante Amonti (Italien)
K.o., 1. Runde

14. Mai 1965, Frankfurt/Main
Karl Mildenberger (Kaiserslautern) – Piero Tomasoni (Italien)
Punktsieg, 15 Runden

26. November 1965, Frankfurt/Main
Karl Mildenberger (Kaiserslautern) – Gerhard Zech (Berlin)
Punktsieg, 15 Runden

5. Juni 1966 Frankfurt/Main
Karl Mildenberger (Kaiserslautern) – Yvan Prebag (Jugoslawien)
Punktsieg, 15 Runden

1.Februar 1967, Frankfurt/Main
Karl Mildenberger (Kaiserslautern) – Piero Tomasoni (Italien)
Punktsieg, 15 Runden

21. März 1967, London/Großbritannien
Karl Mildenberger (Kaiserslautern) – Billy Walker (Großbritannien)
t.K.o., 8. Runde

30. Dezember 1967, Berlin
Karl Mildenberger (Kaiserslautern) – Gerhard Zech (Berlin)
Punktsieg, 15 Runden

18. September 1968, London/Großbritannien
Henry Cooper (Großbritannien) – Karl Mildenberger (Kaiserslautern)
Disq.-Sieg, 8. Runde

6. Dezember 1969, Kiel
Peter Weiland (Neumünster) – Bernard Thebault (Frankreich)
K.o., 1. Runde

3. April 1970, Madrid/Spanien
Jose Urtain (Spanien) – Peter Weiland (Neumünster)
K.o., 7. Runde

22. Juni 1970, Barcelona/Spanien
Jose Urtain (Spanien) – Jürgen Blin (Hamburg)
Punktsieg, 15 Runden

10. Mai 1971, London/Großbritannien
Joe Bugner (Großbritannien) – Jürgen Blin (Hamburg)
Punktsieg, 15 Runden

9. Juni 1972, Madrid/Spanien
Jürgen Blin (Manburg) – Jose Urtain (Spanien)
Punktsieg, 15 Runden

10. Oktober 1972, London/Großbritannien
Joe Bugner (Großbritannien) – Jürgen Blin (Hamburg)
K.o., 8. Runde

6. April 1976, London/Großbritannien
Richard Dunn (Großbritannien) – Bernd August (Berlin)
t.K.o., 3. Runde

17. Dezember 1988, Sassari/Italien
Francesco Damiani (Italien) – Manfred Jassmann (Korbach)
K.o., 3. Runde

19. Dezember 1992, Berlin
Henry Akinwande (Großbritannien) – Axel Schulz (Frankfurt/Oder)
Unentschieden, 12 Runden

1. Mai 1993, Berlin
Henry Akinwande (Großbritannien) – Axel Schulz (Frankfurt/Oder)
Punktsieg, 12 Runden

23. Juli 1994, Berlin
Henry Akinwande (Großbritannien) – Mario Schießer (Berlin)
K.o., 6. Runde

24. Oktober 1998, Hamburg
Vitali Klitschko (Ukraine) – Mario Schießer (Berlin)
t.K.o., 2. Runde

25. September 1999, Köln
Wladimir Klitschko (Ukraine) – Axel Schulz (Frankfurt/Oder)
t.K.o., 8. Runde

Die Deutschen Meister

Fliegengewicht

1922 Erich Kohler
1923 Friedrich Schmidt
1925 Harry Stein
1928 Erich Kohler
1929 Karl Schulze
1930 Erich Kohler
1930 Willy Metzner
1934 Hubert Ausboeck
1935 Hubert Offermanns
1937 Paul Schäfer
1937 Hubert Offermanns
1938 Walter List
1938 Hubert Offermanns
1938 Hans Schiffers
1948 Willi Färber
1950 Viktor Liwoski
1950 Georg Tietzsch
Titel vakant

Bantamgewicht

1921 Kurt Menke
1922 Urban Grass
1925 Felix Friedemann
1928 Otto Ziemdorf
1929 Karl Schulze
1930 Georg Pfitzner
1931 Helmuth Hinz
1931 Georg Pfitzner
1933 Werner Riethdorf
1938 Hermann Remscheid
1938 Ernst Weiss
1940 Hermann Remscheid
1947 Hans Schiffers
1947 Kurt Rappsilber
1948 Hans Schiffers
1949 Hans Schömig
1949 Viktor Liwoski
1949 Hans Schömig
1950 Rudi Langer
1954 Willibald Koch
1958 Edgar Basel
1961 Klaus Jäger
Titel vakant

Federgewicht

1919 Fritz Rolauf
1921 Kurt Sasse
1923 Fritz Rolauf
1924 Theo Beyerling
1925 Edu Schmidt
1926 Paul Noack
1929 Franz Dübbers
1930 Paul Noack
1932 Harry Stein
1933 Hans Schiller
1936 Karl Beck
1937 Kurt Bernhardt
1937 Karl Beck
1940 Ernst Weiss
1946 Hans Grötsch
1947 Heinz Utz
1948 Hans Grötsch
1948 Georg Assmann
1948 Karl Simon
1949 Ludwig Hess
1949 Walter Demke
1953 Rudi Langer
1958 Willi Quatuor
1965 Lothar Abend
Titel vakant

Superfedergewicht

1963 Peter Goschka
1970 Lothar Abend
1985 Georg Vlachos
1986 Theo Hauser
Titel vakant

Superleichtgewicht

1963 Klaus Klein
1977 Boualem Belouard
1978 Klaus Fuchs
1985 Konrad Mittermeier
Titel vakant

Leichtgewicht

1919 Richard Naujocks
1927 Fritz Ensel
1927 Paul Czirson
1929 Fritz Reppel
1929 Jakob Domgörgen
1930 Walter Heinisch
1931 Franz Dübbers
1933 Willi Seisler
1936 Rudi Kretzschmar
1938 Fritz Esser
1938 Karl Blaho
1947 Heinz Sander
1948 Herbert Nürnberg
1950 Walter Demke
1950 Hans Häfner
1952 Herbert Gläser
1952 Werner Handtke
1955 Rudi Langer
1955 Karlheinz Blick
1957 Manfred Neuke
1958 Rudi Langer
1959 Conny Rudhoff
1963 Willi Quatuor
1964 Karl Frucht
1968 Klaus Jacobi
1976 Rolf Kersten
1977 Peter Lutz
1979 Dieter Schantz
1981 René Weller
Titel vakant

Weltergewicht

1923 Ernst Grimm
1924 Walter Funke
1924 Ernst Grimm
1926 Hermann Herse
1926 Ernst Grimm
1927 Karl Sahm
1928 Hans Seifried
1930 Gustav Eder
1950 Walter Schneider
1951 Gustav Scholz
1952 Werner Handtke
1956 Günther Hase
1958 Ernst Zetzmann
1959 Helmut Mistol
1963 Conny Rudhoff
1964 Klaus Klein
1966 Conny Rudhoff
1968 Willi Quatuor
1968 Klaus Klein
1970 Horst Brinkmeier
1972 Kurt Hombach
1974 Jürgen Voss
1975 Horst Brinkmeier
1976 Jörg Eipel
1978 Jürgen Voss
1982 Tony Habermeyer
1985 José Varela
1996 Jan Heinemann
1997 Mike Reissmann
1997 Michel Trabant

Superweltergewicht

1965 Werner Mundt
1967 Reinhard Dampmann
1968 Gerhard Piaskowy
1971 Rainer Müller
1972 Randolph Hombach
1974 Peter Scheibner
1975 Peter Wulf
1976 Jean André Emmerich
1976 Frank Wissenbach
1978 Jean André Emmerich
1984 Erwin Heiber
1989 José Varela
1990 Andreas Marks
1994 Salvador Yanez
1999 Danny Thiele

Mittelgewicht

1918 Franz Kött
1919 Kurt Prenzel
1919 Friedrich Dubois
1921 Kurt Prenzel
1924 Adolf Wiegert
1925 Hein Domgörgen
1930 Erich Tobeck
1931 Erich Seelig
1933 Hein Domgörgen
1934 Jupp Besselmann
1946 Gustav Eder
1947 Dietrich Hucks
1947 Fritz Gahrmeister
1948 Carl Schmidt
1949 Peter Müller
1949 Hans Stretz
1950 Peter Müller
1952 Hans Stretz
1956 Peter Müller
1957 Gustav Scholz
1961 Hans-Werner Wohlers
1962 Peter Müller
1963 Heini Meinhardt
1964 Peter Müller
1964 Jupp Elze
1968 Hans Dieter Schwartz
1972 Klaus Peter Tombers
1973 Eckhard Dagge
1974 Frank Reiche
1978 Frank Wissenbach
1983 Georg Steinherr
1985 Graciano Rocchigiani
1987 Andreas Prox
1990 Patrick Pipa
1994 Salvador Yanez
1997 Bert Schenk

Supermittelgewicht

1988 Mike Wissenbach
1991 Andreas Schweiger
1992 Andreas Marks
1996 Norbert Nieroba
1998 Markus Beyer
2000 Danilo Häußler

Halbschwergewicht

1921 Walter Buckzuhn
1923 Rudi Arndt
1923 Adolf Seybold
1924 Paul Samson-Körner
1926 Max Schmeling
1929 Hein Müller
1930 Ernst Pistulla
1933 Erich Seelig
1933 Johann Wilhelm Trollmann (Titel nach wenigen Tagen vom BBD aus rassistischen Gründen aberkannt; Trollmann war Sinto)
1933 Adolf Witt
1937 Adolf Heuser
1940 Jean Kreitz
1941 Richard Vogt
1944 Heinz Seidler
1946 Richard Vogt
1949 Conny Rux

1950 Richard Vogt
1950 Heinz Sachs
1951 Willy Hoepner
1952 Gerhard Hecht
1954 Willy Hoepner
1955 Gerhard Hecht
1956 Hans Stretz
1957 Willy Hoepner
1958 Erich Schöppner
1962 Klaus Peter Gumpert
1966 Lothar Stengel
1970 Rüdiger Schmidtke
1973 Karl Heinz Klein
1975 Leo Kakolewicz
1978 Karl Heinz Klein
1980 Uwe Meineke
1982 Manfred Jassmann
1986 Graciano Rocchigiani
1995 Gerhard Schoberth
1996 Fritz Plösser
1996 Wieland Beust
1997 Ali Saidi
1997 Sven Ottke
1999 Thomas Ulrich

Cruisergewicht

1985 Ralf Rocchigiani
1988 Klaus Winter
1989 Ralf Rocchigiani
1994 Torsten May
1997 Michael Klötsch
1998 Silvio Meinel
1999 Rüdiger May

Schwergewicht

1911 Otto Flint
1920 Hans Breitensträter
1924 Paul Samson-Körner
1925 Hans Breitensträter
1926 Franz Diener
1927 Rudi Wagener
1927 Franz Diener
1928 Max Schmeling
1928 Ludwig Haymann
1930 Hans Schönrath
1931 Hein Müller
1933 Vincenz Hower
1936 Arno Kölblin
1938 Walter Neusel
1940 Heinz Lazek
1942 Adolf Heuser
1942 Walter Neusel
1946 Hein ten Hoff
1952 Heinz Neuhaus
1955 Gerhard Hecht
1956 Heinz Neuhaus
1957 Hans Kalbfell
1958 Albert Westphal
1959 Hans Kalbfell
1961 Albert Westphal
1961 Erich Schöppner
1963 Gerhard Zech
1968 Jürgen Blin
1968 Peter Weiland
1971 Horst Benedens
1973 Hartmut Sasse
1974 Conny Velensek
1974 Bernd August
1977 Kurt Lüdecke
1978 Bernd August
1983 Reiner Hartmann
1985 Charly Graf
1985 Thomas Claaßen
1987 Manfred Jassmann
1990 Markus Bott
1992 Axel Schulz
1993 Bernd Friedrich
1994 Christian Honhold
1994 Steffen Wiesenthal
1995 Mario Schießer
1996 Kim Weber
1998 Mario Schießer
2000 Timo Hoffmann

Ausgewählte Bibliografie

Arenhövel, Alfons (Hg.): ARENA der Leidenschaften. Der Sportpalast und seine Veranstaltungen 1910 – 1973, Berlin 1990

Benedict, Pinckney: Hunde des Herrn, Reinbek 1996 (rororo)

Berg, Günter und Uwe Wittstock (Hg.): Harte Bandagen. Eine literarische Anthologie in 12 Runden nebst 11 Ringpausen und einer Siegerehrung, München 1997 (C.H. Beck)

Brauner, Thomas: Henry Maske. Durchgeboxt, Berlin 1995 (Das neue Berlin)

Brecht, Bertolt: Der Kinnhaken und andere Box- und Sportgeschichten (hrsg. und mit einem Nachwort versehen von Günter Berg), Frankfurt/M 1995 (Suhrkamp)

Breitensträter, Hans: Meine Kämpfe, Berlin 1923

Breslauer, Max: Die Geschichte des Faustkampfs, Berlin 1923

Diener, Franz: Mein Weg, o.O. (Berlin), o.J. (1928)

Drews, Tobias (Hg.): Max Schmeling, Stuttgart 1996 (Engelhorn)

Drews, Tobias: Die deutschen Boxstars. Ihr Leben. Ihre Kämpfe. Ihre Siege, Stuttgart 1999 (Pietsch-Verlag)

Edwards, Joe: Boxen. Ein Fechten mit Naturwaffen, Berlin 1911

Eichberg, Henning: Sport im 19. Jahrhundert – Genese einer industriellen Verhaltensform, in: Horst Ueberhorst (Hg.): Geschichte der Leibesübungen, Bd. 3/1, Berlin 1980, S. 350 – 412

Eichberg, Henning: Die Veränderung des Sports ist gesellschaftlich. Münster 1990

Elias, Norbert: Die Genese des Sports als soziologisches Problem, in: Norbert Elias / Eric Dunning: Sport im Zivilisationsprozeß, Münster 1980, S. 9 – 46

Ellroy, James: Die schwarze Dahlie, Frankfurt/M-Berlin 1988

Firzlaff, Hans: knock-out. Die Tragödie eines Sinti-Boxers, Hannover 1997 (Satire-Verlag, Postfach 30402, 30419 Hannover)

Fleischer, Nat und Sam Andre (updated by Nigel Collins): An Illustrated History of Boxing, 5th Ed., Secaucus, New Jersey/USA 1997

Gorn, Elliott (Hg.): Muhammad Ali. The People's Champ, Urbana and Chicago/USA 1995

Hackenberger, Victor: Die Meisterschaft der deutschen Schwergewichtsboxer. Wer war, wird und ist Deutscher Meister, Berlin o.J. (1924 oder 25)

Hamann, Carl O.: Ein Leben auf eigene Faust, Köln o.J. (1948 oder 49)

Happel, Jacob: Die Boxkunst. Anleitung zur selbständigen Erlernung des Hand- und Fußboxens, Leipzig 1863

Harenberg, Bodo (Red.): Die Stars des Sports von A – Z, Berlin/Darmstadt 1970

Hauser, Thomas: Black Lights. Inside the World of Professional Boxing, New York/ USA 1986

Hauser, Thomas: Muhammad Ali: His Life and Times, New York/USA 1991

Haymann, Ludwig: Deutscher Faustkampf, nicht pricefight. Boxen als Rasseproblem, München 1936

Heckmann, Herbert: Der Faustkampf als edle Kunst, in: Sarkowicz, Hans (Hg.): Schneller, höher, weiter. Eine Geschichte des Sports, Frankfurt 1999 (Suhrkamp), S. 113–124

Hellmis, Arno: Max Schmeling. Die Geschichte eines Kämpfers, Berlin 1937

Kapell, Carl: Das Boxen, Leipzig 1881

Kohtes, Michael: Boxen. Eine Faustschrift, Frankfurt/M 1999 (Suhrkamp)

Louis, Joe: My Life. An Autobiography, Hopewell, New Jersey/USA 1978

Luckas, Manfred (Hg.): Ring frei! Ein Lesebuch vom Boxen. Stuttgart 1997 (Reclam)

Lüthge, B.E. (Hg.): Box-Brevier, Jahrgang 1948, Berlin

Machalewski, Josef L.: Boxen – Der Weltsport. Berlin 1927

Maske, Henry (zusammen mit Bertram Job): Mein Box-Lexikon. Frankfurt 1995 (Eichborn)

Meinhardt, Birk: Boxen in Deutschland, Hamburg 1996 (Rotbuch)

Neubert, Guido: Der Kampf. Die Bubi Scholz Story (mit einem Nachwort von Gerhard Reimann), München 1998 (Heyne)

Nürnberg, Rolf: Max Schmeling. Die Geschichte einer Karriere, Berlin 1932

Reemtsma, Jan Philipp: Mehr als ein Champion, Stuttgart 1995

Roberts, James B. und Alexander G Skutt.: The Boxing Register. International Boxing Hall of Fame Official Record Book, Ithaca, New York/USA 1997

Rocchigiani, Graciano und Martin H. Greenberg (Hg.): TKO. Box-Stories, Berlin 1996 (MAAS-Verlag)

Rothenburg, Walter: Kampf um Meister und Millionen. Bacharach und Stuttgart 1948

Sammons, Jeffrey T.: Beyond the Ring. The Role of Boxing in American Society, Camden Campus, New Jersey/USA 1988

Scherer, Karl Adolf (Hg.): Sportgeschichte in Zahlen. Chronik Handbuch, Gütersloh/München 1967

Schloz, Rainer: Faszination Boxen, München 1996 (Copress)

Schmeling, Max: ...8-9-aus! Meine großen Kämpfe, München 1956 (Copress)

Schmeling, Max: Erinnerungen (aktualisierte und erweiterte Ausgabe, mit einem Vorwort von Henry Maske), Berlin 1995 (Sportverlag, als Taschenbuch bei Ullstein)

Schmeling, Max: Ich boxte mich durchs Leben, Stuttgart 1967

Scholz, Bubi: Der Weg aus dem Nichts. Berlin 1982 (Ullstein)

Weise, Klaus: Henry Maske. Auf eigene Faust, Berlin 1995 (Sportverlag)

Zu den Autoren

Knud Kohr, Jahrgang 1966, arbeitete früher als Journalist und Redakteur. Lebt heute als freier Autor in Berlin und schreibt Prosa, interaktive Hörspiele und Reisereportagen.

Martin Krauß, Jahrgang 1964, freier Sportjournalist in Berlin. Von 1992 bis 1994 Mitherausgeber der „Sportkritik“, von 1994 bis 1997 Leiter des Sportressorts der „Jungen Welt“. Buchveröffentlichung: „Doping“ (Hamburg 2000).

Fotonachweis

Agentur Horstmüller: S. 105, 113, 117, 129, 131, 139, 143, 149, 151, 153, 156, 161 (2), 163, 167, 169, 175, 179, 183, 187, 191, 195, 197, 203, 207, 208, 209, 213, 215, 223, 225, 229, 241.

Archiv Johnny Biewer: S. 37, 47, 60 (2), 72, 81, 89, 97, 101.

Archiv Hans Firzlaff: S. 84, 86.

Archiv Autoren und Verlag: S. 11, 15, 21, 23, 27, 32, 34, 35, 39, 41, 43, 49, 54, 56, 59, 65, 69, 71, 77, 93, 103, 111, 122, 123, 137, 158, 217, 221, 227, 233, 236.

Anm.: Trotz gewissenhafter Recherche kann es vorkommen, dass für einzelne aus unserem Archiv abgedruckte Fotos Rechte-Inhaber existieren, die nicht ermittelt werden konnten. Wir bitten in diesem Fall um Nachsicht und Rückmeldung.